祖国河山"两名"文化丛书

寻仁搏智文化旅怀

正山为雄篇

江长冰 / 主编

东北师范大学出版社

长 春

图书在版编目（CIP）数据

寻仁搏智文化旅怀：正山为雄篇 / 江长冰主编. —
长春：东北师范大学出版社，2019.2
ISBN 978-7-5681-5520-5

Ⅰ.①寻… Ⅱ.①江… Ⅲ.①中华文化—通俗读物
Ⅳ.①K203-49

中国版本图书馆CIP数据核字（2019）第039887号

□策划创意：刘　鹏

□责任编辑：何　宁　刘贝贝　　□封面设计：姜　龙

□责任校对：刘彦妮　张小娅　　□责任印制：张允豪

东北师范大学出版社出版发行

长春净月经济开发区金宝街 118 号（邮政编码：130117）

电话：0431-84568033

网址：http：// www.nenup.com

北京言之凿文化发展有限公司设计部制版

廊坊市金朗印刷有限公司印装

廊坊市广阳区廊万路18号（邮编：065000）

2022年6月第1版　　2022年6月第1次印刷

幅面尺寸：185mm×260mm　印张：18.75　字数：338千

定价：48.00元

编　委　会

论中华民族"三祖"文明的重大历史与现实意义

在中华民族伟大复兴之际，总是有部分人在唱衰中国。我想，其核心原因是这些人大概真的不懂得中国的历史，或者是别有用心。翻开中国的历史，中华文明傲立于世界，四大文明中唯一流传至今的是中华民族伟大的文明。可以这样说，文字记载是一个文明流传的核心要素。有了文字记载，我们的文化才得以延续。老子在《道德经》第四十二章就这么说："道生一，一生二，二生三，三生万物……"这就是老祖宗的宇宙生成论。这里老子说到的"一""二""三"，乃是指"道"创生万物的过程。"一""二""三"这几个数字只是表示"道"生万物从少到多、从简单到复杂的一个过程。迄今我们看到的对它的一个最早的哲学专著《淮南子·天文训》上是这样解释的："道曰规始于一，一而不生，故分而为阴阳，阴阳合和而万物生。故曰：一生二，二生三，三生万物。"也就是说"二"是"阴阳"，三是"阴阳合和"。笔者认为阴阳和合的产物就有了人，也就是说"三"含"天""地""人"三元素。这个世界如果有了"天""地""人"这三个元素，万物皆和谐，万物皆新生，这个世界就会有无数的故事，这个世界就会产生系列的文明。作为中国文明的核心，笔者的理解用一个字来诠释，那就是"祖"：寻祖问根，皆于情理之中。

其一，话说"天"不是天，谈的是心。

这个属于天文学的概念，按人们的一般理解就是物质的概念。而世界的本原是意念的，意念产生的文化才是源头文化。于是天"祖"表面上是天上的东西，但实际上是人总结出来的，是心中的东西。正所谓天大地大，不如心大。它归纳了这个宇宙本身蕴含的东西。所以笔者在文明归类中理解为"祖传秘籍"。它主要包含三维主题，维系着整个民族前行的核心：

1. 以文字、文章、文化（习俗）组合成的"三文"底色文化。

2. 以节气、节日共同形成的"双节"实用文化。

3. 以琴、棋、书、画、烟、酒、茶相互构建的"七礼"娱乐文化。

三者混元一体，奠定了中华民族独特的文化风景。民族文明为什么能够源远流长？这与世界各民族不同的、有自己特色的、自然形成的、民间的、根深蒂固的"三文""双节""七礼"文化是分不开的。

也许这样的归类不被你认同，笔者认为，不管是"三色"底色文化，还是实用的"双节"文化，以至于高境界的"七礼"娱乐文化，都是人类创造的奇迹，是非物质遗产，是天造地就的，是无形的精神层面的东西，是心学范围，非天莫属。怎么敬天？用文字、书文章、成习俗，就能造就独特的文化。中国人的智慧与中国人的聪明，将天地万物用节气区分，何等骄傲。最高的境界是琴、棋、书、画、烟、酒、茶。你说雅也好，俗也行，但就是因为这些才会形成文化圈，做"圈内人"。

其二，再说"地"不是地，谈的是疆域。

这本属于地理学的概念范畴，版图是国家战略能力的物质基础。但我们翻开世界史可以看到，历朝历代，王侯将相没有一个愿意丧权辱国，丢掉国家一寸土地，成为历史罪人的。"寸土必争"似乎成为每一个民族的每一个人呐喊的口号。河山本无生命，河山本是大自然赐给万物之地，人类已经独霸。不同肤色、不同民族、不同种姓的人从来不嫌自己的土地多。几千年的封建王朝，地主和农民都是为土地而斗争。人类历史从来不间断的战争，都是因为争夺土地，甚至不惜一代一代人流血牺牲，都是为了保卫河山，所以才有"黄河在咆哮，黄河在咆哮"的声音。明朝收复台湾、清朝稳固新疆、近代抗日战争，都是为民族而战，为国土而战，也因此产生了无数可歌可泣的英雄。

其三，谈"人"不是人，谈的是物。

我们把人纳入历史的范畴之中，就会发现人这个概念的微妙之处了。据说迄今为止，最长寿命的人不过两百多岁，而且这些人在世期间基本上是清心寡欲、淡泊名利、碌碌无为，只是养生学的楷模。从现在的医学成果来看，并不是自己想长寿就能长寿，是天时、地利、人和各种因素巧合在某人身上，特别是基因和一方水土的缘故。而真正的勇士是建功立业，因而出现了春秋时鲁国大夫叔孙豹称"立德""立功""立言"为"三不朽"，宋代张载的"为天地立心，为生民立命，为往圣继绝学，为万世开太平"。笔者认为，古人过于在意"国"，实际上，成为一个完整的人，拥有美好的人生，应是"双螺旋"——家庭、事业双丰收。所以，一个"美好"人生线路图如下所示：

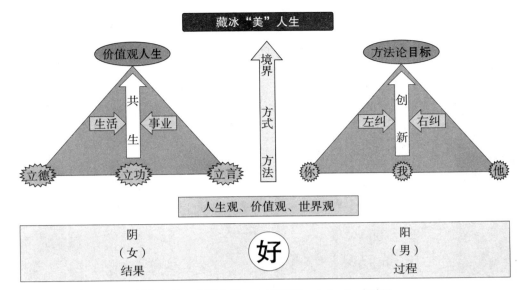

儒家文化：中庸之道、中国精神、人生"一杆秤"

　　人是分类的。作为历代封建王朝的皇帝，一辈子就是保家卫国、拓疆守地，这是为国的层面。中华文明是家国天下，一辈子就是添置田地、置家立业。

　　中华文化有一种古训："宁愿卖儿卖女，也不卖祖宗的家业。"家业要守，要留。留点祖业，表示自己这一辈子混得还不错。说明什么？中国人即使漂流他乡，也不忘记在自己的家乡留下一亩三分地，给自己建一栋房屋。现在很多城里人回老家建房其实心态也是这个意思，像广东省的开平碉楼就是典型例证。正因为中华民族的特有品质，所以遍及九百六十万平方千米的大地上，留下多少古人的足迹，也是他们生前的伟绩。

　　以上是我对传统文明的梳理，以供后代享用，爱国爱家，惜国惜家，干好自己的事。

　　这实际蕴含了伟大的民族在人文上倡导和谐，在科技上不断智取，这个民族因此而伟大、杰出，并源远流长。总之，弘扬传统文化是我们每一位教育者的责任，也是新时代教育战线的历史使命！

江长冰

于深圳市南山区人民政府督导室

2018年9月18日

目 录

上篇：文化之雅

三山 ·· 2

  中国四大旅游名山之一——天下第一奇山：黄山 ········· 2

  中国四大旅游名山之二——避暑胜地：庐山 ············· 7

  中国四大旅游名山之三——东南第一山：雁荡山 ········· 12

五岳 ·· 16

  五岳之首，东岳之雄——泰山 ························ 16

  奇险天下第一山，西岳之险——华山 ·················· 20

  寿岳之山，南岳独秀——衡山 ························ 24

  兵家必争，北岳之幽——恒山 ························ 28

  万山之祖，中岳之峻——嵩山 ························ 32

佛教四大名山 ·· 36

  佛教文化圣地——五台山 ···························· 36

  第一人间清净地——普陀山 ·························· 40

  秀甲天下——峨眉山 ································ 44

  江南第一山——九华山 ······························ 48

佛寺圣地 ·· 52

  佛光照华奇顶——天台山 ···························· 52

  大树华盖闻九州——天目山 ·························· 56

  江心一朵美芙蓉——金山 ···························· 61

道教四大名山 ·· 65

  四大道教圣地之一——齐云山 ························ 65

  四大道教圣地之二——武当山 ························ 69

  四大道教圣地之三——青城山 ························ 73

  四大道教圣地之四——龙虎山 ························ 77

道观圣地 ·· 81

　　天下第一福地——终南山 ·························· 81

　　道教无双福地——三清山 ·························· 84

　　道家第一山——崆峒山 ···························· 88

　　道教名山——九宫山 ······························ 92

　　海上第一名山——崂山 ···························· 97

　　安徽之源——天柱山 ······························ 103

　　道教祖庭——鹤鸣山 ······························ 107

传统文化 ·· 111

　　珠江文明的灯塔——西樵山 ······················ 111

　　岭南第一山——罗浮山 ···························· 115

　　清凉圣地翠意浓——莫干山 ······················ 119

　　大圣故里多趣意——花果山 ······················ 123

　　金陵毓秀荟萃地——紫金山 ······················ 128

　　海门第一关——小孤山 ···························· 134

　　中国千古奇音第一山——石钟山 ·················· 138

　　北回归线上的绿宝石——鼎湖山 ·················· 142

红色文化 ·· 146

　　中国革命的摇篮——井冈山 ······················ 146

　　天高云淡——六盘山 ······························ 151

　　红色政权的摇篮——宝塔山 ······················ 155

　　两战圣地、红色沂蒙——沂蒙山 ·················· 160

　　抗战名山——四明山 ······························ 165

　　英雄之山——狼牙山 ······························ 170

下篇：**自然之美**

高原雪山 ·· 176

　　世界最高峰——珠穆朗玛峰 ······················ 176

　　世界第二高峰——乔戈里峰 ······················ 181

　　冈仁波齐峰 ······································· 184

　　南迦巴瓦峰 ······································· 189

　　藏地神山之一——阿尼玛卿山 ···················· 193

冰山之父——慕士塔格峰 ······················· 196

贡嘎山 ··· 199

四姑娘山 ··· 202

梅里雪山 ··· 206

玉龙雪山 ··· 209

地质神山 ··· 212

关东第一山——长白山 ························· 212

北方桂林——天桂山 ··························· 219

福建第一名山——武夷山 ····················· 223

中国红石公园——丹霞山 ····················· 229

中国丹霞之魂——崀山 ························· 233

东方瑞士——仙女山 ··························· 237

植物宝盆、动物宝库——云台山 ·············· 240

天然火山地质博物馆——腾冲火山 ············· 243

巍巍昆仑亚洲脊柱——昆仑山 ················· 246

经典名山——太行山 ··························· 250

国家地质公园——神农架 ····················· 254

神奇的自然风光——武陵源 ··················· 258

生态名山 ··· 263

中华赏枫胜地——香山 ························· 263

江南诗山——敬亭山 ··························· 270

海上花园——鼓浪屿：万石山 ················· 274

国家级沙漠生态自然保护区——宁夏沙坡头 ····· 277

沙岭晴鸣——敦煌鸣沙山 ····················· 281

后 记 ··· 284

上 篇

文化之雅

三 山

中国四大旅游名山之一——天下第一奇山：黄山

走近黄山

黄山位于安徽省南部黄山市境内，山境南北长约40千米，东西宽约30千米，总面积约1200平方千米。黄山有七十二峰，主峰莲花峰的海拔是1864米，与光明顶、天都峰并称为黄山三大主峰，也是三十六大峰之一。黄山共分为温泉、云谷、玉屏、北海、松谷、钓桥、浮溪、洋湖、福固9个管理区。

莲花峰

黄山是安徽旅游的标志，是中国十大风景名胜唯一的山岳风光。明代旅行家徐霞客登临黄山时赞叹："薄海内外之名山，无如徽之黄山。登黄山，天下无山，观止矣！"被后人引申为"五岳归来不看山，黄山归来不看岳"。黄山代表景观有"四绝三瀑"："四绝"为奇松、怪石、云海、温泉，"三瀑"是人字瀑、百丈泉、九龙瀑。

黄山生态系统稳定平衡，植物群落完整而垂直分布，景区森林覆盖率为84.7%，植被覆盖率达93.0%，有高等植物222科827属1805种。黄山也是动物栖息和繁衍的理想场所，有鱼类24种、两栖类21种、爬行类48种、鸟类176种、兽类54种。主要有红嘴相思鸟、棕噪鹛、白鹇、短尾猴、梅花鹿、野山羊、黑麂、苏门羚、云豹等珍禽异兽。

身临其境

奇 松

形态奇特的松树被称为奇松。黄山名松上百，最著名的为"黄山十大名松"：迎客松、送客松、蒲团松、竖琴松、麒麟

迎客松

松、探海松、接引松、连理松、黑虎松、龙爪松。黄山迎客松是安徽人民热情友好的象征，承载着拥抱世界的东方礼仪文化。

怪 石

黄山已被命名的怪石有120多处，其形态各异。从不同的位置，在不同的天气观看有"横看成岭侧成峰，远近高低各不同"的感受。著名的有位于北海的梦笔生花，以及喜鹊登梅（仙人指路）、老僧采药、苏武牧羊、飞来石、猴子望太平（猴子观海）等。

梦笔生花

云 海

黄山一年之中有云雾的天气达200多天，水汽升腾或雨后雾气未消，就会形成云海。黄山瑰丽壮观的云海以美、胜、奇、幻享誉古今，一年四季皆可观，尤以冬季景色最佳。依云海分布方位，全山有东海、南海、西海、北海和天海。

云海（一）

云海（二）

温 泉

春日的温泉

冬日的温泉

黄山温泉由紫云峰下喷涌而出，与桃花峰隔溪，是经黄山大门进入黄山的第一站。泉水水质以含重碳酸为主，常年不息，水温常年在42℃左右，可饮可浴，属高山温泉。传说轩辕黄帝就是在此沐浴七七四十九日得以返老还童、羽化飞升的，故又被誉之为"灵泉"。黄山温泉对某些病症，尤其是皮肤病，均有一定的功效。

三 瀑

黄山有三十六源、二十四溪、二十深潭、十七幽泉、三飞瀑、二湖、一池。黄山之水，除了温泉之外，尚有飞瀑、明泉、碧潭、清溪。著名的有人字瀑、百丈泉和九龙瀑，并称为黄山三大名瀑。九龙瀑是黄山最为壮丽的瀑布，源于天都、玉屏、炼丹、仙掌诸峰，自罗汉峰与香炉峰之间分九叠倾泻而下，每叠有一潭，称九龙潭。古人赞曰："飞泉不让匡庐瀑，峭壁撑天挂九龙。"

九龙瀑

耳闻奇传

刘海戏金蟾

经过黄山温泉景区时人们可以看见一块岩石上似坐着一个石人，下面有一巨型石蛙，两石构成一景，名为"刘海戏金蟾"，这里还有一个关于它们的美丽传说。

据说，刘海是淮北蒙城人。一天，他正从井里汲水浇菜，忽然从井里跳出一只青蛙，伏在他脚下流泪。就在他惊骇不解时，见到青蛙后面紧跟着蹿出一条青蛇，向青蛙扑去。刘海心里立即明白是怎么回事了，于是他急忙抄起扁担，狠狠地向青蛇打去，一下子就把青蛇打死了。眼见青蛇已死，青蛙破涕为笑变成了一只金蛙。刘海见了非常喜爱，就和金蛙戏耍起来。接着金光一闪，金蛙又变成了一位苗条美丽的姑娘，亲热地喊着："刘海哥！"刘海又惊又喜，急忙打听起金蟾姑娘的身世来。原来，金蟾姑娘本是王母娘娘玉池里的一只金蟾，她因一次私自出来玩耍，被打下凡间，坠入水井受苦，还由一条青龙看管。这天金蟾出来，被青龙发觉，正要对她进行惩罚，幸亏刘海打死青龙救了她。刘海听了，很同情金蟾。当天，刘海和金蟾就结为夫妻。为了跟天庭对抗，他俩来到黄山寻找八仙救助。八仙中的何仙姑是刘海的同乡、邻居，救刘海心切，便领着七位师兄在黄山的上空击败了天兵天将，救了他们二人的性命。从此，便在黄山留下了一道美景：刘海戏金蟾。

金鸡叫天门

在半山寺前仰观天都峰腰，你会发现在老人峰上有一石如雄鸡，头朝天门槛，振翅欲啼。半山寺路侧岩壁上还刻有"空中闻天鸡"五个字。围绕着这块巧石还流传着一个动人的民间传说。

古时候，在黄山紫云岩下的小溪两岸，居住着银妹和金哥两户贫苦人家。金哥与银妹天天结伴上山挖药、采茶。天长日久，二人难舍难分，感情深厚。一天，他们双双来到小溪边，金哥吹起了竹笛，银妹唱起了山歌，胜似一对神仙眷侣。不曾想玉皇大帝这日也在黄山游玩，听到银妹那百灵鸟般的歌声，便想娶她为妃。金哥和银妹分手回到家后，玉帝的旨意就由天兵天将传到了银妹家，银妹听了消息后宁死也不从。第二天，银妹和金哥刚要成亲时，突然狂风大作、电闪雷鸣，天兵天将从天而降抢了银妹就走。金哥追到老人峰上，银妹早已没了踪影，他便对着天门喊着银妹的名字，连叫了七七四十九天。突然一阵风雨过后，金哥变成了一只大金鸡，抬头高叫，声音直冲九霄。那悲苦凄厉的叫声震塌了天门，只剩下一边门槛，就成了如今看到的"天门槛"。那金鸡也随着化成了一块巧石，终日朝着银妹走过的天门，这就是如今看到的那高大的金鸡永远望着天门槛的奇景。今人有诗赞曰："天外飞来翅未收，峰前玉立几千秋。雄姿不怕风和雨，日对天门叫不休。"

吟诗作赋

山中问答
（唐）李白

问余何意栖碧山，笑而不答心自闲。
桃花流水窅然去，别有天地非人间。

游黄山
（宋）焦炳炎

秀出云霄一杖探，诸峰高下护晴岚。
丹成兔魄香生杵，影见龙津月在潭。
洞暖有花因七七，云深无语住三三。
粥鱼敲动山林典，合傍浮丘去结庵。

黄山绝顶题文殊院
（清）魏源

峰奇石奇松更奇，云飞水飞山亦飞。
华山忽向江南峙，十丈花开一万围。

黄山杂诗

（清）孙洤

名山刻画总支离，万态千容到始知。

高以难窥终爱瘦，险多不测乃成奇。

云随变幻无常致，松不雷同总怪枝。

若结茅庵青翠处，真修何必让安期。

中国四大旅游名山之二——避暑胜地：庐山

走近庐山

庐山地处江西省九江市庐山区境内，东偎婺源、鄱阳湖，南靠滕王阁，西邻京九铁路大动脉，北枕滔滔长江。长约25千米，宽约10千米，绵延的90余座山峰犹如九叠屏风，屏蔽着江西的北大门，主峰汉阳峰，海拔1474米。

庐山以雄、奇、险、秀闻名于世，具有极高的科学价值和旅游观赏价值，素有"匡庐奇秀甲天下"之美誉，与鸡公山、北戴河、莫干山并称"中国四大避暑胜地"。

锦绣谷

庐山自古命名的山峰便有171座。群峰间散布冈岭26座，壑谷20条，岩洞16个，怪石22处。水流在河谷发育裂点形成许多急流与瀑布，瀑布22处，溪涧18条，湖潭14处。最为著名的三叠泉瀑布，落差达155米，有"飞流直下三千尺，疑是银河落九天"之美句。含鄱口、芦林湖、五老峰、黄龙潭、好汉坡、三宝树、锦绣谷等均为庐山著名的风景点。

身临其境

庐山是一座地垒式断块山，外险内秀，具有河流、湖泊、坡地、山峰等多种地貌。庐山奇特瑰丽的山水景观具有极高的科学价值和旅游观赏价值。

江西庐山是中华文明的发祥地之一，代表理学观念的白鹿洞书院，与中华民族精神和文化生活紧密联系，以其独特的方式融汇在自然美之中，具有极高的美学价值和文学价值。

三叠泉

三叠泉又名三级泉、水帘泉，古人称"匡庐瀑布，首推三叠"，将三叠泉誉为"庐山第一奇观"。三叠泉由大月山、五老峰的涧水汇合，从大月山流出，经过五老峰背，由北崖悬口注入大盘石上，又飞泻到二级大盘石，再喷洒至三级盘石，形成三叠，因而得名。

立于泉下盘石向上仰观，但见抛珠溅玉的三叠泉，恰似银河九天飞来。立于"观瀑亭"又可俯视三叠，听瀑鸣如击鼓、见瀑像喷晶抛珠。仰看与俯视自成美趣，故有"不到三叠泉，不算庐山客"之说。

三叠泉瀑布

汉阳峰

"东南屏翰耸崔巍，一柄芙蓉顶上栽。四面水光随地绕，万层峰色倚天开。当头红日迟迟转，俯首青云得来。到此乾坤无障碍，遥从瀛海看蓬莱。"这就是庐山第一高峰——海拔1474米的汉阳峰。据说，在天气晴朗的夜晚登上峰巅，可以观看到汉阳灯火，因而得名。

汉阳峰

白鹿洞书院

白鹿洞书院位于庐山五老峰的南麓，与湖南长沙的岳麓书院、河南商丘的应天书院、河南登封的嵩阳书院，合称为"中国四大书院"。白鹿洞书院因朱熹和学界名流陆九渊等曾在此讲学或辩论，成为理学传播的中心。书院属于几进几出的大四合院，无论是从布局还是建筑材质结构都相当考究。建筑以石木或砖木为结构，建筑物以明、清为主，屋顶为人字形硬山顶，颇具清雅淡泊之气。

白鹿洞书院正门

白鹿洞书院内院

耳闻奇传

人们在庐山的美景中流连忘返的同时，关于庐山的趣闻轶事也一直被人们津津乐道。民间流传的关于庐山的故事版本颇多，在此只是列举其中一二。

太平宫传说

相传在庐山太平宫住着一位姓胡的道士。一天，一个自称"回道人"的道士进了太平宫，虽说此人气宇轩昂，穿着也颇讲究，但是宫中却没有人理睬他，只有胡道士用一杯茶招待了他，两个人边喝茶边谈笑起来。过了一会儿，"回道人"用手指指胸口，向胡道士讨酒喝。胡道士慷慨地拿出酒来请他喝，不想那"回道人"一口气喝了一百多杯竟然还嫌不够。他一直

太平宫

从清晨喝到傍晚仍毫无醉意，临走时还邀请胡道士再到他的住处去喝，胡道士以天色已晚婉言谢绝了。

很多年过去了，一天一个衣衫褴褛、蓬头垢面自称"大宋客"的人又来找胡道士。这个"大宋客"肩上扛着两个大酒坛，说是他的行李。他将坛子往地上一倒，尽是黄金、白银，他从中取出一点碎银子，买了酒便与胡道士一起喝起来，一直喝到日头偏西。这个"大宋客"用刀撮了一些土，倒上剩下的酒，一搅拌成了墨，用手去打它还会发出铮铮的响声。这时，胡道士已经喝醉了睡在床上，"大宋客"拂袖而去。等"大宋客"走后，这个房间整天都被异香弥漫着。"大宋客"留下的那把刀也是金光灿灿，人们都争着要买它。胡道士醒来后，看见墨便来吃，吃了一半，精神一振，身上的病痛都消失了。直到七十多岁时，他还颜面如春，好似少年一般，连酒量都不减当年。

秦始皇赶山填海的传说

相传秦始皇在为自己建造陵墓的时候，曾得到一根威力无穷的神鞭，那神鞭所打到之处，山崩地裂。秦始皇将神鞭向骊山的一角抽去，只见骊山的那一角变成了一座脱离秦岭的孤山。秦始皇接连抽了几鞭，竟然把那山赶到了长江南岸的鄱阳湖畔。此时已近黄昏，天色渐暗，秦始皇决定稍作小憩，等第二天天一亮再赶山下海，铺平去蓬莱仙境的道路。哪知当天夜里发现丢失神鞭的南海观音闻讯赶来，趁秦始皇酣睡之时，换走了神鞭。第二天，秦始皇一醒来就举鞭想要赶山下海，谁知山居然岿然不动。秦始皇一气之下，竟在山上连抽九十九鞭，直打得汗如雨下，

但那山虽满身鞭痕，仍纹丝不动地屹立在原地。秦始皇无奈之下只得扔下鞭子，垂头丧气地回京都去了。从此，那山便在鄱阳湖畔扎下了根，这就是今日的庐山。由于秦始皇抽了九十九条鞭，后来就变成了九十九道锦乡深谷；秦始皇扔下的赶山鞭，变成了龙首崖外高耸入云的桅杆峰；他满身流淌下的汗水，也化作了群山之中的银泉飞瀑了。

龙首崖

吟诗作赋

千百年来，庐山的山和水以它们独有的魅力吸引了无数文人墨客争相前往，想要领略它的风采，并在文学史上留下了千古绝唱。

登庐山绝顶望诸峤

（东晋）谢灵运

山行非有期，弥远不能辍。

但欲淹昏旦，遂复经圆缺。

积峡忽复启，平途俄已绝。

峦垅有合沓，往来无踪辙。

昼夜蔽日月，冬夏共霜雪。

望庐山瀑布

（唐）李白

日照香炉生紫烟，遥看瀑布挂前川。

飞流直下三千尺，疑是银河落九天。

晚泊浔阳望香炉峰

（唐）孟浩然

挂席几千里，名山都未逢。

泊舟浔阳郭，始见香炉峰。

尝读远公传，永怀尘外踪。

东林精舍近，日暮空闻钟。

题西林壁

（宋）苏轼

横看成岭侧成峰，远近高低各不同。
不识庐山真面目，只缘身在此山中。

五律·锦绣谷

奇花争锦秀，怪石竞嵘峥。
路险盘松顶，桥高半岭横。
叠崖随雾隐，飞瀑伴云生。
兰蕙香幽谷，邀春结伴行。

五律·五老峰

庐顶接河汉，危崖绝九霄；
千峰云弛急，万壑雾卷涛；
行至三潭瀑，停看五老樵；
举杯邀同醉，横空揽云巢。

中国四大旅游名山之三——东南第一山：雁荡山

走近雁荡山

雁荡山，又名雁岩、雁山。因山顶有湖，芦苇茂密，结草为荡，南归的秋雁多宿于此，因而得名。其主体位于浙江省温州市东北部海滨，小部分在台州市温岭南境，总面积450平方千米。

合掌峰

雁荡山以山水奇秀闻名，素有"海上名山、寰中绝胜"之誉，史称中国"东南第一山"。雁荡山整体按地理位置不同可分为北雁荡山、中雁荡山、南雁荡山、西雁荡山（泽雅）、东雁荡山（洞头半屏山）。

雁荡山属亚热带海洋性气候，雨量充沛，气候温暖，冬无严寒，夏无酷暑。

雁荡山动植物资源丰富，属中国一、二级保护的树种有南方红豆杉、水杉等20种，雁荡润楠、雁荡三角槭等均为特产树种；珍稀鸟类丰富，有白琵鹭、玉带海雕等野生鸟类分布；矿产资源较丰富，已发现各类矿产38种，矿产地350处。

雁荡山是亚洲大陆边缘巨型火山带中白垩纪火山的典型代表，也是流纹岩浆喷发的大型火山，地质景点共260处。2004年雁荡山设立"国家地质公园"，2005年被评为"世界地质公园"。

雁荡山的开发始于南北朝，兴于唐，盛于宋，长达1200多年的历史留下了丰富的人文景观，其中有寺院、亭阁、塔、牌坊、墓葬、景观建筑等28处，摩崖石刻400余处和名人山水文化史迹多处。

身临其境

东雁荡山

东雁荡山面积0.95平方千米，东部沿岸断崖峭壁，犹如刀削斧劈，山成半片，直立千仞。连绵数千米的绝壁依次展开，惟妙惟肖的迎风屏、赤象屏、孔雀屏、

东雁荡山

鼓浪屏等巨幅岩雕画屏是中国最长最大的海上天然岩雕，被誉为"神州海上第一屏""海上天然岩雕长廊"。

西雁荡山

西雁荡山位于温州市瓯海区泽雅境内，总面积128.6平方千米。其内景观以群瀑、碧潭、幽峡、奇岩为特色，融朴野的山村风情为一体，有金坑峡、七瀑涧、高山角、珠岩、西山、龙溪、崎云、五凤八大景区，230多处名胜景点。

西雁荡山境内山清水秀，峰险洞幽，素有"浙南大峡谷"的美誉，设有金坑峡景区。

七瀑涧

南雁荡山

明王峰

南雁荡山，简称南雁。主峰明王峰，海拔1.08千米，山顶有泥塘沼泽，秋收时节有大雁在此栖息，且与北雁荡山遥望相对，故名南雁荡山。南雁荡山总面积97.68平方千米，群峦叠翠，飞瀑溪潭，共有六十七峰、二十八岩、二十四洞、十三潭、八瀑、九石。

北雁荡山

北雁荡山位于乐清市境内东北部，万山重叠，群峰争雄，悬嶂蔽日，飞瀑凌空，古木参天，自古就有"寰中绝胜"之誉，是全国十大名山之一。共分为灵峰、灵岩、大龙湫、显圣门、雁湖5个景区。

雁 湖

中雁荡山

中雁荡山原名白石山，位于乐清市西南10千米，总面积93.44平方千米。境内以峰雄嶂险、洞幽寺古、潭碧林翠著称，设有玉甑、西漈、三湖、东漈、凤凰山、杨八洞、刘公谷等七大景区。历代文人雅士慕名而来，留下大量珍贵的墨迹。

玉甑峰

犀牛望月

雁荡紫竹山上有个犀牛峰，每当皓月当空的晚上，就可以清楚地看见一只犀牛蹲在山峰上，仰头望月，像在盼望着什么。这里面还有一个美丽而凄美的传说。

犀牛峰

很久很久以前，雁荡山下有位美丽的姑娘叫玉贞。她从小便没了父母，六岁那年进了花老财家当牧童。每天清早，玉贞牵着牛，上山放牧；晚上，牵着牛回来。凶恶、刻薄的花老财在破牛棚的角落里搁了块门板让玉贞和牛睡在一起，不许她同旁人接近。玉贞心里有什么苦楚只能对牛谈，眼泪也只能对牛流。牛像通人性似的伸出舌头，轻轻地舔着玉贞的手，似乎在说："别难过。"春去秋来，玉贞和老牛相依为命走过了十二个年头，玉贞也出落得十分美丽，方圆几十里的人都说她是仙姑下凡。

不想这花老财不仅凶残、刻薄还是个爱财贪色的恶棍，见玉贞姑娘一天一个模样，便起了邪心。于是奸刁的管家去向花老财献计，花老财听了连连说："妙，妙妙，行得。"

这天晚上，趁玉贞睡着以后，管家扶着花老财来到了牛棚。玉贞姑娘梦中忽然感到自己被捆住了手脚，动弹不得，急得眼泪一颗颗地往下掉，用乞求的眼光看着老牛。聪明的老牛明白姑娘的意思，竖起那铁鞭似的尾巴朝着花老财脸上狠狠地打去又耸起那只锋利的角，对准花老财的眼睛挑了过去，痛得他一个劲地喊："救命。"再说管家蹲在门外望风，忽然听见花老财喊救命，又见他满身是血往外逃，只得扶着花老财回到前厅。

花老财使唤打手们去捉拿玉贞，但是没人敢往牛棚闯。该死的管家见没法打进牛棚，便要叫人烧了牛棚。玉贞姑娘听见管家在叫用火烧，急得在屋里团团转。突然，老牛奔到姑娘跟前，四脚下跪，又急忙用尾巴往背上甩了几下，意思是说："快，快骑上。"玉贞姑娘上了牛背，老牛马上站了起来，驮着玉贞姑娘就朝紫竹山顶跑去，后面打手喊着、叫着追了上来。老牛跑啊，跑啊，跑到了山岗头，四面都是悬崖，再也走不脱了。老牛又四脚跪了下来，让玉贞姑娘站到一只角上。等姑娘站好，老牛把角朝空一转，对着玉贞猛然一吹，玉贞姑娘便乘着牛角飞上了天空。等花家的人赶上来，已不见了玉贞姑娘，只见老牛变成了一只角的石犀牛。

传说玉贞姑娘飞到了月亮里，每当晴朗的夜晚，她就走出云层，撒下银光，看望自己心爱的老牛；老牛也仰起头望着当年相依为命的玉贞姑娘。

灵岩寺晓晴口占

潘天寿

一夜黄梅雨后时，峰青云白更多姿。

万条飞瀑千条涧，此是雁山第一奇。

北雁荡山

灵峰奇嶂大龙湫，奇洞灵岩银瀑流。

诺讵伟功修寺院，名人巨笔著春秋。

寰中绝胜蓬莱景，海上名山盛世楼。

谢客审言诗不朽，咏吟雁荡至今留。

过丹方岭

（明）章纶

千古丹方岭，游人去复来。

霜枫红似锦，春树碧于苔。

幽鸟逢人语，寒花待日开。

风光还复旧，正遇一阳回。

五 岳

五岳之首，东岳之雄——泰山

走近泰山

泰山位于中国北部山东省中部的泰安市之北，海拔1532.7米，素有"五岳之首"之称。泰山因其气势之磅礴，又有"天下第一名山"的美誉。传说泰山为盘古开天辟地后其头颅幻化而成，因此中国人自古崇拜泰山，有"泰山安，四海皆安"的说法。

泰 山

泰山是唯一受过皇帝封禅的名山，而且佛、道两教也在此极为兴盛，因此泰山在古代就是一座名山。泰山风景区以泰山日出、云海玉盘、晚霞夕照和黄河金带四景最为出名，现分为幽区、旷区、奥区、妙区、秀区、丽区六大部分。登高望蓬瀛，万里清风来，泰山以其独特的景致及人文内涵吸引着许多国内外游客，正可谓登泰山而小天下。

身临其境

泰山值得人们观赏的景点很多，如十八盘、南天门、岱庙、灵岩寺、天贶殿等。十八盘陡峭的云梯、南天门阁楼式的建筑、历史悠久的岱庙和灵岩寺，以及雄伟壮观的天贶殿，一直为人们津津乐道。

十八盘

泰山有3个十八盘之说。自开山至龙门为"慢十八"，再至升仙坊为"不紧不慢又十八"，又至南天门为"紧十八"，共计1630余台阶。泰山十八盘是泰山登山盘路中最险要的一段，为泰山的主要标志之一。此处两山崖壁如削，陡峭的盘路镶嵌其

十八盘

中，远远望去，恰似天门云梯。

南天门

南天门

南天门在泰山十八盘之尽处，海拔1460米。山于此为最危耸，飞龙岩与翔凤岭之间的低坳处，双峰夹峙，仿佛天门自开。元中统五年（1264）由布山道士张志纯创建。门为阁楼式建筑，石砌拱形门洞，额题"南天门"。红墙点缀，黄色琉璃瓦盖顶，气势雄伟。门侧有楹联曰，"门辟九霄仰步三天胜迹；阶崇万级俯临千嶂奇观"。

岱 庙

岱 庙

华夏名山第一庙，东岳庙祖庭——岱庙始建于秦汉，宋朝时扩修，是历代帝王的泰山行宫。历代帝王登泰山先要在山下岱庙内举行大典，然后登山。岱庙占地近10万平方米，是全国重点文物保护单位。馆存文物一级品数量在全国2000余座博物馆中居第60位。

灵岩寺

泰山灵岩寺，坐落于泰山西北麓，位于济南市长清区万德镇境内。灵岩寺始建于东晋，距今已有1600多年的历史。该寺历史悠久，佛教底蕴丰厚，自唐代起就与浙江国清寺、南京栖霞寺、湖北玉泉寺并称"海内四大名刹"，并名列其首。

灵岩寺

天贶殿

天贶殿

天贶殿位于仁安门北，是岱庙主体建筑，建于宋大中祥符二年。大殿建于长方形石台之上，三面雕栏围护，长48.7米，宽19.73米，高22.3米。与北京的故宫，曲阜的大成殿，合称为"中国古代三大宫殿"。

耳闻奇传

泰山是一座神奇且有着丰富传说故事的名山，探海石和无字碑的故事就已传唱千里。

探海石的来历

原来中天门有座二虎庙，二虎庙供奉着黑虎神。虎为百兽之王，它奉碧霞元君之命惩治猛兽和妖孽，保卫泰山的安宁。

有一年春天，东海龙宫守门的海妖见自家门前冷冷清清，而泰山顶上热闹非凡，便生了嫉妒之心，偷偷地到泰山顶上放妖气。一瞬间，山顶变得乌烟瘴气，一片大乱。海妖见状，幸灾乐祸地大笑起来。

此时，黑虎神正在山下巡视，见乌云笼罩着山顶，一定有妖孽作怪，便提上元君赐给他的镇山之宝擎天神棍直奔山顶，狠狠地一棍打向妖怪。那海妖便化作一缕青烟夺路而逃，山顶又出现了美景。由于黑虎神用力过猛，那擎天神棍打在石上，一片火光散后，神棍断为两截，那断掉的一截顿时化作一块巨石，直指东海。

从此，那东海妖孽远远看见擎天神棍立在山顶，便再也不敢到泰山作孽了。

无字碑的由来

在泰山极顶玉皇庙前，有座无字碑，碑身略呈梯形，顶覆石盖，通碑无一字痕，据考证为汉武帝封禅时立。

据说，汉武帝登基以后，采取了许多富国强兵的措施，慑服了匈奴，平定了内乱，出现了国泰民安、经济繁荣的局面。汉武帝好大喜功，对自己开创的天下一统的西汉王朝十分得意，便大规模地到泰山进行封禅活动。仅前后二十一年的时间，封禅之礼便行了七次之多。

公元110年3月，汉武帝来泰山封禅，见到以前的帝王来泰山都树碑立传，为自己歌功颂德，对此嗤之以鼻，不屑一顾。他认为自己功德盖世，万民俯首，非一小小石碑所能言表，便别出心裁，立此无字碑于泰山极顶，让后世崇拜，以示他高上加高、无以言表的功德。

吟诗作赋

"登泰山而小天下"，历代文人骚客踏足泰山，无不有如此的慨叹之情。他们也因而留下宝贵的诗歌财富。

泰山吟

（南朝）谢灵运

泰宗秀维岳，崔崒刺云天。

岞崿既崄巇，触石辄迁绵。

登封瘗崇坛，降禅藏肃然。

石闻何吨蔼，明堂秘灵篇。

望 岳

（唐）杜甫

岱宗夫如何，齐鲁青未了。

造化钟神秀，阴阳割昏晓。

荡胸生层云，决眦入归鸟。

会当凌绝顶，一览众山小。

泰 山

（明末清初）张岱

正气苍茫在，敢为山水观？

阳明无洞壑，深厚去峰峦。

牛喘四十里，蟹行十八盘。

危襟坐舆笋，知怖不知欢。

奇险天下第一山，西岳之险——华山

走近华山

华山海拔2154.9米，是我国著名的五岳之一，古称"西岳"，也是秦岭的一部分。位于陕西省华阴市境内，在西安市以东120千米处。南接秦岭，北瞰黄渭，扼守着大西北进出中原的门户。

华 山

华山的险峻居五岳之首，自古有"华山天下险""奇险天下第一山"和"华山自古一条路"的说法。

华山是道教主流全真派圣地，为"第四洞天"，有陈抟、郝大通、贺元希最为著名的道教高人。它也是中国民间广泛崇奉的神祇，即西岳华山君神。截至2013年华山有72个半悬空洞，道观20余座，其中玉泉院、都龙庙、东道院、镇岳宫被列为全国重点道教宫观。

身临其境

华山有东、西、南、北、中五峰，主峰有南峰"落雁"、东峰"朝阳"、西峰"莲花"，三峰鼎峙，"势飞白云外，影倒黄河里"，人称"天外三峰"。还有云台、玉女二峰相辅于侧，36小峰罗列于前，虎踞龙盘，气象森森，因山上气候多变，形成"云华山""雨华山""雾华山""雪华山"的景象，给人以仙境美感。

东 峰

东峰海拔2096.2米，是华山主峰之一，因位置居东得名。峰顶有一平台，居高临险，视野开阔，是著名的观日出的地方，人称朝阳台，东峰也因之被称为朝阳峰。东峰由一主三仆四个峰头组成，朝阳台所在的峰头最高，玉女峰在西、石楼峰居东，博台偏南，宾主有序，各呈千秋。

东 峰

南 峰

南峰海拔2154.9米，是华山最高主峰，也是五岳最高峰，古人尊称它是"华山元首"。登上南峰绝顶，顿感天近在咫尺，星斗可摘。峰南侧是千丈绝壁，直立如削，下临一断层深壑，同三公山、三凤山隔绝。南峰由一峰二顶组成，东侧一顶叫松桧峰，西侧一顶叫落雁峰，也有说南峰由三顶组成，把落雁峰之西的孝子峰也算在其内。

南 峰

西 峰

西 峰

西峰海拔2082米，因峰巅有巨石形状好似莲花瓣，古代文人多称其为莲花峰、芙蓉峰。西峰为一块完整巨石，浑然天成。西北绝崖千丈，似刀削锯截，其陡峭巍峨、阳刚挺拔之势是华山山形之代表。西峰南崖形态似一条屈缩的巨龙，人称为屈岭，也称小苍龙岭，是华山著名的险道之一。

北 峰

北峰海拔1614.9米，为华山主峰之一，因位置居北得名。北峰四面悬绝，上冠景云，下通地脉，巍然独秀，有若云台，因此又名云台峰。唐朝诗人李白的《西岳云台歌送丹丘子》诗曾写道："三峰却立如欲摧，翠崖丹谷高掌开。白帝金精运元气，石作莲花云作台。"

北 峰

中 峰

中峰海拔2037.8米，居东、西、南三峰中央，是依附在东峰西侧的一座小峰，古时曾把它算作东峰的一部分，今人将它列为华山主峰之一。峰上林木葱茏，环境清幽，奇花异草多不知

中 峰

名，游人穿行其中，香浥禁袖。峰头有道舍名玉女祠，传说是春秋时秦穆公女弄玉的修身之地，因此峰又被称为玉女峰。

耳闻奇传

人们在对华山的险峻赞不绝口的同时，关于华山的故事传说也一直被人们口耳相传。民间流传的关于华山的众多的传说之中，最为著名的是沉香劈华山救母、吹箫引凤的故事。

沉香劈华山救母

相传书生刘彦昌上京赶考，听说华山的三圣母十分灵验，于是抽签问前程。他连抽三签都是白板，无一灵验。刘彦昌气得提诗粉壁墙嘲笑三圣母。三圣母闻讯用雷雨惩罚他。后又惜他才貌双全，与他结为夫妻。

二郎神杨戬知道妹妹三圣母私自婚配凡夫俗子，违犯天条，便把妹妹三圣母捉来压在了华山下。三圣母生下了个儿子叫沉香，长大后拜师吕祖学艺。沉香神功学成，便找杨戬寻仇。经过一场生死大战，舅父杨戬败北。沉香挥巨斧力劈华山，救出娘亲。至此，刘彦昌、三圣母和儿子沉香终得团圆。

弄玉吹箫引凤

相传战国时期，秦穆公的小女儿弄玉貌美如花，才智过人，对音律更是精通。她吹箫，不用经乐师的指点，也能自成音调。穆公令巧匠将弄玉一周岁时抓的玉做成箫，弄玉吹此箫，声音像凤鸣般。弄玉及笄后，穆公要为其婚配，公主非懂音律、善吹箫的高手不嫁，穆公只得依从女儿。一夜，她在月光下吹箫时，隐隐约约听到了似有仙乐与自己的玉箫相和，一连几夜都是如此。弄玉把此事禀明了父王，穆公于是派属下孟明寻找，一直寻到华山，才得知是住在华山中峰的隐士萧史的箫声。孟明将萧史带回秦宫。萧史与弄玉成婚后，教弄玉吹箫学凤的鸣声。学了10多年，弄玉吹出的箫声真的和凤凰叫声一样，几乎能把天上的凤凰引下来。

吟诗作赋

千百年来，华山以它独有的魅力吸引了一批又一批文人骚客前来一览它的风姿，并留下为人传唱不绝的诗文。

华 山

（宋）寇准

只有天在上，更无山与齐。

举头红日近，回首白云低。

华 山

（唐）张乔

谁将倚天剑，削出倚天峰。

众水背流急，他山相向重。

树黏青霭合，崖夹白云浓。

一夜盆倾雨，前湫起毒龙。

关门望华山

（唐）刘长卿

客路瞻太华，三峰高际天。

夏云亘百里，合沓遥相连。

雷雨飞半腹，太阳在其巅。

翠微关上近，瀑布林梢悬。

爱此众容秀，能令西望偏。

徘徊忘暝色，泱漭成阴烟。

曾是朝百灵，亦闻会群仙。

琼浆岂易挹，毛女非空传。

仿佛仍伫想，幽期如眼前。

金天有青庙，松柏隐苍然。

寿岳之山，南岳独秀——衡山

走近衡山

衡山是中国南方的宗教文化中心，是中国南禅、北禅、曹洞宗和禅宗南岳、青原两系之发源地；是中国南方最著名的道教圣地，有道教三十六洞天之第三洞天——朱陵洞天，道教七十二福地之青玉坛福地、光天坛福地、洞灵源福地。

衡 山

1982年，衡山被列入第一批国家级重点风景名胜区名单；2006年2月，衡山入选首批国家自然与文化双遗产名录；2007年5月22日，衡山被评为首批国家5A级旅游景区；2007年8月1日，衡山被列为国家级自然保护区；2008年衡山被评为最受群众喜爱的中国十大风景名胜区。

身临其境

祝融、紫盖、天柱、石廪、芙蓉被称为"衡岳五峰"。李白诗"回飙吹散五峰雪，往往飞花落洞庭。"杜甫诗"祝融五峰尊，峰峰次低昂。"五峰高耸，为衡山的代表。

祝融峰

祝融峰海拔1289.8米，位于东经112°41′05″，北纬27°18′6″，坐落于衡阳市南岳区境内，是衡山山脉的最高峰和主峰。传说祝融曾在这里休息，此峰因而得名。

祝融峰

紫盖峰

紫盖峰是仅次于祝融峰的第二高峰，位于祝融峰的东面，水帘洞的上方。因云雾缭绕峰顶，状如紫霞覆盖，故称紫盖峰。紫盖峰坐落于衡阳市南岳区境内，峰顶有仙人池，峰下有洞灵崖。

紫盖峰

芙蓉峰

芙蓉峰

芙蓉峰在岳庙后，峰峦俊秀，远处眺望，宛如芙蓉，峰上有毗庐洞，洞周围50里（1里=500米），相传为禹王城。坐落于衡阳市南岳区境内，古称容峰，峰上有见方的讲经石，上镌"天下太平"四字。

衡山牌坊

南岳衡山牌坊是南岳的山门，高大雄伟，气势磅礴。南岳衡山牌坊始建于1989年，高20.4米，宽21.7米，是我国最大的石牌坊，上面是"南岳四绝"的浮雕，即形容祝融峰之高、藏经殿之秀、方广寺之深和水帘洞之奇。

衡山牌坊

神州祖庙

神州祖庙

神州祖庙位于南岳衡山门户报信岭上，玉板桥下方，由千年古庙观音殿扩建而成，是一座集佛教、道教、儒教、民间信仰为一体的大型神奇寺庙。神州祖庙共分为四进：第一进为百家姓祖源祠；第二进为七十二行祖师堂；第三进为三教九流圣贤殿；第四进为一佛殿。

衡山不仅因为其风景秀丽而名扬天下，与衡山有关的传说如"盘古开天辟地""火神祝融"也为人们熟知。

盘古开天辟地

传说，天地刚分之时，有一个叫盘古的人生长在天地之间，天空每日升高一丈，大地每日厚一丈，盘古也每日长高一丈。如此日复一日，年复一年，他就这样顶天立地生活着。经过了漫长的18000年，天极高，地极厚，盘古也长得极高，他呼吸的气化作了风，他呼吸的声音化作了雷鸣，他的眼睛一眨一眨的，闪出道道蓝光，这就是闪电，盘古死后，他的头变成了东岳，腹变成了中岳，左臂变成了衡山，右臂变成了北岳，两脚变成了西岳，眼睛变成了日月，毛发变成了草木，汗水变成了江河。因为盘古开天辟地，造就了世界，后人尊其为人类祖先。

火神祝融

相传祝融氏是上古轩辕黄帝的大臣，是火神，人类发明钻木取火后却不会保存火种和不会用火，祝融氏由于跟火亲近，成了管火用火的能手。黄帝就任命他为管火的火正官。因为他熟悉南方的情况，黄帝又封他为司徒，主管南方事物。他住在衡山，死后又葬在衡山。为了纪念他对人们的重大贡献，人们将衡山的最高峰命名祝融峰。在古语中，"祝"是持久，"融"是光明，其意思是让他永远光明。

南岳夫人

魏夫人，名华存，字贤安，山东任城（今微山县）人，生于魏嘉平三年（251年），是晋代司徒魏舒之女。华存幼而好道，爱读老庄，志慕神仙，常服胡麻散、茯苓丸，吐纳气液，经数年修炼，终成著名女道士。她于晋成帝咸和九年（334年）仙逝，世寿83岁，被道家尊为上清派第一代宗师。传说她从江西抚州乘云飞至衡山，化云为石，此石至今仍伫立于集贤峰下黄庭观旁。魏夫人被后世称为"南岳夫人"。

吟诗作赋

衡山

（唐）李白

衡山苍苍入紫冥，下看南极老人星。

回飚吹散五峰雪，往往飞花落洞庭。

望衡山

（唐）刘禹锡

东南倚盖卑，维岳资柱石。

前当祝融居，上拂朱鸟翮。

青冥结精气，磅礴宣地脉。

还闻肤寸阴，能致弥天泽。

登山有作

（宋）朱熹

晚风云散碧千寻，落日冲飚霜气深。

霁色登临寒月夜，行藏只此验天心。

兵家必争，北岳之幽——恒山

走近恒山

恒山，亦名"太恒山"古称玄武山、崞山、高是山、玄岳。其中，倒马关、紫荆关、平型关、雁门关、宁武关虎踞为险，是塞外高原通向冀中平原之咽喉要冲。主峰天峰岭在浑源县城南，海拔2016.1米。恒山位于山西省大同市浑源县城南10千米处，距大同市市区62千米。北岳恒山与东岳泰山、西岳华山、南岳衡山、中岳

恒 山

嵩山并称为五岳，为中国地理标志，是天下道教主流全真派圣地。1982年，恒山以山西恒山风景名胜区为名，被国务院批准列入第一批国家级风景名胜区名单。

身临其境

身在恒山中，如梦如幻，恒山云变化多端，蔚为壮观。桃花洞内红绿交织，漫步其中，使人怡然自得、如痴如醉。构造独特的悬空寺更是让人惊讶，是三教合一的寺庙。

恒山云

恒山的云变幻无穷，人们一进山就能感觉到山里的美景纷涌到眼前，到半山腰还能看到蒸腾的云雾就像流水般从山上倾泻下来，与瀑布不同的是，云雾到半山腰就消失不见了，只见不停地有新的云雾向下流动，真是很壮观！

恒山云

桃花洞

桃花洞渐成北岳胜景。春夏之际，盛开的桃花与杨柳新绿交相辉映，吸引了众多游客踏青赏花。种植的大量恒山桃花群，历经百年而茁壮常新，清明前后桃花盛开，红若香珠，灿若彩霞，点缀着山谷，传递着春意。

桃花洞

悬空寺

悬空寺

恒山悬空寺始建于1400多年前的北魏王朝后期，历代都对悬空寺做过修缮，北魏王朝将道家的道坛从平城（今大同）南移到此，古代工匠根据道家"不闻鸡鸣犬吠之声"的要求建设了悬空寺。它是国内仅存的佛、道、儒三教合一的独特寺庙。

金龙峡

金龙峡居于天峰岭和翠屏峰之间，峡谷幽深，峭壁侧立，石夹青天，最窄处不足3丈（1丈=3.33米）。这里是古往今来的绝塞天险，交通要冲。北魏时，道武帝发兵数万人，在这里劈山凿道，作为进退中原的门户。宋代时，杨业父子在这里以险据守，抵抗外族的侵入。

金龙峡

仙人洞府

仙人洞府

相传道教有三十六洞天，七十二福地，皆仙人居处，恒山仙人洞府景区为游憩之地。世人以为通天之境，祥瑞多福，咸怀仰慕。历代以来，道侣栖止，香客游人络绎不绝，故洞天福地已成为中国锦绣河山之胜境。

张果老洞府

相传，我国神话中的古代道教八洞神仙之一的张果老就在恒山隐居潜修，在恒山留下了大量的仙踪遗迹和神话传说。

《太平广记》中记载张果老"常乘一白驴，日行数万里，则重叠之，其厚如纸，置于巾箱中，乘则以水噀之，还成驴矣。"玄宗召见，演示仙家变幻之术，不可穷记。玄宗誉为"迹先高尚，心入妙冥"，赐号"通玄先生"，后归，终老恒山。果老岭一块光滑的陡石坡上，有几个非常明显的酷似驴蹄的印，传说是张果老骑毛驴由此登天时留下的。

舍身崖传说

在果老岭的东侧，有一座万仞险峰面西而立，直插云端，这就是恒山的一处胜景——"舍身崖"。每当日落之时，瑰丽的晚霞辉映着诡奇万状的险峰怪石，奇光异景，色彩缤纷，令人赞叹不已。

相传一个在恒山上修庙的青年画匠救了一个长得很标致的少女。少女见他容貌英俊，言谈举止又十分稳重干练，不由产生了爱慕之情，遂与画匠定了终身。

谁知好事多磨，祸从天降。浑源县县太爷的少爷久闻少女美貌出众，便要娶她为妾。而少女的父亲也嫌贫爱富，贪图县太爷家的钱财，又是打，又是骂，逼着女儿进火坑。少女无法忍受，连夜逃离家门，上恒山去寻找画匠。贤惠的嫂嫂怕小姑发生意外，也急忙跟随上山，暗中保护小姑。然而，不幸的是，少女跑遍了恒山山岭，也不见画匠的身影。这时，知县的少爷又率领家丁追来。眼看着如狼似虎的家丁们步步逼近，少女心一横，就从这万仞峰顶跳了下去。嫂嫂赶到崖顶，不见小姑踪影，四处寻找，不料一失足也跌入崖下。姑嫂二人的事迹感动了北岳山神，北岳山神施展神法，使少女化为百灵鸟，嫂嫂化为找姑鸟，日夜形影不离，飞绕此山，凄凉的叫声不绝于耳，"舍身崖"便由此得名。

恒 山

（唐）贾岛

天地有五岳，恒岳居其北。

岩峦叠万重，诡怪浩难测。

过悬空寺

（明）郑洛

石壁何年结梵宫，悬崖细路小径通。

山川缭绕苍溟外，殿宇参差碧落中。

残月淡烟窥色相，疏风幽籁动禅空。

停车欲向山僧问，安得山僧是远公。

万山之祖，中岳之峻——嵩山

走近嵩山

嵩山，是五岳的中岳。位于河南省西部，地处登封市西北面。总面积约为450平方千米，由太室山与少室山组成，最高峰连天峰1512米；东西绵延60多千米；东依省会郑州，西临古都洛阳，南依颍水，北邻黄河。

嵩山是道教主流全真派圣地，分为少室山和太室山两部分，共72峰。海拔最低处为350米，最高处为1512米。主峰峻极峰

嵩 山

位于太室山，高1491.7米；最高峰连天峰位于少室山，高1512米。嵩山北瞰黄河、洛水，南临颍水、箕山，东接五代京都汴梁，西连十三朝古都洛阳，素有"汴洛两京、畿内名山"之称。因奇异的峻峰、宫观林立，故为中原地区第一名山。嵩山曾有30多位皇帝、150多位著名文人亲临，更是神仙相聚对话的洞天福地。《诗经》有"嵩高惟岳，峻极于天"的名句。

身临其境

嵩山地区是中华文明的发源地，历史悠久。嵩山地区不仅风景优美，而且文化高度繁荣，这里道、佛、儒三教荟萃。嵩山的少林寺以其武术闻名于天下，嵩阳书院是嵩山儒家的象征，是嵩山道家的象征。嵩山的风景优美，除了少林寺和嵩山书院外，嵩山还有会善寺、嵩山观星台、嵩山碑刻等有名的景点。

少林寺

少林寺位于嵩山少室山北麓五乳峰下，建于北魏太和十九年（495年）。据传，印度名僧菩提达摩禅师曾驻锡于此。现存建筑有山门、方丈

少林寺

室、达摩亭、白衣殿、千佛殿等，已毁的天王殿、大雄宝殿等已修复。千佛殿中有著名的明代"五百罗汉朝毗卢"壁画，壁画约300平方米。

会善寺

会善寺

会善寺及琉璃戒坛，位于积翠峰下，原为魏孝文帝避暑离宫，孝明帝时名闲居寺，隋代改名嵩阳寺、会善寺，后毁于兵火。唐初重建寺宇，武则天曾临幸此寺，拜寺中高僧道安为国师。密教高僧一行和尚及其弟子元同在寺中创设戒坛，俗称琉璃戒坛，是唐代全国重要戒坛之一。

嵩阳书院

嵩阳书院

嵩阳书院创建于北魏孝文帝太和八年（484年），初为佛教活动场嵩阳书院所，僧侍多达数百人。宋仁宗景祐二年（1035年），名为嵩阳书院，以后一直是历代名人讲授经典的教育场所。嵩阳书院与湖南长沙的岳麓书院，江西庐山的白鹿洞书院，河南商丘的睢阳书院，并称我国古代的四大书院。

观星台

嵩山观星台大约建于1276年，其设计者是元代著名科学家郭守敬。嵩山是中国古代天文学的摇篮。当时像登封观星台这样的建筑在全国有27处，而历经数百年沧桑，登封观星台成为硕果仅存的一座。此观星台是我国现存最古老的天文台，也是世界上最著名的天文科学建筑物之一。

观星台

嵩山碑刻

嵩山最大的碑刻为现存于嵩阳书院西南草坪上高达9米的《大唐嵩阳观纪圣德感应颂》。此碑为李林甫撰文，裴迥篆额，徐浩书；刻于唐天宝三年（744年）二月。这座碑刻石质坚硬细腻，雕工极为精致，是我国唐碑的优秀代表作之一，也是现存最大的唐碑。

嵩山碑刻

武则天登神山

女皇武则天曾10次登嵩山。唐武后垂拱四年（685年）武则天登嵩山，改嵩山为神岳，封其为天中王，配有天灵妃。武后天册万岁元年（695年），她在嵩山峻极峰建筑登封坛，次年，又登嵩山峻极峰，加封为中岳，封天中王为天中皇帝，天灵妃为天中皇后并在峻极峰的东南边立碑一通。碑文的内容是武则天的自我歌功颂德，名曰："大周升中述志碑"，并在县城以西万羊岗建筑祭坛，封中岳后在这里接受群臣的朝贺。一番庆典之后又到阳城游乐揽胜。为了纪念封中岳这一盛大典礼，当年，武则天令改嵩阳县为登封县。改阳城县为告成县，当年年号改为万岁登封元年，后又改为万岁通天元年。

龙姬九龙潭

传说，有一天，翟营村一女孩焦龙姬，在溪边正对着溪水梳妆时，一个衣衫褴褛的年轻道士站在她身后。道士的道袍破了，想请龙姬帮忙补一下。龙姬穿了9次针，用了9根线，道士要她把线头抽下来，龙姬用牙齿咬线头，谁知每咬1根，线头就在嘴里化了，此时，道士不见了。

龙姬的肚子越来越大，父亲因其无端如此，很暴怒，要打死龙姬，龙姬趁黑夜逃到深山谷的石洞里，再不愿出来见人。每天百鸟给她嗛来野果充饥解渴。到第十个年头时，天气大旱，河水断流，庄稼枯萎。此时，龙姬连生九条金光闪闪的龙子，个个喷云吐雾，大雨连降三天，雨后他们在沟里、溪水中各占一潭，潜入水中，龙姬也变成了一尊佛像。后人为纪念龙姬为人民造福的品德，便在悬崖上部建了一座"九龙圣母庙"，把山沟叫"道袍沟"，把水潭叫"九龙潭"。

下山歌

（唐）宋之问

下嵩山兮多所思，携佳人兮步迟迟。

松间明月长如此，君再游兮复何时？

洛中送冀处士东游

（唐）杜牧

饯酒载三斗，东郊黄叶稠。

我感有泪下，君唱高歌酬。

嵩山高万尺，洛水流千秋。

往事不可问，天地空悠悠。

初见嵩山

（北宋）张耒

年来鞍马困尘埃，赖有青山豁我怀。

日暮北风吹雨去，数峰清瘦出云来。

佛教四大名山

佛教文化圣地——五台山

走近五台山

五台山，世界佛教文化圣地之一，四大名山之首，文殊菩萨道场。地处山西省五台县境内，方圆3000余平方千米，海拔3000余米，由5座山峰环抱合成，五峰高就，峰顶平坦宽阔，其状如石垒之台，是故称"五台山"。

五台山

汉唐以来，五台山设佛寺弘法，以宗教利生。五台山一直是世界与中国的多元佛教文化中心之一，此后历朝发展，历代兴建，经过精心装修，现今有台内寺庙39座，台外寺庙8座。

五台山又是国家级重点、世界知名的风景名胜旅游区之一。宗教文化遗产极为丰富，是著称世界的"文化大户"。其中最著名的五大禅寺有：显通寺、塔院寺、文殊寺、殊像寺、龙虎寺。

身临其境

五台山有五座主峰，以五方来命名。分别称为东台、北台、西台、南台、中台。石多为片麻岩、大理岩、石英岩组成，不易剥蚀。山顶平缓，可降飞机；沟谷纵深，状如U形的特殊风貌。五座主峰据说代表着文殊菩萨的五种智慧：大圆镜智、妙观察智、平等性智、成所作智、法界体性智；以及五方佛：东方阿閦佛、西方阿弥陀佛、南方宝生佛、北方不空成就佛、中央毗卢遮那佛。

东 台

东台名望海峰，海拔2795米，东台顶上"蒸云浴日，爽气澄秋，东望明霞，如陂似镜，即大海也。"故冠此名。由于海拔高，台顶气温低，盛夏时节，仍需穿棉衣。

东 台

西 台

西 台

西台名挂月峰，海拔2773米，西台峰"顶广平，月坠峰巅，俨若悬镜，因以为名。"有诗赞曰："西岭巍峨接远苍，回瞻乡国白云傍。孤峰岭翠连三晋，八水分流润四方。晴日野华铺蜀锦，秋风仙桂落天香。当年狮子曾遗迹，岩谷常浮五色光。"

南 台

南台最早定为翠岩峰，继改为古南台，最后定为锦绣峰，海拔2485米，此峰"顶若覆盂，圆周一里，山峰耸峭，烟光凝翠，细草杂花，千峦弥布，犹铺锦然，故以名焉。"元好问赋诗赞曰："沈沈龙穴贮云烟，百草千花雨露偏。佛土休将人境比，谁家随步得金莲？"

南 台

北 台

北 台

北台最早定为大黄尖山，后改为叶斗峰；海拔3061米，五台中最高，有"华北屋脊"之称，其台"顶平广，圆周四里，其下仰视，巅摩斗构，故以为名。"康熙皇帝赋诗赞曰："绝磴摩群峭，高寒逼斗宫。钟鸣千嶂外，人语九霄中。朔雪晴犹积，春冰暖未融。凭虚看陆海，此地即方蓬。"

中 台

中台最早定为叶斗峰，后改为翠岩峰，海拔2894米，中台顶巨石堆积，石面杂生苔藓，阳光照射，碧翠生辉，如蛟龙腾起，人们称之为"龙翻石"。其台"顶广平，圆周五里，巅峦雄旷，翠霭浮空，因以为名。"

中台

僧人佛事

现在，五台山僧人的佛事活动，主要有日常活动、节日活动和专门活动三类。

日常佛事活动，指的是僧人天天都要做的佛事活动，这是僧人为自己而做的，包括早课、晚课和诵戒。

节日佛事活动指的是于固定时间举办的道场、法会和斋会。五台山的节日性佛事活动，主要有六月道场、十寺法会和各寺自办的法会与斋会。

僧人佛事

专门性佛事活动是根据需要而不定期举办的。这种活动，有的个人专办，有的集体会办，如造塔建寺、雕塑佛像、译经写经、刻经印经、讲经听经、传戒受戒，以及念谱佛，等等。

五台山佛教史上，僧人曾多次举办水陆道场、无遮大会和盂兰盆会。水陆道场亦称水陆斋、水陆法会，目的是遍施饮食，以救度水陆鬼众之苦恼。这种法会前后进行七天，是我国佛教经忏法事中最隆重的一种。无遮大会是佛教布施僧俗的大斋会，所谓无遮，指不分贵贱、僧俗、智愚、善恶，无遮而平等地予以布施。盂兰盆会举行于农历七月十五，是佛教徒追荐和超度历代宗亲的佛事仪式。

吟诗作赋

花开见佛

五台山上降雪峰，降雪峰上龙虎寺。
龙虎寺内驻文殊，文殊师利妙法王。

清凉山志

觉玄

山头紫气日长浮，上有仙人汗漫游。

饵菊换教风骨异，白云影里去悠悠。

南台歌

（唐）普明

南台之麓，仙人之居。

春云霭霭，暮雨霏霏。

卧于石罅，而坐神龟，

杳然飞去，仙花披靡。

第一人间清净地——普陀山

走近普陀山

　　普陀山是我国四大佛教名山之一，是观世音菩萨教化众生的道场。

普陀山

　　普陀山位于舟山群岛东部海域，与世界著名渔港沈家门隔海相望，在浙江省舟山岛东侧，属于舟山市。浙江沿海渔民早就来此捕鱼，最早寺庙建于858年，由日僧慧锷主持其事。现是国务院首批公布的44个国家级重点风景名胜区之一，中国国家5A级旅游景区，全国文明山、卫生山，浙江省唯一的ISO14000国家示范区。

　　普陀山四面环海，风光旖旎，幽幻独特，被誉为"第一人间清净地"。山石林木、寺塔崖刻、梵音涛声，皆充满佛国神秘色彩。岛上树木丰茂、古樟遍野、鸟语花香，素有"海岛植物园"之称。岛四周金沙绵亘、白浪环绕、渔帆竞发，青峰翠峦、银涛金沙环绕着大批古刹精舍，构成了一幅幅绚丽多姿的画卷。岩壑奇秀，有磐陀石、二龟听法石、心字石、梵音洞、潮音洞、朝阳洞等。大多名胜古迹，都与观音结下了不解之缘，流传着美妙动人的传说。它们各呈奇姿，引人入胜。普陀十二景，或险峻，或幽幻，或奇特，给人以无限遐想。

身临其境

　　普陀山四面环海，风光旖旎，幽幻独特，山石林木、寺塔崖刻、梵音涛声皆充满佛国神秘色彩。

莲 洋

莲洋午渡

　　莲洋就是莲花洋，处舟山本岛与普陀山之间，北接黄大洋，南为普沈水道洋，因日本人欲迎观音像回国，海生铁莲花阻渡的传说得名。清康熙《定海县志》转引

《普陀志》云："宋元丰中，侯夷人贡，见大士灵异，欲载至本国，海生铁莲花，舟不能行，倭惧而还之，得名以此。"莲洋是登普陀山进香的必由之航路。旅客的航船行至洋上，如果赶上午潮，就能见到洋面波涛微耸，状似千万朵莲花随风起伏，令人心旷神怡，浮想联翩。如遇到大风天，这里则是波翻盈尺，惊涛骇浪，另一番极为壮观的景色。

磐陀夕照

"磐陀夕照"指磐陀石一带的傍晚景色。由梅福庵西行不远处便可看到磐陀石。磐陀石由上下两石相累而成，下面一块巨石底阔上尖，周广20余米，中间凸出处将上石托住，曰磐；上面一块巨石上平底尖，高达3米，宽近7米，呈菱形，曰陀。上下两石接缝处间隙如线，眺之通明，似接未接，好似一石空悬于一石之上。

磐陀夕照

每当夕阳西下，石披金装，灿然生辉，人们如能在此时登上石顶，环眺山海，则见汪洋连天，景色壮奇。"磐陀夕照"堪称普陀山之一大奇观。

南天门

南天门

南天门在普陀山南的南山上，与短姑道头对峙。南天门孤悬入海，处于普陀山最南端，与普陀山本岛一水相隔，架有石桥，桥身似龙，名环龙桥。此地巨石森立，危岩高耸，中有两石如门，故名南天门。阙门飞檐起角，中间书有"南天门"三字，旁有龙眼井，崖上有石鼓，阙左上方有狮子石。南天门内群岩耸秀，门前碧波浩渺，摩崖石刻众多，门侧有清康熙年间武将蓝理所题"山海大观"四字，苍劲有力，引人注目。门里有梵宇琳宫，宇旁有一巨岩，可沿石级而登临岩顶。岩顶平坦，有两处小水潭，潭水清淳发光，俗称狮子眼，岩石上有"龙华大会""砥柱南天""海岸孤绝处"等石刻。传说这里是八仙过海的地方，普陀山禅宗始祖真歇禅师曾结茅于此。

莲花池

莲花池原是佛家信徒在此放生之池塘，后植莲花，遂称"莲花池"。"海印"为佛所得三昧之名，如大海能汇聚百川之水，佛之智海湛然，能印现宇宙万法。海印池面积约15亩（1亩=666.7平方米），始建于明代。池上筑有3座石桥，中间1座称平桥；北接普济寺中山门，中有八角亭，南衔御碑亭。御碑亭、八角亭、普济寺古刹建在同一条中轴线上。古石桥横

莲池夜月

卧水波，远处耸立着一座古刹，疏朗雄伟中透出灵秀，真如人间仙境，美轮美奂。莲花池三面环山，四周古樟参天，池水为山泉所积，清莹如玉。每当盛夏之际，池中荷叶田田，莲花亭亭，映衬着古树、梵宇、拱桥、宝塔倒影，构成一幅十分美妙的图画。夏季在月夜到此，或风静天高，朗月映池；或清风徐徐，荷香袭人。

耳闻奇传

普陀山是全国著名的观音道场，其宗教活动可溯于秦朝。原始道教及仙人炼丹遗迹随处可觅。

不肯去观音院

相传，在公元916年，有一个日本僧人慧锷从五台山请得观音圣像回国，经普陀莲花洋时，突然到处都是铁莲花，船不能通行，慧锷以为观音不肯东渡去日本，于是把观音圣像供奉在当地姓张的居民家中。从此以后，普陀山慢慢发展成为专门供奉观音的道场，慧锷也成了普陀山的开山祖师。

折叠短姑圣迹

相传有姑嫂二人到莲花洋来朝山进香，船靠码头时，不巧小姑"天癸"来潮，自愧不洁，不敢下船入山。其嫂短（责备的意思）其无福朝圣，叫她待在小船中等她，便独自进山拜佛去了。时近中午，潮水大涨，小船与岸相隔，小姑坐在船中，饿得发慌。正在此时，只见一村妇拎着饭篮走到码头边，向潮水里投下一些石块，踩着这些石块来到小姑船上，说是其嫂进香托她捎来的，说罢，放下饭盒便离船而去。过了不久，其嫂进香归来，问起这件事，感到奇怪。忽然想起刚才拜佛时，瞻仰莲座，只见观音大士衣裙湿了一片，心里顿有所悟，原来这是观世音菩萨做的善

事。因其嫂曾在码头"短其姑"，从此，姑嫂泊舟处即被称作"短姑道头"，大士送食时投向潮水里踩脚的石块，称为"短姑圣迹"。

折叠二龟听法石

一传，观音菩萨在说法台上讲经说法，东海龙王知道以后派了他的两个龟相来听经，没想到两相听得入了迷，不愿再回龙宫，龙王知道后非常生气，就将他们化为了石头。二传，这是雌雄两只乌龟，因在圣地戏闹而被惩罚变成了二龟石。

千百年来，普陀山以它独有的魅力吸引了一批又一批文人骚客前来一览它的风姿，并留下为人传唱不绝的诗文。

七　律
（清）康熙

林麓蒙茸径转深，青山偏自解招寻。
石堂无地留松影，洞水涵云浣客心。
秋色渐高苍霭散，翠微平对暮烟沉。
流涟徒倚频移席，何日还期一再临。

七　律
（清）孙成书

两度遭劫两度春，碧血山泉血染身。
玉瓶圣水翻作浪，恩仇一片化烟云。
慈悲崖下慈母心，魂归南海紫竹林。
白驹过隙千秋事，空有明月照山门。

秀甲天下——峨眉山

走近峨眉山

峨眉山是中国佛教四大名山之一，其最高峰万佛顶海拔高达3099米，位于四川省乐山市境内，在四川盆地西南部，地处长江上游，屹立于大渡河与青衣江之间。

峨眉山层峦叠嶂，山势雄伟，景色秀丽，气象万千，素有"一山有四季，十里不同天"之妙喻，更有"秀甲天下"之美誉。

峨眉山为普贤菩萨道场，是我国四大

峨眉山

佛教圣地之一。相传佛教于公元1世纪即传入峨眉山。近2000年的佛教发展历程，给峨眉山留下了丰富的佛教文化遗产，造就了许多高僧大德，使峨眉山逐步成为中国乃至世界影响甚深的佛教圣地。目前，全山共有僧尼约300人，寺庙近30座，其中著名的有报国寺、伏虎寺、清音阁、洪椿坪、仙峰寺、洗象池、金顶华藏寺、万年寺等。

身临其境

峨眉山包括大峨山、二峨山、三峨山、四峨山四座大山。大峨山为峨眉山的主峰，通常说的峨眉山就是指的大峨山。大峨山、二峨山两山相对，远远望去，双峰缥缈，犹如画眉，这种陡峭险峻、横空出世的雄伟气势，使唐代诗人李白发出"峨眉高出西极天""蜀国多仙山，峨眉邈难匹"之赞叹。金顶金佛、清音平湖、幽谷灵猴、摩崖石刻、"秀甲天下"瀑布等美景把峨眉山装点得婀娜多姿。

金顶金佛

金顶金佛系铜铸镏金工艺佛像，高48米，总重量达660吨（1吨=1000千克），由台座和十方普

金顶金佛

贤菩萨像组成，象征着阿弥陀佛的四十八个大愿。整尊金像设计完美，工艺精湛，堪称铜铸巨塑的旷世之作，具有极高的文化价值和观赏审美价值，是海峡两岸艺术家智慧的结晶。

峨眉山灵猴

峨眉山灵猴是峨眉山的精灵，嬉闹顽皮、滑稽可掬又极通人性，见人不惊、跟人嬉戏、与人同乐，给游人带来许多乐趣，成为峨眉山的一道活景观。峨眉山生态猴区位于峨眉山清音阁、一线天至洪椿坪之间，为一段狭长的幽谷，是目前我国最大的自然生态猴保护区。

幽谷灵猴

清音平湖

清音平湖位于清音阁旁边，四周青嶂翠峦环抱，古木参天，湖如碧玉嵌入其中，深深浅浅，点点滴滴，不知是树映绿了湖，还是湖染绿了树。置身于其间，只听绿树浓荫处，蝉鸣声声，山风阵阵，丝丝水气洗尽凡尘，好一派山水之情，逍遥之乐。

清音平湖

摩崖石刻

摩崖石刻北靠红珠顶，瑜伽河从旁边缓缓流过，倍添一份静谧和雅趣。崖石上"神州第一山"和"山之领袖"九个朱红色大字，标明了峨眉山在中国名山中的显赫地位，向世人展示了峨眉山的自然和文化魅力。分列在四周的名人名言，代表了魏晋、元、明、清时期不同人物对峨眉"第一山"的评价。

摩崖石刻

"秀甲天下"瀑布

"秀甲天下"是"峨眉天下秀"的浓缩，"甲"字突出了峨眉秀色的地位和峨眉山人的气

秀甲瀑布

质。站在瀑布前，只见飞瀑从天上泻下来，一条瀑布如白练般悬挂于石壁上，飞溅的水花在空中形成雨雾，阳光下七色彩虹隐现，溪河中浪花滚滚，响声隆隆，壮观而不失秀美。

峨眉山风景奇秀，灵气汇聚，人们来到峨眉山，一则观奇貌，二则沾佛光。那么"峨眉"一名由何而来？又为何能成为佛教圣地？且看其故事传说。

"峨眉山"由来

从前，峨眉山只是一块方圆百余里巨石，颜色灰白，高接蓝天，寸草不生。为了建设美好的家园，一个聪明能干的石匠同他的妻子巧手绣花女，决心用他们的双手将巨石打凿成一座青山。天上的神仙为他们的决心和努力所感动。在神仙的帮助下，石匠把巨石凿刻成起伏的山峦和幽深的峡谷；绣花女把精心绣制的布帕和彩帕抛向天空，彩帕飘向山顶，变成艳丽无比的七彩光环；布帕飘舞在石山上，变成苍翠的树林、飘动的彩云、飞瀑流泉、怒放的山花、欢唱的飞鸟、跳跃的群猴和游走的百兽。一座座青山起舞，一道道绿水欢歌。因为这座青山像绣花女的眉毛一样秀美，所以人们把这座青山叫"峨眉山"。

普贤菩萨

《峨眉山志》等资料记载了这么一个传说：东汉明帝永平六年（63年）"六月一日，有蒲公者，采药于云窝，见一鹿敻迹如莲花，异之，追之绝顶无踪。"因问在山上结茅修行的宝掌和尚，和尚说是普贤菩萨"依本愿而现像于峨眉山"。蒲公归家后即舍宅为寺，于是峨眉山就发展成普贤菩萨的道场。另有资料说，是晋代的普公在山上采药时，见一老者骑白象隐去。以后的记载基本上是一致的。依据信仰与传说，峨眉山以后历代修建寺庙时，都以普贤菩萨为中心，并发展成中国佛教四大名山之一。

千百年来，峨眉山以它独有的魅力吸引了一批又一批文人骚客前来一览它的风姿，并留下为人传唱不绝的诗文。

登峨眉山

（唐）李白

蜀国多仙山，峨眉邈难匹。

周流试登览，绝怪安可悉？

青冥倚天开，彩错疑画出。

泠然紫霞赏，果得锦囊术。

云间吟琼箫，石上弄宝瑟。

平生有微尚，欢笑自此毕。

烟容如在颜，尘累忽相失。

倘逢骑羊子，携手凌白日。

峨眉山月歌

（唐）李白

峨眉山月半轮秋，影入平羌江水流。

夜发清溪向三峡，思君不见下渝州。

平羌道中望峨眉山慨然有作

（宋）陆游

白云如玉城，翠岭出其上。

异境忽堕前，心目久荡漾。

别来二百日，突兀喜亡恙。

飞僊遥举手，唤我一税鞅。

此行岂或使，屏迹事幽旷。

何必故山归，更破万里浪。

江南第一山——九华山

走近九华山

九华山是中国四大佛教名山之一，与浙江普陀山、山西五台山、四川峨眉山并称为中国四大佛教名山，是"地狱未空誓不成佛，众生度尽方证菩提"的大愿地藏王菩萨道场。

九华山

九华山位于安徽省池州市境内，是以佛教文化和自然与人文胜景为特色的山岳型国家级风景名胜区，国家首批5A级旅游景区、国家首批自然与文化双遗产地，安徽省"两山一湖"（九华山、黄山、太平湖）旅游开发战略的主景区。景区规划面积120平方千米，保护面积174平方千米，由11大景区组成。

九华山天开神奇，清丽脱俗，是大自然造化的精品，有"莲花佛国"之称。境内群峰竞秀，怪石林立，九大主峰如九朵莲花，千姿百态，各具神韵。连绵山峰形成的天然睡佛，成为自然景观与佛教文化有机融合的典范。景区内处处清溪幽潭、飞瀑流泉，构成了一幅幅清新自然的山水画卷。还有云海、日出、雾凇、佛光等自然奇观，气象万千，美不胜收，素有"秀甲江南"之誉。

身临其境

九华山共有99座山峰，以天台、十王、莲华、天柱等9峰最雄伟，群山众壑、溪流飞瀑、怪石古洞、苍松翠竹、奇丽清幽，相映成趣。名胜古迹，错落其间。素有"东南第一山""江南第一山"之誉。

天台峰

天台峰是游客游九华山必到之处。至寺前回首一看，左有龙头峰，右有龙珠峰，对面十王

天台峰

峰。天台峰最高处名云峡，有两大岩石，并立为门，下宽上窄，从岩隙仰视，蓝天一线，又名一线天。此处是观九华山全景，看云海日出最佳处，"天台晓日"为九华山十景之一。前人有"石梯云折断，松洞水飞还"诗句绘其险，有"从此置身于切上，不须别处觅蓬莱"诗句述其境。

十王峰

十王峰景区位于九华山天台峰南侧，两峰有一山脊相连。海拔1342米，为九华山第一高峰。十王峰山水雄奇灵秀，群峰争峙。山中奇峰叠起、怪石嶙峋、涌泉飞瀑、溪水潺潺。鸟语伴钟鼓，云雾现奇松。峰顶东西两侧，危崖层叠，登临其上，极目远眺，众峰如"儿孙绕膝"，有"一览众山小"之意境。西南有"钵盂峰"，海拔1143米，极似僧人钵盂；西北有"罗汉峰"，海拔1280米；"宴仙台"位于十王峰西，高百

十王峰

米，三面悬崖，上有约40平方米的平台。南下为"老常住"旧址，建有真如庵。

莲花峰

莲花峰

莲花峰位于翠盖峰北、西洪岭南，由上、中、下3个莲花峰组成，最高峰海拔1042米，统称莲花峰。由于花岗岩垂直节理特别发育，峰顶岩石分崩离析，峰石极似盛开的莲花，山陡谷深，云气弥漫，故"莲峰云海"为九华山著名古十景之一。从北麓上莲花峰，经过华阳水库，山峰倒影，波光不惊。乔觉禅林傍山依水而建。从库梢可达青沟自然村，清沟村古朴、景幽，清沟茶品质上乘。从岭头南行，往唐代平坦寺遗址及虎豹泉、下莲花峰。下莲花峰海拔666米，峰顶光秃，形似莲花，四周峰峦错列，莫可名状。

耳闻奇传

九华山开辟为大愿地藏王菩萨道场，成为一千多年来僧侣及大众的朝圣地，缘起于新罗国僧人"金地藏"的修道故事。

"金地藏"的修道故事

新罗国（位于朝鲜半岛南端）王族金乔觉（696—794年），24岁时削发为僧，于唐玄宗开元年间来华求法，经南陵等地登上九华山，于山深无人僻静处，择一岩洞栖居修行。当时圣山缘起九华山为青阳县闵员外属地，金乔觉向闵氏乞一袈裟地，闵氏想几亩或数顷都不在话下，何况只是区区一袈裟地，自然不假思索、慷慨应允，此时只见金乔觉袈裟轻轻一抖，不料展衣后竟遍覆九座山峰。这使闵员外既十分诧异，又大开眼界，叹未曾有，由静而惊，由惊而喜，心悦诚服地将整座山献给"菩萨"，并为持戒精严、艰苦修行的高僧修建庙宇，唐至德二年（757年）寺院建成，金大师有了修行道场和收徒弘法的条件。至今九华山圣殿中地藏像左右的随侍者，即为闵氏父子。

金乔觉驻锡九华山，苦心修炼数十载，唐贞元十年（794年），于九十九岁高龄，跏趺示寂。其肉身置函中经三年，仍"颜色如生，兜罗手软，罗节有声，如撼金锁"。根据金乔觉的行持及众多迹象，僧众认定他即地藏菩萨化身，遂建石塔将肉身供奉其中，并尊称他为"金地藏"菩萨。九华山遂成为地藏菩萨道场，由此名声远播、誉满华夏乃至全球，逐渐形成与五台山文殊、峨眉山普贤、普陀山观音并称的地藏应化圣地。

龙女献泉的故事

也许是金乔觉在美女池春心荡动被上天发觉，所以他回到东岩，在岩石上打坐时，忽然出来五条小龙猛咬他。和尚接受美女逗引的教训，竟然能闭目不动。小龙这一举动忽然惊动了龙婆，吓得她连忙来到和尚面前赔不是。龙婆倒身下拜道："刚才小儿无知咬痛了大师，愿出清泉以补过失。"于是，这五条小龙在龙婆的吆喝下，顺着山岩往下爬去，龙身过处，出现了五条溪水，时人称为"五龙瀑"。瀑下有一石潭，人称"龙潭"。后人盖有龙庵，和尚曾以泉水为人治病。

吟诗作赋

九华山文化底蕴深厚。晋唐以来，陶渊明、李白、费冠卿、杜牧、苏东坡、王安石等文坛大儒游历于此，吟诵出一首首千古绝唱，黄宾虹、张大千、刘海粟、李可染等丹青巨匠挥毫泼墨，留下了一幅幅传世佳作。

望九华赠青阳韦仲堪

（唐）李白

昔在九江上，遥望九华峰。

天河挂绿水，秀出九芙蓉。

我欲一挥手，谁人可相从？

君为东道主，于此卧云松。

九华山歌（并序）

（唐）刘禹锡

昔予仰太华，以为此外无奇；爱女几荆山，以为此外无秀。及今见九华，始悼前言之易也。惜其地偏且远，不为世所称，故歌以大之。

奇峰一见惊魂魄，意想洪炉始开辟。

疑是九龙夭矫欲攀天，忽逢霹雳一声化为石。

不然何至今，悠悠亿万年，气势不死如腾仙。

云含幽兮月添冷，日凝晖兮江漾影。

结根不得要路津，迥秀长在无人境。

轩皇封禅登云亭，大禹会计临东溟。

乘累不来广乐绝，独与猿鸟愁青荧。

君不见敬亭之山广索漠，兀如断岸无棱角。

宣城谢守一首诗，遂使声名齐五岳。

九华山，九华山，自是造化一尤物，焉能藉甚乎人间！

佛寺圣地

佛光照华奇顶——天台山

走近天台山

天台山风景区，国家5A级旅游景区，国家级重点风景名胜区，中华十大名山之一，国家生态旅游示范区，浙江省十大旅游胜地。

天台山佛光照华奇顶

天台山风景区坐落在浙江省东中部天台县境内的天台山，因"山有八重，四面如一，顶对三辰，当牛女之分，上应台宿，故名天台"，是浙江省东部名山，东连宁海、三门，西接磐安，南邻仙居、临海，北界新昌，绵亘浙江东海之滨。以"佛宗道源，山水神秀"闻名于世，是中国佛教天台宗和道教南宗的发祥地，又是活佛济公的故里。

天台山风景区主要有国清寺、石梁、赤城山、寒山湖、华顶峰等。国清寺是国家级文物保护单位，也是日本、韩国佛教天台宗的祖庭。媚丽的低山云海、神奇的天台佛光，可谓天台一绝，登山观赏，不失为人生一大幸事。

天台山风景（一）

身临其境

天台山位于浙江省中东部，地处宁波、绍兴、金华、温州四市的交接地带。素以"佛宗道源、山水神秀"享誉海内外；1988年被国务院批准为国家重点风景名胜区，1992年被列为"浙江省十大旅游胜地"，2015年被评为首批全国5A级旅游区。

天台山风景（二）

国清寺

国清寺

国清寺始建于隋开皇十八年（598年），初名天台寺，后改名国清寺，寓"寺若成，国即清"之意。南宋列为江南十刹之一，现存建筑为清雍正十二年（1734年）奉敕重修。全寺总面积为7.3万平方米，分为五条纵轴线，构成一个气势恢宏的古建筑群。现被列为全国重点文物保护单位。

国清寺坐落在四面环山，五峰拥抱的"世外桃源"中，环境清幽优美，周围古木参天，绿树成荫，寺前照壁拱桥，碧水长流，古老隋塔历经千年依然挺立在半山坡上，寺内殿宇辉煌，处处奇观，如同一幅天然图画，成了游人理想的旅游之地。

国清寺是一处文化积淀极其深厚的文化古刹。陈隋之际，智者大师（538—597年）在天台山创立了中国佛教史上第一个宗派——天台宗。唐贞元年间日本高僧最澄至国清寺求法，回国后在日本比叡山创建了日本天台宗。11世纪，高丽僧人义天至国清寺求法，又将此宗传入朝鲜，国清寺遂成为日本、朝鲜佛教天台宗的祖庭。国清寺文物古迹荟萃，保存着大量的文物古迹，闪烁着千年古寺历史的灿烂与文化的辉煌。

石 梁

石梁集天下山水奇观于一体，是浙东"唐诗之路"的精华所在。李白、孟浩然等著名诗人曾为此奇景留下不朽的诗篇。顺溪上行，山峦滴翠，古木参天，怪

石梁

石遍布，奇峰突兀，是一处步移景异、触目皆成景色的绝佳胜地。游人置身其中，恍入仙境。翠谷全长1800余米，最为著名的有"犀牛望月""老僧入定""千年睡狮""万年龟象""原始木荷林""应真沐浴潭"，等等。

天台石梁是"花岗岩天生桥"。所谓"天生桥"是一种两端与地面连接而中间悬空的桥状地形。石梁飞瀑是景区内一大奇观。根据记载，3次造访天台的明代地理学家徐霞客，还曾经走过令人胆战心惊的石梁桥。现在石梁桥已封闭，不能行走，惊险的模样只能凭自己想象了。石梁飞瀑景区是《少林寺》《射雕英雄传》等许多影视片的主要拍摄地。

耳闻奇传

传说汉永平5年（62年），剡县人刘晨、阮肇到天台山采药。天台山崇山峻岭，峰峦叠嶂，刘、阮二人只管埋头采药，不知不觉天色已晚，感觉肚子饥饿。这时忽然发现树上有桃，就随手摘几个桃子充饥。他们一边吃桃一边沿山湾小溪走时，只见溪边有两位女子，十分漂亮。这二位女子看见刘、阮二人手持茶杯，便笑笑说："刘、阮二郎为何来晚也？"好像老朋友相识一样。

刘、阮采药

刘晨、阮肇二人一惊，不容迟疑，就被邀到家。走进家门，房内绛罗帐，帐角上挂着金铃，上有金银交错，还有几名婢女。进入餐桌吃饭时，有胡麻饭、山羊脯、牛肉，菜肴相当丰富，又有美酒，还有吹、弦、拉、弹伴唱，他们嘻嘻哈哈，热热闹闹地吃喜酒。用完饭，几个侍女捧着桃子，笑笑说："二位贵婿随我来。"

二人于是与仙女结为夫妻。过了十天，刘晨、阮肇要求回乡，仙女不同意，苦苦挽留半年。因思乡心切，二位仙女只好指点路途让他们回去。刘晨、阮肇到家找不到旧址，到处打听，结果在一个小孩子（第七代孙子）口中听到，长辈传说祖翁入山采药，迷路了，不知道现在哪里。原来刘晨、阮肇在山上半年，山下已经过去了几百年，他们没了老家，只得返回采药处寻妻子。

结果刘晨、阮肇二人怎么找也找不到妻子，就在那溪边踱来又踱去，徘徊不定。后来该溪叫惆怅溪，溪上的桥叫惆怅桥。刘晨、阮肇二人在那里徘徊了一阵以后，便在山上住了下来，不久就在当地成家繁衍后代，这就是现在的刘门山。后人在那里建了刘、阮庙，庙内塑有头戴斗笠，肩背竹篓，手拿药锄的刘、阮像。山上有采药径、阮公坛、仙人洞等。

琼 台

（唐）李白

龙楼凤阙不肯住，飞腾直欲天台去。

碧玉连环八面山，山中亦有行人路。

青衣约我游琼台，琪木花芳九叶开。

天风飘香不点地，千片万片绝尘埃。

我来正当重九后，笑把烟霞俱抖擞。

明朝拂袖出紫微，壁上龙蛇空自走。

天台晓望

（唐）李白

天台邻四明，华顶高百越。

门标赤城霞，楼栖沧岛月。

凭高登远览，直下见溟渤。

云垂大鹏翻，波动巨鳌没。

风潮争汹涌，神怪何翕忽。

观奇迹无倪，好道心不歇。

攀条摘朱实，服药炼金骨。

安得生羽毛，千春卧蓬阙。

大树华盖闻九州——天目山

走近天目山

大树华盖闻九州

天目山地处浙江省西北部临安市境内，浙皖两省交界处，距杭州84千米，在杭州至黄山黄金旅游线中段，主峰仙人顶海拔1506米。古名浮玉山，"天目"之名始于汉，有东西两峰，顶上各有一池，长年不枯，故名。天目山是韦陀菩萨的道场。

天目山动植物种类繁多，珍稀物种荟萃，为国家教学科研重要基地。被国家授予"全国青少年科技教育基地""全国科普教育基地"。天目山峰峦叠翠，古木葱茏，有奇岩怪石之险，有流泉飞瀑之胜，素负"大树王国""清凉世界"盛名，为古今揽胜颐神胜地。天目山千重秀，灵山十里深，它赋予人类享之不竭的璀璨文化与独特的大自然风韵。

天目山树木

身临其境

天目山位于浙江省杭州市临安县，吸引了众多的国内外游客。

现已开发建成的有：天目山、青山湖、钱王陵、玲珑山、太湖源、浙西大峡谷、白水涧、天

天目山风景

目石谷、瑞晶洞、西径山、大明山、石长城、柳溪江、浙西天池、神龙川、东天目、天潭公园等十七个景点。

开山老殿

开山老殿

开山老殿位于大树王景区，狮子岩东。正式寺名叫狮子正宗禅寺。始建于元初至元十六年（1275年）。元延祐七年（1320年）赐额。西天目佛教开山于晋永和间（350年左右），但彼时入山僧侣大多垒石为室，结茅为庐，属于草创阶段。唐末虽在九思坞建宝智禅院，在南麓建明空禅院，唯规模仍很小。到狮子正宗禅寺建成，天目佛事大盛，名僧辈出，僧侣盈千。狮子正宗禅寺在元末明初，先后两次毁于兵火。清初禅源寺建成后，香火迁于山下，旧址则称开山老殿。1928年，徐世昌题"大树堂"。1935年，胡适手书对联：有几分证据说几分话，做一天和尚撞一天钟。1985年，叶浅予手书"开山老殿"额。

大树王

大树王

天目山以"大树华盖"闻名于世，拥有世界罕见的大柳杉群落。有一株柳杉早在宋代即称为"千秋树"，明代已是四五围大树，径2米以上，树龄长达2000余年；清代皇帝乾隆南巡游览西天目山时，封此树为"大树王"。从此，传说这棵大树的皮可治百病，游人、香客竞相剥取，致使于20世纪30年代枯死。但是，大树王虽已死70余年仍傲立不倒，枯干上还寄生出一棵翠绿的新枝。在"大树王"右上方的141号柳杉，生长旺盛，雄姿勃勃，已被大家公认为天目山的新大树王。专家考察认为，天目山的柳杉群为世界罕见，可称中华一绝。

五世同堂

五世同堂景点位于大树王景区，在开山老殿下方悬崖上，是一棵世上最古老的银杏树，为世界"银杏之祖"。在其基部世世代代已萌发出22枝小植枝，可谓五世同堂。银杏是中生代孑遗植物，为我国特有，野生状态仅天目山保护区有分布。这

银杏树

棵"银杏之祖"树龄距今已有12000年以上，是与恐龙同时代的植物，是天目山的三大宝贝之一。

倒挂莲花峰

倒挂莲花峰又称莲花台，有青壁石峰如同刀斧劈开，上有一方台，台旁石笋耸立，高数丈，五石分峙，各自高撑，状如莲花。传说元代高

莲花峰

峰和尚为降伏睡魔，坐禅峰上三昼夜，疲惫下坠，山峰倒转，托住和尚。此峰由此得名。这里植被茂盛，奇石众多。正所谓，参天古树云裳衣，俯瞰峻岭有新奇。

天目山大峡谷

天目山大峡谷

天目山大峡谷也叫"火山大峡谷"，火山岩巨石最多，2002年编入世界吉尼斯之最，巨石成谷、清泉满谷，称为石水圣景，峡谷仙境。谷内水资源丰富、瀑布叠加，碧潭成串。五瀑潭、戏水潭、斤线潭、静水潭，是天然的生态游泳池，水面积1000多平方米，清澈见底。幽深的林木、清新的空气、静态的巨石、动态的急流、呼啸的涛声五重组合，无愧中华生态旅游最佳景区的称号。火山运动留下的造型各异的乱石，三分形象七分想象，大自然的鬼斧神工让人心旷神怡、叹为观止。文坛泰斗金庸看了石谷后写下了"石谷有灵气，灵石成山谷"。

天目山四季风光如画，是我国著名的自然保护区，也是浙江省唯一加入国际生物圈保护区网络的自然保护区。

耳闻奇传

关于天目山的传说故事，大多数跟"天目山"名称的由来有关系，说法不一。

有人认为是梁武帝的儿子——昭明太子所起，因他看到其山景色秀丽，云雾时出时没，认为非人间所比，就人身而言，头顶为天，眉间为目，故取名为天目山，意为人间天堂，更是超凡入圣的一片修行净土。

天目山的特色民俗活动有：

春茶会

春茶会于4月8日至5月8日在龙井村举办，主要活动有：踏青、采茶、炒茶、茶艺茶道表演、做一天茶农等活动。

烧"烽蓬"

明朝万历年间，为赈灾济民，佑福乡里，天目山禅源寺首开盛大善举，除夕义烧"烽蓬"。这一独特的仪式延续了350多年，至抗战时期，日本战机轰炸了禅源寺，这一仪式渐渐淡出了人们的记忆。70年后的2005年除夕，为再现百年除夕祈福活动，弘扬中华民族大统文化，天目山禅源寺重新恢复烧"烽蓬"这一空前壮观的历史文化场景。

祈福活动特别邀请了临安西天目乡的马灯队现场表演。在失传了30多年后，临安西天目乡的马灯队于2002年底重新组建，并分获2003年市元宵灯会银奖及2004年"吴越风"元宵灯会金奖。

天目山

（明）徐渭

天目高高八百寻，夜来一榻抱千岑。
长萝片月何妨挂？削石寒潭几度深。
芋子故烧残叶火，莲花卑视大江心。
明朝欲借横空锡，飞渡西山再一临。

登西天目

释方岩

一里溪山一个亭，芒鞋踏断几层青。

泉源更在云深处，不到高头莫计程。

天目山

（明）祁彪佳

天日三千丈，东南第一峰。

瀑来飞万马，石削起双龙。

白日江花乱，青氛海气重。

行歌秋更好，散发弄芙蓉。

江心一朵美芙蓉——金山

走近金山

金山位于江苏省镇江市区西北，高44米，距市中心3000米。古代金山是屹立于长江中流的一个岛屿，"万川东注，一岛中立"，与瓜洲、西津渡成犄角之势，为南北来往要道，久以"卒然天立镇中流，雄跨东南二百州"而闻名，被称为"江心一朵美芙蓉"。直至清代道光年间，才开始与南岸陆地相连，于是"骑驴上金山"曾盛行一时。

金 山

金山自古名称很多，古人把扬子江比作香水海，把这座山比作《华严经》里的七金山，所以叫作金山。此外，金山还曾叫过泽心山、浮玉山、获茯山、龙游山、紫金山等。而金山的名则与金山寺有关，金山寺巧妙地依山而建，富有独特的建筑风格，殿宇后堂幢幢相衔，亭台楼阁层层相接，山体与寺庙浑然一体，构成一组橼摩栋接、丹辉碧映的古建筑群，景色壮观，气势雄伟，形成"寺裹山"的独特风貌。宋代以来，流传着"金山寺裹山，焦山山裹寺"的评语。

身临其境

金山，风景幽绝，形胜天然，自古为我国游览胜地之一。"三山—金山湖"既有众多地质自然景观，又有富有传奇色彩的人文景观。这里的旅游业开发较早，并已形成相当的规模，主要景点有：金山寺、玉带桥、慈寿塔、七峰亭、古法海洞等。

金山寺

金山寺建于东晋，至今已有1600多年历史。原名泽心寺，亦称龙游寺。清康熙帝曾亲笔题写"江天禅寺"，但自唐以来，人们皆称金山寺是

金山寺

中国佛教诵经设斋、礼佛拜忏和追荐亡灵的水陆法会的发源地。金山寺寺门朝西，依山而建，殿宇栉比，亭台相连，遍山布满金碧辉煌的建筑，以致令人无法窥视山的原貌，因而有"金山寺裹山"之说。

玉带桥

玉带桥

金山白龙洞前有座玉带桥，长16米，传说是苏东坡与金山方丈佛印打赌输了玉带，佛印如获至宝，经常给人看，看的人多了，又恐弄坏，于是就命人仿照玉带的式样建造了一座桥。谁要再看玉带，去看桥就行了。

慈寿塔

慈寿塔又名金山塔，创建于1400余年前的齐梁，塔高30米，唐宋有双塔，宋朝叫"荐慈塔""荐寿塔"。1472年，日本画家雪舟等杨登游金山，曾绘《大唐扬子江心金山龙游禅寺之图》，上有南北相向的两座宝塔。双塔后毁于火，倒塌后，明代重建一塔，取名慈寿塔。

慈寿塔

七峰亭

七峰亭在山西侧金鳌岭上。古代因有7座小山突起，名七峰岭。后削山建阁，故以七峰阁而名。后人为了纪念岳飞和金山寺道月长老，便兴建了七峰阁，可惜毁于太平天国时战火，后改修为七峰亭。

七峰亭

古法海洞

法海洞又名裴公洞，在慈寿塔西下侧的悬崖上，相传是金山寺开山祖师法海和尚来到金山时住的地方。现洞中塑有法海塑像一尊，洞口横额"古法海洞"。相传法海死后，他的徒子法孙把他的肉体装金供在洞中，以便瞻仰。

古法海洞

后来肉身坏了，又塑了一个石像，留作纪念。

金山又有"神话山"之称，山上每一个古迹都有迷人的神话、传说和故事。有着"白娘子水漫金山寺""梁红玉击鼓战金兵""刘备招亲""焦光三诏不起""韩世宗大战金兀术""杜十娘怒沉百宝箱"等众多民间传说。

金山寺

在神话故事《白蛇传》中，法海是一个阻挠破坏青年男女美满婚姻的恶僧，可历史上他却是位有德行的高僧。法海姓裴，人称裴陀头，河东闻喜人。他父亲裴休是唐朝宣宗皇帝的宰相，他感到"伴君如伴虎"，一旦得罪了皇帝是没有好下场的。他十分信仰佛教，认为富贵荣华不如出家好，因而决心送子出家为僧。裴陀头出家到江西庐山，取名法海，他在庐山学道参禅，一心修炼。后来到镇江金山，那时寺宇荒废，荆棘丛生，还有蟒蛇为害。他就找到山上西北角的这个岩洞，住在洞里参禅打坐，白蟒就避走了。法海来金山后，最大愿望是要修复金山寺，他曾燃指一节，以表决心。一天僧众披荆斩棘，到江边挖土，偶然挖出黄金若干镒（一镒为二十两），就报告润州刺史李奇，李奇又上报宣宗皇帝，宣宗命他把黄金给法海作修复庙宇之用，并赐名为金山寺。

阅武台

阅武台浮浪贴水，是游人观赏神话金山，阅览波光水影的地方，也是白娘子望眼欲穿，盼夫回归的平台。许仙被法海软禁金山，不能回家，白娘子多次请求放人，然而总是无果。万般无奈，被小青激怒下，白娘子召令虾兵蟹将、水族众生，武讨法海、水漫金山。在阅武台后的四级台阶之上，有一组汉白玉"水漫金山"的地雕，地雕由五块画组成，其中有一块为被镇雷峰塔下场面。雷峰塔向游人昭示，沧桑易改，真情不变的海誓山盟。

金山寺有丰富的人文景观和浓重的神话色彩，这是金山寺出名的原因之一。民间流传的中国四大神话之一《白蛇传》中的"水漫金山"就在这里。此外，"苏东坡输玉带""梁红玉击鼓抗金兵"等故事也都发生于此。

题润州金山寺

（唐）张祜

一宿金山寺，超然离世群。

僧归夜船月，龙出晓堂云。

树色中流见，钟声两岸闻。

翻思在朝市，终日醉醺醺。

夜登金山

（宋）沈括

楼台两岸水相连，江北江南镜里天。

芦管玉箫齐送晚，一声飞断月如烟。

道教四大名山

四大道教圣地之一——齐云山

走近齐云山

齐云山，位于徽州黄山市西33千米处的休宁县城西约15千米处，距屯溪33千米，古称白岳，与黄山南北相望，风景绮丽，素有"黄山白岳甲江南"之誉，因最高峰廊崖"一石插天，与云并齐"而得名，乾隆帝称之为"天下无双胜景，江南第一名山"。它由齐云、白岳、歧山、万寿等9座山峰组成。齐云山又是道家的"桃

齐云山

源洞天"，为著名道教名山之一，还与武当山、龙虎山、青城山、景福山合称五大仙山。

齐云山景区面积110平方千米，自然保护区面积150平方千米，1994年被国务院批准为国家级风景名胜区、国家森林公园。素有"黄山白岳相对峙，绿水丹崖甲江南"之称。唐乾元年间，道士龚栖霞云游至此，隐居山中天门岩。南宋宝庆年间，道士余道元入山修炼，并于齐云岩创建佑圣真武祠，此后云游道士纷纷而来，道教建筑规模日益；明代嘉靖和万历间，江西龙虎山嗣天师正一派张真人祖师三代奉旨驻留齐云山，建醮祈祷、完善道规、修建道院，香火日盛，渐渐成为江南道教活动中心。

身临其境

齐云山

齐云山风光绮丽动人，有各种奇峰、怪岩幽洞，以及诸多湖潭泉瀑。其中形似香炉的香炉峰、巧夺天工的石桥岩、幽幻莫测的仙洞、清秀静逸的云岩湖、抛金洒

洞天福地

玉的珠帘泉最令人神怡心醉，旧有"江南小武当"之美称。

　　游客下索道后就进入景区大门——望仙亭，出亭后走过桃花洞即到洞天福地，此景颇为壮观，有栖真岩、忠烈岩、寿字崖三处摩崖石刻。据传，栖真岩是齐云山最早道士、唐朝的栖霞真人修行的地方；忠烈岩是祭祀关公的地方；而寿字崖的寿字是清代慈禧太后的手笔，这个巨大的"寿"字，直径达到230厘米。走过寿字崖，便见一个宽敞的石洞，游人可以通过，纯属天工所造，为"崖下窟窿"，称之为一天门，摩崖石刻和碑铭数目很多，琳琅满目，称为"白岳碑林"。

香炉峰

香炉峰

　　香炉峰在月华街太素宫前，山峰独立挺拔，形似香炉，故得名。此峰底座小而稳健，炉身粗壮，顶端与底座大小几乎相同，传说顶上的铁亭、香炉当初是朱元璋所赐，可惜铁亭和香炉1958年时被毁，铁亭系1983年重建的。每当雨后初晴，云雾缥缈之时，香炉峰或隐或现，有诗赞其妙曰："山作香炉云作烟，嵯峨玉观隐千年"。

真仙洞府

真仙洞府

　　真仙洞府崖壁下有许多洞穴，供奉各路神仙塑像，依次是八仙洞、圆通洞、罗汉洞、雨君洞、文昌洞。以前修行的道士就居在洞中。它是齐云山风景精粹之一。八仙洞供奉的是道教的八仙；而圆通洞供奉的却是佛教中的南海观音；罗汉洞供奉着真武帝君，两旁又供奉着十八罗汉，应当说这都是道士们富有想象力的创作；雨君洞供奉龙王；文昌洞供奉文曲星，文曲星主宰功名，竟被道教"收编"上了道教神坛。从齐云山真仙洞府中可以感受到浓厚的儒、道、佛合璧的气息，颇有特色。真仙洞府崖壁上有很多摩崖石刻，其中最为醒目的是崖壁上的"天开神秀"四个大字，气势不凡，为真仙洞府的显著标志。

小壶天

　　小壶天位于月华街长生楼下，它由明代一个石坊构成，石坊上有"小壶天"三字，石坊门洞呈葫芦形，进门后便是一个长20米、宽3.3米、高2.5米的石窟，石窟的一侧为万丈深渊，站在窟侧，有"无限风光在险峰"之感，当游人想后退一步，便见崖壁上有"思退崖""石上流泉""一线泉""飞升所"等石刻，据传这是道士飞升成仙的地方。

小壶天

耳闻奇传

百鸟衔泥塑玄帝

　　传说齐云山玄武太素真人，掌管阴间一切善恶，普济众生。他云游四海，遍访名山，驾云到齐云山。他游洞天福地，越桃花涧，来到真仙洞府，见天门掩蔽，无路可通，玄帝游山急切，运足神力，一脚蹬开天门，只听"轰"的一声巨响，石穿洞开，豁然开朗。这齐云山酷似一把金交椅耸立在街中心，北负玉屏峰，左右钟鼓两峰护列，前临卓立挺拔的香炉峰，五股山泉飞注于齐云

玄帝像

岩下，左有青狮盘踞，右有白虎蹲立，前有黄山三十六峰环绕其外，构成天然宝座，令玄武喜不胜收，流连难舍，他心想："我玄武帝在武当山苦修两千余年，而今道已成，何必再孤守武当？不妨就此建座行宫，占它香火，日在武当修行，夜回齐云显灵，来去自如。"忽见一朵祥云飘临而来，化作白鹤仙子，供揖参拜："仙长驾临此山，乃草木有幸，妙乐天尊揣知仙长心事，使我前来劝君。"玄武谢恩又将方才所思告之白鹤仙子。白鹤仙子应命告别玄帝，立即传召全山百鸟，即日兴工。自此，百鸟云集，羽翼蔽日，众志成城。不几日，塑起一尊玄帝偶像，威严夺目。

　　光阴迅速，不知过了多少个年代，到了南宋宝庆年间，有个云游道士自黔北来齐云山，梦见一道长披发跣足，对他说："吾居齐云岩，已候驾多时。"梦醒寻至齐云岩，见一泥像与梦中无异，又惊又喜，引在山居士募捐装饰金身，创立"佑圣真武祠"，烧起香火，日夜供奉。凡四乡士遇有蝗灾、旱涝祈福，求嗣者，络绎不绝，有求必应，神威江南。道士也纷纷驻守山上，在岩洞内、道房供上玄武帝像，香火日趋兴盛，成为一处久负盛名的道教圣地。

题齐云山石室壁

（明）唐寅

齐云山与碧云齐，四顾青山座座低。

隔继往来南北雁，只容日月过东西。

白 岳

（明）彭好古

满簇停云天际西，遥看白岳与云齐。

只令踏破羊肠路，一笑岩空万壑低。

云 岩

（明）王阳明

岩高极云表，溪环疑磬折。

壁立香炉峰，正对黄金阙。

钟响天门开，笛吹岩石裂。

掀髯发会啸，满空飞玉屑。

四大道教圣地之二——武当山

走近武当山

武当山位于湖北省十堰市境内。景区面积古称"方圆八百里"。武当山景区东接历史名城湖北省襄阳市，西靠车城十堰市城区，南依原始森林神农架林区，北临大型人工淡水湖、南水北调中线工程源头——丹江口水库。

武当山

武当山是联合国公布的世界文化遗产地之一，是中国国家重点风景名胜区、国家5A级风景区，被誉为"亘古无双胜境，天下第一仙山"。

武当山位居四大道教名山之首，是我国著名的道教圣地，道教文化源远流长。春秋至汉末，武当山已是宗教活动的重要场所。魏晋南北朝时期，武当道教得到发展。唐贞观年间，武当节度使姚简奉旨祈雨而应，唐太宗敕建五龙祠。唐末，武当山被列为道教七十二福地之一。宋元时，皇室大肆封号武当真武神，把真武神推崇为"社稷家神"，将武当山作为"告天祝寿"的重要场所。明代，武当山被皇帝封为"大岳""治世玄岳"，被尊为至高无上的"皇室家庙"。武当山以"四大名山皆拱揖，五方仙岳共朝宗"的"五岳之冠"的显赫地位闻名于世。

武当武术，是中华武术的重要流派。元末明初，道士张三丰集其大成，开创武当派，并影响至今。

身临其境

武当山风光旖旎，山川秀美。众峰高险幽深，气势磅礴。胜景有箭镞林立的七十二峰、绝壁深悬的三十六岩、激湍飞流的二十四涧、云烟雾蒸的十一洞、玄妙奇特的十石九台等。主峰天柱峰海拔1612米，被誉为"一柱擎天"。天然"真武梳妆像"，以及"七十二峰朝大顶，二十四涧水长流"等神秘玄妙的自然景观，让人惊叹天工造物的神奇。武当山常年紫气氤氲，风云莫测，云霞迷蒙，有"天柱晓晴""陆海奔潮""雷火炼殿""月敲山门""祖师出汗""海马吐雾"等四时奇景处处彰显了武当山的空灵与神秘。

紫霄宫

紫霄宫始建于明永乐十一年（1413年），是武当山上保存较为完整的宫殿古建筑群之一。自东天门入龙虎殿、循碑亭、十方堂、紫霄殿至父母殿，层层殿堂，依山叠砌，其余的殿堂楼阁，鳞次栉比，两侧为东宫、西宫，自成院落，幽静雅致，再加上四周松柏挺秀，竹林茂密，名花异草，相互掩映，使这片古建筑更显得高贵富丽。

紫霄宫

黄龙洞

黄龙洞

黄龙洞中最大的特色是"洞中有洞"，在洞中有泉水四季长流，清冽甘甜。传说有一条黄龙在此得道升天，为谢此地的养育之恩，留下一颗仙丹，使这里的水能治愈百病。古人为感谢黄龙，设殿造像以示崇敬。据记载，宋代之前就有许多高道在此修行。古时信士登山朝拜，认为能进入黄龙洞，就是"三生有缘"。

玄岳门

玄岳门是登临武当山的第一道神门，被称为仙界第一关，建于明嘉靖三十一年（1552年），高20米，宽12.8米，是三间、四柱、五楼式仿木石构建筑。全部是用巨型青石雕琢成构件后榫卯而成，古代工匠们采用多种手法，雕饰出仙鹤、瑞云、游龙、如意及八仙等图案，结构紧凑而舒展，给人以豪华大气之感，又有稳固磅礴之势。这座巨型石雕建筑设计之高超，工艺之精湛，代表着当时石雕艺术的最高水

玄岳门

平，被誉为我国石雕艺术中的珍品。牌坊正中嵌有明朝嘉靖皇帝赐额"治世玄岳"四个大字，笔势刚劲有力。

金　殿

金殿，位于武当山的最高峰——天柱峰的绝顶上，由明成祖朱棣亲自下令敕建，这座皇家建筑采用了当时中国建筑最高等级规制——重檐庑殿顶，与北京紫禁城内的太和殿是同一级别。金殿是武当山的象征，最为奇特的地方就是它本身是良导体，每逢电闪雷鸣的时候，光球在金殿四周滚动，但雷电却击不到金殿，这一奇观被称为"雷火炼殿"。

武当金殿

耳闻奇传

民间流传着许多关于武当山的传说，众多故事之中最让人们所津津乐道的就是米芾与"第一山"的由来。

米芾苦练"第一山"

宋朝时候，大书法家米芾到武当山游玩，看见朝阳洞风景很好，就提笔在石崖上写了"第一山"三个大字。他刚写成，旁边走来一个提竹篮的大嫂，对着字冷笑。米芾问："大嫂，我的字好吗？""好。"妇人说："可惜不会出气。"

第一山

米芾对妇人这句含而不露的话整整琢磨了一夜。第二天，才想出个头绪：原来是大嫂笑他写的字不"活"。从这天起，米芾就在朝阳洞天天练字。晚上一闭上眼睛，就仿佛看见那位大嫂站在面前，她的头发格外地惹人喜爱，米芾便想："我的字能够写到这个地步就好了。"

一天傍晚，米芾到河边散步，看见水里一条花蛇，那摇头摆尾的劲儿，多么自由自在，他想："我的笔锋要能如此自如，那就好了。"深夜，米芾在道院里赏月。透过窗户，看见老道士正坐在那里修真，盘着腿，眯着眼，神态自若，稳如泰山。他想："我的字要能写到如此泰然，那就好了。"

许多个日日夜夜以后，他再到山崖上写"第一山"几个字。说来也巧，"第"字刚写起，那位大嫂提着篮子正好又从这里经过。她抿嘴一笑，不好意思地低头走了。原来米芾的这个"第"字，真像她头上美丽的发髻。

后世的人们赞扬这"第一山"写得好，编了一道顺口溜：

美人绾髻不用簪，

"第"字好像青丝盘。

游龙戏水"一"最好，

仙人打坐写成"山"。

吟诗作赋

千百年来，武当山以它独有的魅力吸引了一批又一批文人骚客前来一览它的风姿，并留下为人传唱不绝的诗文。

登太和山

（明）屠大山

香客传呼春满山，玄旌明灭翠云寰。

共言感应堪投命，不惜金银拟驻颜。

官殿巧随仙峤出，烟霞分向道场环。

琼檐碧藓滋何日，修饰那烦内帑颁。

太子坡

（明）许宗鲁

太子何年去，名坡万古传。

羊肠云外险，蜃市海中鲜。

委巷通群帝，飞岩接九天。

羽人栖碧落，清磬下泠然。

答永乐皇帝

（明）张三丰

天地交泰化成功，朝野咸安治道亨。

皇极殿中龙虎静，武当云外钟鼓清。

臣居草莽原无用，帝问刍荛苦有情。

敢把微言劳圣听，澄心寡欲是长生。

四大道教圣地之三——青城山

青城山位于成都市都江堰市西南，东距成都市区68千米，处于都江堰水利工程西南10千米处。景区面积200平方千米，最高峰老君阁海拔1260米，青城山分为前山和后山，群峰环绕起伏、林木葱茏幽翠，享有"青城天下幽"的美誉。

青城山历史悠久，是中国道教发祥地之一，是全国道教十大洞天的第五洞天。青城山名胜古迹很多，古建筑各具特色，古今名人诗画词赋处处可见，有优美的风光和神奇的传说。全山宫观以天师洞为核心，建有建福宫、上清宫、祖师殿、圆明宫、玉清宫、朝阳洞等。青城山自古是文人墨客探幽访胜和隐居修炼之地，古称"洞天福地""神仙都会"。

青城山

2000年，青城山和都江堰共同作为一项世界文化遗产被列入世界遗产名录。2007年5月8日，青城山–都江堰旅游景区经国家旅游局正式批准为首批国家5A级旅游景区。

青城山分前、后山。前山是青城山风景名胜区的主体部分，约15平方千米，景色优美，文物古迹众多，主要景点有建福宫、天然图画、天师洞、朝阳洞、祖师殿、上清宫等；后山总面积100平方千米，水秀、林幽、山雄，山高不可攀、直上而去，景区冬天寒气逼人、夏天则凉爽无比，蔚为奇观，主要景点有金壁天仓、圣母洞、山泉雾潭、白云群洞、天桥奇景等。

天师洞

天师洞始建于隋朝大业年间，三面环山，一面临涧，古树参天，十分幽静。洞中有"天师"张道陵及其三十代孙"虚靖天师"像。现存殿宇建于清末，规模宏

天师洞

伟，雕刻精细，并有不少珍贵文物。观内正殿为"三清殿"，殿后有黄帝祠和天师洞等古迹。天师洞右下角有一小殿，名三皇殿，内有轩辕、伏羲、神农石像。洞门前有一株古银杏树，高约50余米，胸围7.06米、直径2.24米。据说乃张天师手植，树龄已达1800余年。

老君阁

老君阁位于青城第一峰绝顶，海拔1260米，顶上原有呼应亭，取"登高一呼，众山皆应"之意。今重建阁高33米，共9层，下方上圆，每层有8角，象征天圆地方，太极八卦；外观呈塔形，尖顶，中堆三圆宝，寓意天地人三才。阁内中空，庄严耸立太上老君坐莲像，像高7.3米，连座台高10.37米。阁外露天台封基，用汉白

老君阁

玉石依势而建，海漫栏槛、曲折迂回盘旋而上至阁顶。晴雾可眺览岷邛青峨远近数百里风光及天府平川数百里秀色，可谓集天下之壮观也。

建福宫

建福宫

建福宫坐落于丈人峰下。始建于唐开元十八年（730年），后经历代多次修复，现仅存两殿三院。现存建筑为清代光绪年间（1888年）重建。现有大殿三重，分别奉祀道教名人和诸神，殿内柱上的394字的对联，被赞为"青城一绝"。建福宫筑于峭壁之下，气度非凡。其左侧是明庆府王妃遗址，西行1千米，即至岩石耸立、云雾缭绕的"天然图画"。宋代诗人范成大曾在此为宋帝祈祷，皇帝特授名为"会庆建福宫"。观宫内保存有古木假山、委心亭、明庆符王妃的梳妆台遗址，以及壁画、楹联等文物。

圆明宫

圆明宫

圆明宫，坐落在青城丈人山北木鱼山的缓坡谷地。始建于明代万历年间，因供奉圆明道母天尊而得名。宫内有四重殿堂：前为灵祖殿，供奉灵官神像；二殿为老君殿，供奉太上老君；三殿为斗姆殿，斗姆即圆明道母天尊，为北斗众星之母；后殿为三官殿，供奉天、地、水三官大帝，及全真道的吕祖、邱祖和重阳祖师。殿堂之间，各有庭院，宫内宫外，瑞草奇花，楠木成林，松竹繁茂，有即景联云："栽竹栽松，竹隐凤凰松隐鹤；培山培水，山藏虎豹水藏龙。"环境十分幽静宜人。

耳闻奇传

青城山除魔

从前，有一个法术高深的山精把青城山霸占了。他动不动就兴妖作怪，放出瘟疫，自称是"青城魔君"。当地百姓被他害苦了，就去鹤鸣山求专替人们除害治病的张天师。

张天师画像

端阳节那天，张天师打定主意要收拾山精。他去取宝剑，谁知宝剑不见了。再看拴在洞口的坐骑锦毛虎也不知啥时候死在地上了。张天师晓得山精来过了，急忙扯了一抱陈艾，堆成兽形，对它舞了几舞袍袖，那陈艾当即变成一只艾虎。他又摘了一片营蒲叶子，迎风晃了几晃，就变成一把雪亮的长剑。这时，黑烟冒起，青城魔君变成个黑大汉，骑了一头从庄稼户那里偷来的水牯牛，手上拿着从张天师那里偷来的宝剑，二话不说，就朝张天师砍来。张天师骑起艾虎，舞起蒲剑杀过去。没几下，那青城魔君就抵挡不住了，吓得跑到一个大石包背后藏着，天师挥剑一劈，把大石头劈成数瓣。

张天师把手中的殊笔朝山精丢去，"轰隆隆"一声巨响，山岩裂了一条大口子。山精被击倒在地上，痛得连声向天师告饶。王长、赵升怕山精以后又出来作怪，他们收拾不住它，请天师想个办法。张天师摘了几苗营蒲挂在洞门右首，又摘了几棵陈艾挂在洞门左首。安排好了，他就云游天下去了。从此，青城山也清静了。

后人为了纪念张天师，每逢端阳节这天，家家户户都学张天师的样，摘些营蒲、陈艾挂在门口，辟邪降魔，消灾免害。

阆中东楼筵奉送十一舅往青城

（唐）杜甫

曾城有高楼，制古丹膺存。迢迢百馀尺，豁达开四门。

虽有车马客，而无人世喧。游目俯大江，列筵慰别魂。

是时秋冬交，节往颜色昏。天寒鸟兽休，霜露在草根。

今我送舅氏，万感集清尊。岂伊山川间，回首盗贼繁。

高贤意不暇，王命久崩奔。临风欲恸哭，声出已复吞。

赋得青城山送杨杜二郎中赴蜀军歌

（唐）钱起

蜀山西南千万重，仙经最说青城峰。

青城嶔岑倚空碧，远压峨嵋吞剑壁。

锦屏云起易成霞，玉洞花明不知夕。

星台二妙逐王师，阮瑀军书王粲诗。

日落猿声连玉笛，晴来山翠傍旌旗。

绿罗春月供门近，知君对酒遥相思。

再提青城山

（宋）范成大

万里清游不暇慵，双旌换得一枝筇。

来从井络直西路，上到江源第一峰。

海内闲身输我佚，山中佳气为人浓。

题诗试刻岩前石，付与他年苏晕重。

四大道教圣地之四——龙虎山

走近龙虎山

龙虎山位于江西省鹰潭市西南郊14千米处，是中国道教的发源地。龙虎山是一座自然与人文完美交融的历史名山，奇绝秀美的碧水丹山，渊远流长的道教文化，千古未解的崖墓之谜是龙虎山的三大特色。清澈明净的泸溪河将两岸的99峰、24岩、108处人文自然景观如玉珠般串在一起，形成了一幅巨大的碧水绕丹山的秀美

龙虎山

画卷。神奇的山水孕育了极具影响力的道教文化，东汉中叶，祖天师张道陵在这里结炉炼丹，创立道教。自此，龙虎山成为世界道教文化的发源地和传播中心，被誉为"道教祖庭""神仙都所"。龙虎山是中国古越崖墓和古越文化的发源地，这里有着数百座春秋战国时期的古崖墓。其历史之久、分布之广、数量之多、位置之险、造型之奇、文物之多，堪称"中华之最""世界之绝"。

1988年被列为国家级风景名胜区的龙虎山拥有中国国家自然与文化双遗产、全国5A级风景旅游区、国家森林公园、国家地质公园、全国农业旅游示范点等国家级品牌。2007年11月，龙虎山被联合国教科文组织评为世界地质公园网络成员单位，2010年8月被世界遗产委员会列为世界自然遗产，标志着龙虎山已迈入世界级旅游资源的行列。

身临其境

天师府

至今保留完好的龙虎山上清嗣汉天师府，占地3万多平方米，建筑恢宏，尚存古建筑6000余平方米，全部雕花镂刻，朱红细漆，古色古香，一派仙气。被历史上许多皇帝赐号"宰相家""大真人府"，历

天师府

来被尊为道教祖庭。"百神受职之所"的大上清宫，始建于东汉，为祖天师张道陵修道之所，简称上清宫。道教兴盛时期曾建有10大道宫、24道观、36道院。宫内伏魔殿的镇妖井，就是施耐庵妙笔生花下梁山108将的出处，整个建筑规模宏大，是中国建筑史上一大奇观。

正一观

正一观是第四代天师张盛自四川回龙虎山"永宣祖教"，为祭祀祖天师而建的庙宇。宋代时改称演法观。明嘉靖年间称正一观。现在的"正一观"，是在原址按宋代建筑风格重建，并吸收了明、清时的一些合理建制和艺术特点，整个建筑灰瓦白墙，古朴典雅，气势雄伟，仙骨傲然。占地60余亩，坐东朝西，南北对称，主要包括七星池、正门、仪门、钟鼓楼、元坛殿、从祀殿、祖师殿、玉皇楼、丹房、红门、廊庑以及生活用房等。整个建筑群灰瓦白墙、古朴典雅、气势雄伟。

正一观

象鼻山

象鼻山

象鼻山位于泸溪河东侧，与清澈见底的河水并驾齐驱，形成龙虎山水陆联游的最佳线路。这里是一座形象逼真、巨大无比的天然石象立于山中，硕大的象鼻似乎从天而降，又深深扎入大地之中，惟妙惟肖、灵性暗蕴，被世人称为"天下第一神象"。象鼻山游览区是龙虎山国家地质公园重要组成部分。区内峰崖崔嵬，红流奔腾，赤壁四立，绿树上覆，藤萝倒挂，瀑布斜飞，极具奇、险、秀、美、幽之景观特点和千姿百态的造型特征，是难得的一处丹霞地貌的景观集锦和科考、休闲之地。

龙虎山

龙虎山的神奇在其崖墓群。泛舟泸溪河上，两岸的崖壁犹如一幅历史画卷展现眼前。一个个山崖墓穴，形态各异，高低不一。有的单洞单葬，有的连洞群葬。淡黄色的古棺木和堑底封门之间的泥砖清晰可见。据考证，这是春秋战国时期古越人的墓，距今已有2600年的历史。考古工作者发掘到几百件文物，如十三弦木琴、斜纹纺织机以及陶器、木器、篾器等都十分珍贵，堪称中国崖墓文化的发源地和崖墓文化博物馆。

龙虎山崖墓群

耳闻奇传

民间流传着许多关于龙虎山的传说，其中最有意思的当属广为流传的"张天师驱蚊孝母"。

张天师驱蚊孝母

无蚊村

有一天，张天师陪伴母亲来仙水岩游玩。沿路之上，看不尽山青水秀，奇峰异岭。不觉红日西沉，夜幕降临，于是借宿许家村。时值初夏，天气乍热，村内成群结队的山蚊子特别大，咬起人来就是一个大包，村里人有个顺口溜说："三只蚊子一盘菜，三只老鼠一麻袋，老鼠尾巴做腰带。"天师母亲刚住进来不久，便被蚊子咬得全身红肿，气得直骂天师无能，成天只知道擒妖捉怪，连只小小的蚊子都对付不了。天师满脸羞愧，对母亲说："请母亲息怒，我以为有什么大不了的事，只不过是几只蚊子，区区小事，何劳母亲大人动怒，我把它们赶走不就是了。"说着抽出宝扇，问母亲要扇几下，张母不知其中缘由，便问天师详情。天师说："我这宝扇扇一下，全村无蚊；扇两下，方圆十里无蚊……""好啦，别处我可管不了啦。"，天师母亲被蚊子咬急了，只想把身边的蚊子赶走，未等天师把话说完，便抢过话头说。天师点头称是，口念法咒，轻轻地一扇，只见蚊公蚊婆，哼着小歌，拖儿带女，逃出山窝。

吟诗作赋

游龙虎山赠天师

（宋）潘阆

远挹高风自汉迁，老松犹带昔年青。

留侯高卧衣冠冷，鼻祖重来印剑灵。
鹤和猿吟清彻底，龙蟠虎踞翠为屏。
真人一笑梅花发，三十六天春不扃。

过龙虎山

（明）甘瑾

素书一束展经纶，世业留侯异等伦。
紫府群仙天上籍，碧桃流水洞中春。
吹箫赢女台留凤，送酒麻姑脯劈麟。
看取步虚朝帝所，夜阑飞佩近星辰。

寓龙虎山示张炼师

（明）王镃

莲盂送别万峰云，龙虎山前过小春。
草履惯穿枯岭叶，布衣犹带旧京尘。
毡寒不见游仙梦，路远谁怜倦客贫。
东望海门归未得，北风吹雪满唐巾。

道观圣地

天下第一福地——终南山

走近终南山

终南山，又称中南山，古名太乙山、地肺山、周南山，是秦岭西自武功县境、东至蓝田县境的总称，简称南山。主峰在西安长安区，素有"仙都""洞天之冠"和"天下第一福地"的美称。

山间有太乙谷，谷口有汉元封二年（公元前109年）修造的太乙宫遗址。在大正峪村附近有太乙池、瀑布、冰洞、风洞、老君庵、金胜堂等。南五台是以大台、文殊、清凉、灵感、舍身五个小台（即五座小峰）而得名，有明清以来建造的大小庙宇40多处，塔寺沟圣寿寺内有隋建的五级实心砖塔。山间清泉翠竹，苍松荫郁，为西安市游览胜地之一。

终南山雪景

终南山是国家4A级旅游景区、世界地质公园、国家森林公园、国家自然保护区。

身临其境

终南山简称南山，是秦岭山脉的一段，千峰叠翠，景色幽美。主峰位于长安区境内，海拔2604米。对联："福如东海长流水，寿比南山不老松"中的南山指的就是此山。终南山主峰太乙山盛产药材，素有"草药王国"之称，在当地至今都传唱着"太乙山，遍地宝，有病不用愁，上山扯把草"的歌谣。太乙山黑膏便产自于此地。

终南山风景（一）

终南山地形险阻、道路崎岖，大谷有五个，小谷过百个，连绵数百里。《左传》称终南山"九州之险",《史记》说秦岭是"天下之阻"。宋人所撰《长安县志》载:"终南横亘关中南面,西起秦陇,东至蓝田,相距八百里,昔人言山之大者,太行而外,莫如终南。"至于它的丽肌秀姿,那真是千峰碧屏,深谷幽雅,令人陶醉。唐代诗人李白写道:"出门见南山,引领意无限。秀色难为名,苍翠日在眼。有时白云起,天际自舒卷。心中与之然,托兴每不浅。"

终南山以南为北亚热带湿润区,生物垂直分带、谱系完整,是东亚暖温带重要的生物基因库。园内生存着以秦岭大熊猫、朱鹮、金丝猴、秦岭金毛扭角羚、一叶草等为代表的珍稀动植物。

耳闻奇传

终南山为道教发祥地之一。据传楚康王时,天文星象学家尹喜为函谷关关令,于终南山中结草为楼,每日登草楼观星望气。一日忽见紫气东来,吉星西行,他预感必有圣人经过此关,于是守候关中。不久一位老者身披五彩云衣,骑青牛而至,原来是老子西游入秦。尹喜忙把老子请到楼观,执弟子礼,请其讲经著书。老子在

终南山风景(二)

楼南的高岗上为尹喜讲授《道德经》五千言,然后飘然而去。传说今天楼观台的说经台就是当年老子讲经之处。道教产生后,尊老子为道祖,尹喜为文始真人,奉《道德经》为根本经典。

于是楼观成了"天下道林张本之地"。对终南山的雄伟,张衡的《西京赋》有一段描写:"终南山,脉起昆仑,尾衔嵩岳,钟灵毓秀,宏丽瑰奇,作都邑之南屏,为雍梁之巨障。其中盘行目远,深严邃谷不可探究,关中有事,终南其必争?"

终南山有两条古道:一是子午道,是西安通往汉中、四川的要道。唐代,四川涪州(今涪陵市)进贡杨贵妃的荔枝,取道西蓝关古道乡驿,不三日即到长安,因此这条道也名荔子路。二是武关道,是西安经商洛通楚、豫的大道。秦始皇二十八年"自南郡由武关归",走的即是此道。唐代韩愈去广东潮州,途经蓝关时写下了"云横秦岭家何在,雪拥蓝关马不前"的名句。

有人作《终南山·三字经》,其汇合了金庸的武侠等众所周知的典故以及其他文化资源,朗朗上口,对于宣传终南山历史文化有一定意义。

吟诗作赋

终南山

（唐）王维

太乙近天都，连山接海隅。

白云回望合，青霭入看无。

分野中峰变，阴晴众壑殊。

欲投人处宿，隔水问樵夫。

终南山

（唐）王贞白

终朝异五岳，列翠满长安。

地去搜扬近，人谋隐遁难。

水穿诸苑过，雪照一城寒。

为问红尘里，谁同驻马看。

终南山

（唐）裴说

九衢南面色，苍翠绝纤尘。

寸步有闲处，百年无到人。

禁林寒对望，太华净相邻。

谁与群峰并，祥云瑞露频。

终南山

（唐）林宽

标奇耸峻壮长安，影入千门万户寒。

徒自倚天生气色，尘中谁为举头看。

道教无双福地——三清山

三清山又名少华山、丫山，位于中国江西省上饶市玉山县与德兴市交界处。因玉京、玉虚、玉华三峰宛如道教玉清、上清、太清三位尊神列坐山巅而得名。其中玉京峰为最高，海拔1819.9米，是江西第五高峰和怀玉山脉的最高峰，也是信江的源头。

三清山

三清山是道教名山，世界自然遗产地、世界地质公园、国家自然遗产、国家地质公园。被《中国国家地理》杂志推选为"中国最美的五大峰林"之一；中美地质学家一致认为是"西太平洋边缘最美丽的花岗岩"。

1988年8月三清山被列为国家重点风景名胜区，2008年7月被列为世界自然遗产地。现为国家5A级风景旅游区、国家自然遗产、国家地质公园、全国爱国主义教育示范基地和全国文明风景旅游区示范点。

身临其境

三清山集天地之秀，纳百川之灵，是华夏大地一朵风景奇葩。它兼具"泰山之雄伟、黄山之奇秀、华山之险峻、衡山之烟云、青城之清幽"，被国际风景名家誉之为："世界精品、人类瑰宝、精神玉境"。它以梯云岭、南清园、万寿园、西海岸、玉京峰、阳光海岸、三清宫、玉零观等十大景区引人入胜。

南清园

三清山最可观的当数几大标志性像形山峰，如巨蟒出山、司春女神等，形神皆备；景区几大主要观景台均为观赏晚霞、

南清园杜鹃谷

日出的绝佳位置，如浏霞台的晚霞、云海，玉台的日出、日落及神光等，气势恢宏，绚丽多姿；景区内还有方圆数百亩的千年杜鹃谷，谷中树龄上千年的杜鹃树比比皆是，每年5～6月份花开时节，芬芳满山，殊为可观。

东方女神

东方女神原称女神峰，后又被称之为"司春女神"。位于南清园东北部金沙索道上站上方500余米处，是三清山标志性景观。整座山体造型就像一位秀发披肩的少女，天地造化，鬼斧神工。亿万年来，女神端坐山峰，默然注视芸芸众生，神态祥和。传说女神为西王母第二十三女，名瑶姬。世人认为她是东方圣神，春天的化身，因而今又改称之为"东方女神"。

东方女神

三清宫

三清宫

因前殿供奉道教三位尊神——清微天玉清境元始天尊、禹余天上清境灵宝天尊、大赤天太清境道德天尊，故名三清宫。三清宫景区是三清山厚重人文景观的荟萃福地，也是三清山道教古建筑群的"露天博物馆"。

蒲牢鸣天

蒲牢鸣天原名海狮吞月，位于万寿园景区，是三清山绝景之一。蒲牢是传说中龙生九子中的一子，喜欢鸣叫，是种瑞兽。此座山峰惟妙惟肖，契合万寿园祥寿文化主题，寓意吉祥。此景刚劲多姿，有移步换形之妙，在不同的方位观看变幻出不同的景象，呈现出"弯刀石""仙翁顶仙童""定海神针"等多种逼真的奇妙景观。

蒲牢鸣天

玉京峰

玉京峰位于三清山的中心，与玉虚、玉华两峰鼎立，海拔1816.9米，为三清山第一高峰，峰顶有大巉岩突出，东侧巉岩上刻有"玉京峰"三个楷书大字。顶端平坦约50平方米，中间有一刻有棋盘的方石，相传太上老君常与众仙在此下棋。两侧巉岩地势空旷，上有升天台。玉京峰东、南、西三巉岩如削。

玉京峰

耳闻奇传

三清山不仅风景迷人，人们口耳相传的神话传说也数不胜数。民间流传的众多的传说之中，最为有趣的是葛洪开山、天地赐玉的故事。

葛洪开山

东晋年间，一天，葛洪来到玉山的金沙地方。那时的玉山还没有建县，到处古木参天，荒草遍野，虎啸狼嚎。道人抬眼西望，只见层峦叠嶂之中，巍然屹立着三座巨峰，忙向老农打听，老农答："是三清山，这三峰是三清列坐处，是仙山，山顶曾有金光紫云出现哩！"

葛洪心想既是三清列坐的仙山，何不上去谒拜，当即辞别老农，向山上攀登。路遇隐居此处的户部李尚书，二人相谈甚欢，李尚书干脆随葛洪同去。两人登上顶峰，却见三位银发长髯的老翁盘坐在一块巨石上对弈。葛洪想："这三位老翁个个鹤发童颜，定然是三清天尊了。"正想上前朝拜，突见一白额大虫扑来。李尚书躲避不及吓瘫在地。待葛洪扶他起时，那三位老翁已飘然而去。葛洪和李尚书朝天拜了八拜，心中顿有所悟。从此，葛洪被尊为开山始祖。

天地赐玉

唐大历年间，有个叫志初的僧人来到怀玉山，见这里山青水秀，与世隔绝，俗尘不染，正是念经学道、修身养性的宝地，心中大喜，便在怀玉山结庐定居，取名"定文寺"。志初佛心虔诚，不仅天天击磬诵经，还在峰巅之上设一香炉，每天五更时分便登峰敬香，久之，炉中香灰竟堆积成峰，人称"香炉峰"。

炉中香烟袅袅随风飘上天庭，玉帝甚为诧异。便召来千里眼和顺风耳查探，玉帝得知详情深为感动，当即宣来财神爷，命他取宝玉一块，赏给志初。这天晚上，志初和尚正在寺中击磬念经，忽听霹雳一声震耳欲聋，只见天空闪出一道白光。志初连忙起身，刚出寺门，便见一个明月般晶莹光亮的圆盘直落在定文寺前的土墩上，他奋力掘至深处，得到一枚铜镜般大小的宝玉。志初又惊又喜，忙收藏于袖中。这土墩便被后人称为"白玉墩"。

吟诗作赋

千百年来，三清山以它独有的魅力吸引了一批又一批文人骚客前来一览它的风姿，并留下为人传唱不绝的诗文。

游三清山
（明）丁玑

三峰插天如芙蓉，晴云赤日行其中。
攀缘飞磴立峰顶，一鉴四海双眸空。

送前上饶严明府摄玉山
（唐）戴叔伦

家在故林吴楚间，冰为溪水玉为山。
更将旧政化邻邑，遥望浦人相逐还。

玉山县南楼小望
（宋）陆游

小楼在何许，正在南溪上。
空檬过钓台，断续闻渔唱。
征途苦偏仄，舒啸喜清旷。
安得此溪水，为我变春酿。

道家第一山——崆峒山

走近崆峒山

崆峒山是道教圣地，距离甘肃省平凉市区12千米，东至西安市300多千米。传说黄帝问道于崆峒山的广成子，因此被称为"道家第一山"。崆峒山所在的大区域有伏羲故里——平凉市静宁县成纪文化城，可见该区域历史上很知名，是中国人文发源地之一。

崆峒山

崆峒山海拔高度在1456～2123.5米，垂直高度为667.5米，总体规划面积为83.6平方千米。是六盘山的支脉，属于上三叠系紫红色尖硬砾岩构成的丹霞地貌。崆峒山是天然的动植物王国，有各类植物1000多种，动物300余种，森林覆盖率达90%以上。其间峰峦雄峙，危崖耸立，似鬼斧神工；林海浩瀚，烟笼雾锁，如缥缈仙境；高峡平湖，水天一色，有漓江神韵。

崆峒山，东瞰西安，西接兰州，南邻宝鸡，北抵银川，是古丝绸之路西出关中之要塞。自古有"西来第一山""西镇奇观""崆峒山色天下秀"之美誉。

身临其境

崆峒山，以峰林耸峙、危崖突兀、幽壑纵横、涵洞遍布、怪石嶙峋、翠岭郁葱，既有北国之雄，又兼南方之秀的自然景观，被誉为陇东黄土高原上一颗璀璨的明珠。

作为道教的发源地之一，自秦汉时期，崆峒山上陆续兴建建筑物，亭台楼阁，宝刹梵宫，庙宇殿堂，古塔鸣钟，遍布诸峰。明、清时期，人们把山上名胜景观称为"崆峒十二景"：香峰斗连、仙桥虹跨、笄头叠翠、月石含珠、春融蜡烛、玉喷琉璃、鹤洞元云、凤山彩雾、广成丹穴、元武针崖、天门铁柱、中台宝塔。其中，仙桥虹跨、广成丹穴，时至今日依然魅力不减。

聚仙桥

在崆峒山前山麓泾河河谷中，原有一巨石横跨泾河两岸，河水每被巨石阻拦，就会喷珠溅玉，景色壮观，为崆峒山十二景之一的"仙桥虹跨。"1980年，修建崆峒水库，聚仙桥被淹没。1986年在坝前600米处重修。

聚仙桥

广成丹穴

广成丹穴

广成丹穴在望驾山北峰的绝壁上，这里悬壁如削，十分险要，人迹罕至，相传广成子居住穴中，炼穴修道。罗潮《广成丹穴》诗云："地崖插天表，丹洞迷芳草，知是广成居，怅望云杳杳。"

问道宫

问道宫也叫轩辕谷，位于崆峒山前峡，泾水北岸，背山面水，环境幽寂，身居殿内，听不到泾水涛声。相传这里是黄帝向广成子问道处。唐代这里已有建筑，元朝至正间重修问道宫，今存有《重修问道宫碑》一通，明朝宣德、万历年间，再次重修，成为一组庞大建筑群。

问道宫

三教禅林

三教禅林

三教禅林修在望驾坪，地势平坦，环境幽寂。1939年，山东人刘紫阳出资，其弟子刘园阳主持，修建大殿三楹，后由静禅、润明二僧主持，又称居士林。

望驾山

望驾山是崆峒山东峰，前临平（凉）泾（源）公路，山前胭脂水和白泾河相会，海拔1926米。望驾山突兀耸立，气势雄伟，站立峰顶，泾河川和平凉城尽收眼底。相传黄帝向广成子问道，山上云雾遮罩，虚无缥缈，大臣们在山前垒土相望，故称望驾山。

望驾山

耳闻奇传

千百年来，人们不仅喜欢徜徉于崆峒山的美景，更是对各种民间流传的崆峒山上的传说津津乐道，其中二郎石和棋盘岭的传说甚是有趣。

二郎石的传说

据民间传说，当年黄帝到崆峒山问道，黄帝上山后，群臣们便在山下挖石取土，堆砌成山，以便迎接黄帝下山。大臣们干得正欢时，恰逢二郎神路过此地，他看了十分感动，也加入到筑山大军中去了，那二郎神力大无穷，挑得多，跑得快，眼看一座山峰越来越高。玉皇大帝闻讯，说："岂能高过崆峒山！"下令停止筑山。此时二郎神正从大象山取下两块方形巨石，在石上打好扁担眼准备挑上山去，听到玉皇大帝命令后，便将两块巨石放置在胭脂河谷，这两块石头就这样永远地保留下来。后人在石上镌刻有"二郎石"三个大字。

棋盘岭的传说

相传广成子和赤松子棋艺都非常高明，不过赤松子经常会输给广成子一两步，这让他觉得很没有面子，于是心里一直琢磨如何赢广成子。有一次他约广成子下棋，中间施展法术，让天空下起倾盆大雨，因为赤松子早就准备好雨伞为自己遮雨，广成子则被淋湿了。后来玄鹤童子为广成子送来雨伞遮雨，不巧的是雨伞也挡住了广成子的视线，导致他走错了一步棋，一步走错，满盘皆输，广成子一怒之下，把雨伞扔向了悬崖，观棋松就是当年那把雨伞演化而来的。据说当时他们在下棋之前还有一个约定，那就是谁要输了棋，必须连夜去华山背回五棵松树栽在崆峒山上。相传棋盘岭这五棵高大的松树就是广成子亲手栽种的。

吟诗作赋

古往今来，崆峒山不仅流传着黄帝问道的千古盛事，历代文人雅士凡登者闻者，莫不吟诗作赋。

苏幕遮·崆峒山

贵谷子

东西安，着平凉，丝绸之路，关中要塞上。

西经奇观第一山，古朴峻险，崆峒天下秀。

文人诗，墨客画，古往今来，千古盛华夏。

幽峙嶙峋修仙地，居隐道场，清澈紫霄宫。

边城落日

（唐）骆宾王

紫塞流沙北，黄图灞水东。一朝辞俎豆，万里逐沙蓬。

候月恒持满，寻源屡凿空。野昏边气合，烽迥戍烟通。

膂力风尘倦，疆场岁月穷。河流控积石，山路远崆峒。

壮志凌苍兕，精诚贯白虹。君恩如可报，龙剑有雌雄。

广成子洞

（宋）游师雄

昔闻广成子，不为外虏役。

轩辕屈至尊，稽颡请所益。

至今洞犹存，峭壁宛遗迹。

道教名山——九宫山

走近九宫山

九宫山为道教名山，位于湖北省东南部通山县境内，横亘鄂赣边陲的幕阜山脉中段。九宫山总面积196平方千米，为花岗岩、变质岩组成的窟窿构造，属断层山地形的冰川地貌。整个幕阜山脉最高峰是九宫山的"老鸦尖"也叫"老崖尖"，海拔1657米，是我国中南部最高峰之一。

九宫山

九宫山森林覆盖率达96.6%，是中国负氧离子含量最高的天然大氧吧。6.2万亩森林每年向空中散发3000多万吨水气，使九宫山遍地喷泉飞瀑，四季涌流不竭。7月份日平均气温22.1℃，比北戴河、鸡公山各低1℃，比庐山低0.7℃，全年平均气温11℃，夏季最高气温不超过30℃。"三伏炎蒸人欲死，到此清凉顿成仙"。九宫山是我国五大道教名山之一，它与青岛的崂山、江西的龙虎山、四川的青城山、湖北的武当山齐名。

身临其境

九宫山现在分为各具特色的六大板块，即中港游览区、云中湖游览区、石龙峡游览区、铜鼓包游览区、金鸡谷森林公园游览区、闯王陵游览区。景区内有华中第一高山湖泊——云中湖、华中最高瀑布——大崖头瀑布、华中第一松——迎客松、道教御制道派祖庭——瑞庆宫、享誉国际的阿弥陀佛道场——无量寿禅寺、中国最大内陆风电场——九宫山风电场、鄂南地区第一条高山旅游客运索道等，令游人赞不绝口。

九宫山主要胜景有八处：青松迎宾、云湖夕照、泉崖喷雪、云海波涛、真君石殿、伏虎天门、云关石刻、陶姚泉洞，奇观异景，令人赏心悦目，流连忘返。

青松迎宾

九宫山山门怪松坡，有一棵优美的青松在路旁向你招手微笑，这就是倾醉过了

无数游客的"迎客松"。它挺拔高大，主干笔直，一人合抱有余，高逾9米，青苍滴翠。它已阅世300多年，胜过被誉为"国宝"的黄山迎客松，成了九宫山的象征。

青松迎宾

云湖夕照

云湖夕照是云中湖的美景之一。云中湖，是云雾缭绕之湖，因其高在峰顶，耸入云表天际，常有雾团飘于湖面而得名。它是九宫山风景精粹之地，湖面百多亩，蓄水量100多万立方米，最深处35米，是国内高度仅次于新疆天山天池和长白山天池的高山湖泊，也是我国高山湖泊中的佼佼者。

云湖夕照

泉崖喷雪

泉崖喷雪

泉崖喷雪位列九宫八景之冠，是九宫山70多处瀑布中最奇特最耐看的。云中湖之水从崖顶的石鳞跌泻而出，喷珠溅玉，飞流直下70多米。那跌入涧底的湖水溅起千层水浪，声如擂鼓，扣人心弦。

云海波涛

九宫山奇峰耸立，形成独特的高山气候。四时云雾缭绕，有时如白浪滔天，有时如海阔万里，成为又一奇特的自然景观——云海波涛。北宋王安石的好友蒋元奇被贬为通山县令时，曾作《爱山堂诗》十首，其中"白云深处宿，一枕玉泉深"的名句，正是这一景观的真实写照。

云海波涛

真君石殿

真君石殿坐落在云中湖北岸的凤凰岭下，是道教开山鼻祖张道清的藏蜕之所。整个石殿为麻骨石仿木塔式建筑，与一般宫宇迥然不同。塔高7米，六方三层暗合九宫之数。殿内中空贯顶，无窗无牖。这种结构不透气、不透光，是为了保存尸腊干燥，不致腐朽。其殿铁瓦为顶，石雕翼角飞檐，斗拱粗犷，石檐峙，蔚为大气。殿外为平壶台，供信人游客焚香和仰瞻。

真君石殿

伏虎天门

伏虎天门

虎伏天门在云中湖的东南方，又称一天门。一天门原建有巡爷殿，为朝山香客上第一炉香火之处。现在殿虽不存，仅殿基和铁瓦残砖供人追忆。站在"天门"向右看，可以见到一块巨崖突兀在坡上，酷似猛虎蹲地。远看它有头有尾甚至依稀可见数根虎须。

云关石刻
（试剑石）

试剑石也叫万山石，位于九宫山北麓狮子坪的云关古道上，一对石狮坐拥云关，距云中湖2000米，原建有构斯亭。云关古道为朝山神道，梯级石阶，旁崖临阁，其中有一座巨石耸立路旁，一边被削去10平方米，相传张道清上九宫山开辟道场，在此被巨石所阻，他挥剑劈开巨石，故名试剑石。

陶姚仙洞

陶姚仙洞又名"古崖洞"。背靠笔架山，前临喷雪崖，洞外有突兀巨石，在清晨和傍晚时，片片飞云，时隐时现，阵阵迷雾，若即若离，鸟从头上过，云在脚底

云关石刻

飘；有时，缕缕云烟直灌入古洞深处，紫绕不散。洞内有汩汩清泉，如将一枚硬币置于水中，硬币便在水面漂浮旋转。

陶姚仙洞

耳闻奇传

人们在对九宫山的雄奇险峻、迷人景色赞不绝口的同时，关于鸡公山的故事传说也一直口耳相传。民间流传的关于九宫山的众多的传说之中，最为著名的是九宫山的名字由来、金鸡簸米的故事。

九宫山与锡山

相传，九宫山峰原比锡山峰高，是主峰，两峰合在一起叫银山，有银矿。紫微大帝一次来到银山主峰（即原九宫山峰），休息了三天。他坐的地方被压缩了九尺，成了山洼，就是现在的样子。紫微大帝临行时说："这哪里是银山，只不过一堆锡罢了。"从此，银矿里的银子都变成了锡，山名也就改叫为锡山了。人们失去了银矿，生活很苦，后来就有人给紫微大帝修了座庙，盼望产银的日子再回来。庙就在紫微大帝坐过的地方建了起来，命名"九宫庙"，并请了真人罗公远（又名罗思远，著名道仙）来此修道炼丹，因此，该山因庙名而得名"九宫山"，又因罗公远的修炼而得别名"罗公山"，叫"锡山"的，就只剩下西南一峰了。

金鸡簸米

相传金鸡岩上的金鸡原在云中湖凤凰岭上，有一天金鸡与凤凰争吵而飞到这里，把山上的龙潭也带到了旁边，即是旁边的鄂南龙潭。天上来了一位美丽仙女，在金鸡岩对面的山顶上，为金鸡簸米（即仙人簸米）。

在金鸡岩四周，有许多奇峰怪石，其中的石狐狸和石狼狗还有一个故事。相传有一天金鸡下山，被狐狸发现，狐狸正要抓住金鸡时，一只狼狗又来追赶狐狸，结果被簸米的仙女发现，她手指一点，它们都被变成了石峰，于是就有了"狐狸镇金鸡""狼狗镇狐狸"的趣景，反正谁也没有吃掉谁，千百年来，就这样相互对峙。

吟诗作赋

自宋代道士张道清在山上建造九座道观以来，九宫山以其独有的魅力吸引了众多喜山好水的文人骚客前来赏玩，有诸多诗文流传至今。

九宫山

（宋）王安石

脚踏云关几万重，九宫山色画图中。

龙塘月照珠磨镜，石壁泉流水挂虹。

两岸风清吴楚地，千年仙谷宋元峰。

翻身欲去将何处，仍向天门得路通。

中都晤皇甫坦赠句

（南宋）张道清

久恋帝乡春，虚名空系身。

何从青嶂里，认取自家真。

答张真牧见赠

（南宋）皇甫坦

纶音飞下九重天，此意他年君亦然。

正是蝶飞蝉脱后，金倾玉镂胜生前。

海上第一名山——崂山

走近崂山

崂山，古代又曾称牢山、劳山、鳌山等，位于山东省青岛市东部，黄海之滨。它是山东半岛的主要山脉，中国著名的旅游名山，有着"海上第一名山"之称。

崂山的主峰名为"巨峰"，又称"崂顶"，地处北纬36°10′，东经120°37′，海拔1132.7米，峰顶面积约1.5平方千米，是中国海岸线第一高峰。当地有一句古语说："泰山虽云高，不如东海崂。"

崂 山

1982年崂山被国务院设为中国名胜景区之一，其上道教宫观太清宫1983年获称道教全国重点宫观。

身临其境

崂山十二景：

巨 峰

巨峰是崂山主峰，俗称"崂顶"，位于崂山中部群峰之中，海拔1132.7米。"云海奇观""旭照奇观""彩球奇观"是巨峰景物中的三大奇观。特别是"旭照奇观"绮丽壮美，被列为崂山十二景之冠，称"巨峰旭日"。

巨峰旭日

明霞洞

从太清宫北上，行约3000米，在竹树葱茏、绿荫掩映中便是明霞洞。这里背后石峰耸立，山高林密，前望群峦下伏，峭壑深邃，每当朝晖夕阳，霞光变幻无穷，因而被列为崂山十二景之一，称"明霞散绮"。

明霞散绮

蔚竹鸣泉

蔚竹庵

蔚竹庵在北九水村东北的凤凰山下，位居海拔550米高处，蔚竹成林，苍松竞茂，怪石奇秀，洞溪成韵，泉水叮咚，清新幽静，在崂山十二景中称"蔚竹鸣泉"。

白云洞

白云洞是崂山著名道观之一，因常有白云升腾而得名。洞后一株古松，老干盘曲，虬枝四出，似飞龙在天，故称"云洞蟠松"。

云洞蟠松

潮音瀑

潮音瀑原名鱼鳞瀑或玉鳞瀑，因其声似潮涌，自1931年始更名。潮音瀑是北九水的尽头，四面峭壁环绕，东南高壁裂开如门，瀑布从此泻下，山谷轰鸣，声如澎湃怒潮，故称"岩瀑潮音"。

岩瀑潮音

棋盘仙奕

明道观以南这座奇特的孤峰顶上，有一块凌空高悬的巨大岩石，长15米，向西探出了大半部分，崖下悬空，形状很像跳水比赛用的跳台，远远望去又像一株灵芝高插云端。这就是崂山著名十二景中的"棋盘仙弈"。

棋盘仙奕

华楼叠石

华楼峰

华楼峰位于崂山水库南岸，海拔408米，是矗立山顶东部的一座方形石峰，高30余米，由一层层岩石组成，宛如一座叠石高楼耸立晴空，故称"华楼峰"，又因异石突起，犹如华表，又名"华表峰"，在崂山十二景中称"华楼叠石"。

狮子峰

狮子峰在太平宫东北，几块巨石相叠，侧看成岭，竖看成峰，状若雄狮，横卧在苍茫云雾中，海风吹来，白云宛若游龙，翩若惊鸿，在阳光的照射下，景色十分绚丽。但狮子峰最壮美的景色是"狮峰观日"，人们在狮峰观罢日出，趁晓雾未开，方可尽情地领略"狮岭横云"的妙趣，因而列入崂山十二景。

狮岭横云

那罗佛窟

那罗佛窟

自华严寺沿山涧西上即达那罗佛窟，这座天然的石洞宽7米，高、深各10余米，四壁如削，洞顶有一圆洞，颇似火山喷口，天光由此圆孔透入，据僧人说那罗延佛就是在窟中修炼成正果。如此巨大的花岗岩洞国内尚不多见，在崂山十二景中，称"那罗佛窟"。

八仙墩

海峤仙墩

八仙墩被誉为"崂山第一奇景"，在崂山十二景中称"海峤仙墩"。位于崂山头的南部，由于海浪多年冲击，崖岸断落如厦，崖下海中有10多块2米高的石墩，神话传说八仙过海时曾在此小憩，因名八仙墩。此处风劲浪高，波涛汹涌，极为惊险。

太清水月

太清宫

在太清宫看海上月出，别有一番情趣。当万籁俱寂之时，皎洁的月亮被一团金辉托出海面，溶溶月色倾洒海面，浮光潋滟，玉壶冰镜。岸边清风掠竹，细浪轻拍，景色幽奇绝伦。这便是崂山十二景中的"太清水月"。

龙潭瀑

龙潭瀑又名玉龙瀑，位于崂山南麓八水河中游。八水河流至此处跌落于深潭，水如玉龙，吐雾喷雨，景色壮观，在崂山十二景中，称"龙潭喷雨"。

龙潭喷雨

耳闻奇传

崂山不仅风景迷人，更有大量为人们所津津乐道的民间传说流传下来。在众多的传说之中，最为著名的要数八仙墩和徐福东渡的传奇故事了。

八仙墩的传说

传说有一年，张果老、铁拐李、汉钟离、韩湘子、吕洞宾、曹国舅、何仙姑和蓝采和一行，从蓬莱仙境腾云驾雾来崂山。他们游遍了崂山，来到崂山南头的海边，坐在八块大石头墩子上，边歇息，边品茶饮酒，商量过海东游的事。议论来，商量去，大伙一致推举德高望重的张果老带领大家过海东游。张果老从石墩上站起来，慢条斯理地建议大家各显其能。

于是，张果老骑上毛驴，铁拐李抛出了拐杖，汉钟离扔出了蒲扇，大家纷纷跃入海中，不成想远处东海龙王派来的龟精正注视着一切。他自知放人过海犯下大错，定将受到东海龙王的严厉惩办，顿时怒火中烧，特别是对指挥他人过海的张果老，更是恨之入骨。它直着脖子，伸出尖头，使出狠劲，朝着张果老坐过的那块大石头墩子猛撞过去，大石头墩子被撞歪在海水中。由于龟精使劲过猛，脖子和尖尖的头都撞进了肚子里去了，所以，至今海龟总是把脖子和头紧紧缩回肚子里。又因八块石头上曾坐过八仙，便得名"八仙墩"。而那块被龟精撞歪的石头墩子，至今仍倒在崂山南头的浅水中。

徐福东渡的传说

相传，秦代方士徐福，才识和胆略过人。为逃避秦朝苛政，他利用秦始皇梦寐以求长生不老的机会，上书自愿效劳，赢得秦始皇的信任，并依靠秦始皇提供的条件，率领三千童男童女和百工，在崂山登瀛湾安营扎寨，选大福岛作为基地进行航海训练，准备选择吉日乘楼船出海，去寻找海中三仙山上的长生不老仙药。船队出海那天，秦始皇率文武百官赶来为徐福送行，而徐福却率船队东渡到日本定居了。

吟诗作赋

千百年来，崂山以它独有的魅力吸引了一批又一批文人骚客前来一览它的风姿，并留下为人传唱不绝的诗文。

赠王屋山人

（唐）李白

我昔东海上，劳山餐紫霞。

亲见安其公，食枣大如瓜。

中年谒汉主，不惬还归家。

朱颜谢春晖，白发见生涯。

所期就金液，飞步登云车。

愿随夫子天坛上，闲与仙人扫落花。

海 上

（唐）李商隐

石桥东望海连天，徐福空来不得仙。

直遣麻姑与搔背，可能留命待桑田？

八仙墩

（清）纪晓岚

陡壁东溟上，登临意豁然。

鲸鱼吹海浪，鸥鸟破螟烟。

足外真无地，眼中别有天。

餐霞谁到此，千古说表莲。

安徽之源——天柱山

走近天柱山

　　天柱山，又名皖山，位于安徽省的西南部潜山县境内，因其主峰"一柱擎天"而得名，公元前106年汉武帝南巡时封其为"南岳"，后为隋文帝诏废，故被人们尊为"古南岳"。又因春秋时为皖国封地，山名皖山，水名皖水，安徽省简称"皖"即源于此。

天柱山

　　天柱山又名潜山、皖山、皖公山、万岁山、万山等。为大别山山脉东延的一个组成部分（或称余脉）。一般指潜山县境内以其主峰天柱峰为中心的山地，有时也指其主峰。据1980年航空测定，主峰海拔为1488.4米，规划保护区面积为333平方千米，风景区面积为82.46平方千米，中心位置（天柱峰）地理坐标东经116°27′，北纬30°43′。

　　天柱山为古皖文化荟萃地。佛光寺系唐氏著名禅师马祖道一始建；三祖寺乃佛教禅宗三祖僧璨立化处；道教尊此为第14洞天，57福地；李白、王安石等对天柱山情有独钟，留下许多珍贵的诗词游记和摩崖石刻。

身临其境

　　天柱山水资源之丰富冠盖全国名山，层峦叠嶂之中飞瀑流泉，溪涧遍布，山高水长。九井河九大瀑布跌落成群，美轮美奂；炼丹湖乃全国第三大高山平湖，荡舟湖上，如临仙境。主要景点有：天柱峰、神秘谷、一线天、飞来峰、炼丹湖、蓬莱岛等。

天柱峰

天柱峰

　　天柱峰又称皖伯尖、万山尖、朝阳

峰。道家称为司命真君发祥地。海拔1488.4米。它凌空耸立，一柱擎天，浑身石骨，嶙峋奇绝，瑰伟秀丽，如柱、如锥、如炬、如剑、如楼台，又如生花妙笔，有"五岳归来不看山，黄山归来不看岳，天柱归来不看峰"之赞誉！

神秘谷

神秘谷

神秘谷为天柱山一大奇观，位于飞来峰下，号称花岗岩洞第一秘府，有"天柱一绝"之称。神秘谷由龙宫、迷宫、逍遥宫等组成，全长400多米，落差100多米。谷底54个洞穴形态各异，洞中有洞，洞洞相连，神秘莫测。洞内有牖、庭、门、石梯、石栏，九曲回廊，豁然开朗。

一线天

一线天

天柱峰下，有一峰与主峰裂有一缝，如巨斧劈开一般，下不着地，俗称小天门，又称"一线天"。峰高不过10米，如一初开的花朵，因而峰名"花峰"。

飞来峰

飞来峰一峰独立入云，峰顶巨石如盖，浑身石骨，浅浅的水痕遍布全身，是天柱山第三高峰。它海拔1424米，整座山峰为一整块巨石构成，顶有一石长3丈有余，围长30余丈，高丈余，浑圆如盖压在顶峰，似从天外飞来，称"飞来石"，峰因石得名，峰顶的飞来石，像一顶华冠端端正正地戴在峰顶。

飞来峰

炼丹湖

炼丹湖

炼丹湖水面面积近3万平方米，蓄水量8万立方米，海拔1100米，在中国名山中可以和天山"天池"、长白山"天池"相媲美。它水质清澈、碧绿如玉，四周群山罗列，环境优雅，天晴无风，湖如明镜，蓝天白云，映入其中。

蓬莱峰

蓬莱峰

蓬莱峰海拔1350米，南眺天池峰，北依天柱峰。峰顶狭长绝险，纵长百余米，宽仅二三米。古木护石，葛蔓绕膝，跻身往来，险象丛生。峰下时常云掩雾绕，峰顶在云海中若隐若现。上得蓬莱峰，只见青藤蔓蔓，人迹罕至，浓雾缭绕，如入瑶池仙境。

耳闻奇传

天柱峰为何如此之雄奇？

相传天柱山与岳西司空山遥遥相望，相互比高比美，天柱山为雄，司空山为雌，各显其能，互不示弱。天柱山俊俏挺拔，直插云天，越长越俏，越长越高。一天托塔天王巡游，发现后吃了一惊，急奏玉皇，声称如不很快遏制天柱峰长高，在不太长的时间内，将要冲开南天门，后果不堪设想。玉皇闻奏，打了一个寒战，一时不知所措。于是紧急招来各路天将，商量对策，最后决定由托塔天王从灵霄殿里取出一幅问讯的告子，放在天柱峰顶上，自那以后，天柱峰再不能像以前那样日长一尺，夜长十寸了。

天柱峰尽管峻险陡危，令许多人可望而不可即，产生望峰兴叹之感。然历代都有探险勇士，登顶览胜。据现有资料记载，1861年春，清军都统长白旗人李云麟来潜山驻防，被天柱山景色所迷恋，在茶庄村药农贺良谟帮助下，登上了天柱峰顶。下来后感慨万千，题写了"孤立擎霄"四个大字，命贺良谟镌刻在主峰上。1937年10月，天柱山开发者，山东聊城人乌以风在药农帮助下登上了绝顶，赏心悦目，挥毫题诗一首，诗曰：

独步孤峰作壮游，恍如御气上丹丘。

玄崖秘洞开宫殿，万壑千岚拜冕旒。

立极方知天地大，凌空不见古今愁。

飘然遗世烟尘外，一啸鸾飞下九州。

吟诗作赋

李白、白居易、王安石、黄庭坚、苏东坡等对天柱山情有独钟，留下许多珍贵的诗词游记和摩崖石刻，摩崖石刻之多之精全国闻名。天柱山地灵人杰，这里既是《孔雀东南飞》的发生地，又是三国佳丽大乔、小乔，京剧鼻祖程长庚，章回小说大师张恨水，杂技皇后夏菊花，黄梅戏新秀韩再芬的故乡。

江上望皖公山

（唐）李白

奇峰出奇云，秀木含秀气。

清晏皖公山，巉绝称人意。

独游沧江上，终日淡无味。

但爱兹岭高，何由讨灵异。

默然遥相许，欲往心莫遂。

待吾还丹成，投迹归此地。

题天柱山

（唐）白居易

太微星斗拱琼台，圣祖琳宫镇九垓。

天柱一峰擎日月，洞门千仞锁云雷。

玉光白橘相争秀，金翠佳莲蕊斗开。

时访左慈高隐处，紫清仙鹤认巢来。

道教祖庭——鹤鸣山

鹤鸣山，为中国道教发源地，属道教名山。位于四川成都西部大邑县城西北12千米的鹤鸣乡三丰村，属岷山山脉，海拔1000余米，北依青城山（约30千米），南邻峨眉山（约120千米），西接雾中山（约5千米），足抵川西平原，距成都约70千米。因山形似鹤、山藏石鹤、山栖仙鹤而得名，为古代剑南四大名山之一。

鹤鸣山

鹤鸣山又称"鹄鸣山"，系邛崃山脉东麓青城山区的南侧支峰，与道教著名胜地青城山天师洞相距仅30千米。这里山势雄伟、林木繁茂，双涧环抱，形如展翅欲飞的立鹤；景区内松柏成林，苍翠欲滴，山涧溪流，泠然有声，是著名风景旅游区和避暑胜地。

鹤鸣山道观1985年被成都市政府批准为重点文物保护单位，1987年又被批准为道教开放点。"中国道教文化节"也在鹤鸣山设立了会场。

鹤鸣山景区有众多的名胜古迹。主要的景点有三圣宫、文昌宫、太清宫、解元亭、八卦亭、迎仙阁以及建设中的"道源圣城"等。鹤鸣山中还有24个山洞，明代曹学全《蜀中名胜记》说："山有二十四洞，应二十四气（五日为一候，三候为一气）。洞口约阔三尺，深不可测。每过一气，则一洞窍开，余皆不见。"故称为二十四洞。

三圣宫

三圣宫

三圣宫系香港飞雁洞佛道社观主刘松飞捐资修建，高18米，上下两层，飞檐斗拱，立柱回廊，琉璃艳彩，十分富丽堂皇。殿内供奉道祖太上老君道德天尊、纯阳帝君吕洞宾、太极祖师张三丰，两边联为中国道教协会原会长黎遇航所题："鹤鸣九霄道兴神州方士齐稽首，龙腾三界灵显大地苍生发善心"。殿外有张三丰手植古柏一棵，树围3米多长，有近千年的树龄。

天师殿

天师殿

天师殿正中匾题"道正则兴"，两边联为"威威彩色像庄严宛若传经日，郁郁鹤鸣山仙境犹然兴道时"，殿内正中挂"万法宗坛"幡，两边为"正一元始大天尊张天师"幡。天师跏趺坐，身穿绘有阴阳图的法服，头披红色道巾，左手持阳平治都公印，右手结诀。王长、马武手持剑、符，护立两旁。

文昌宫

文昌宫

文昌宫是鹤鸣山的主宫，宫前有东西沙门，入内为二殿，供文昌帝君神像。宫侧有一花园和放鹤亭。此宫俯临双洞，东沙门外有迎仙桥，西沙门外是送仙桥。一进宫门，碑石林立，题记、楹联甚多。

迎仙阁

迎仙阁两边联题"人桥同此心四面顾瞻一山鹤，草木并深意八方遮护双洞鳞"。迎仙阁为三重阁楼，三楼供奉太上老君，二楼供奉灵主，一楼供奉青龙、白虎。

迎仙阁

天谷洞

天谷洞在大坪山西侧冷家岩上，主洞全长约200米，洞区高矮宽窄不等。主洞两旁有三清、三官、平仙、峻仙几个小洞，均与主洞相通。三清洞内有一石屏，高约7米，宽约1米，表面聚有微型乳花，人们称为八音屏。主洞中有狭长的暗谷，长约20米，左右岩壁和顶端有石浆凝成的石花，有一倒挂石钟，钟旁有石浆凝成的神像数尊。东汉张道陵、五代杜光庭、明初张三丰住鹤鸣山时在此洞中修炼。

耳闻奇传

天谷洞

相传，张天师在鹤鸣山修道传教时，恰逢地方瘟疫肆虐，生灵涂炭，十室九空。为拯救苍生于水火，天师将自创金丹术和极富道教特色的人体医学思想加以整合，研制出祛病健体的神秘草药配方。张天师将药浸于酒中送于百姓，瘟疫得以祛除。百姓病除之后感觉身轻体健、精神焕发，强于从前。因药入酒，酒带药行，药促酒力，使酒醇香甘怡，沁人心脾且功效神妙，百姓感念天师施救苍生之恩，赞誉此药酒为"妙沁神酒"，即当今著名妙沁药酒。

得名缘由

鹤鸣山之名，最早见于魏志。因何得名，据查有三说：

山形似鹤

鹤鸣山山高秀爽，鹤之形状全俱。每当雨霁晴开，仰望鹤鸣山，真如白鹤一只，舒颈俯领涧泉，两翼张开坠地，一尾高矗摩天，葱葱佳气扑人，眉宇询为之开，灵山多秀气，名不虚传。

山藏石鹤

《四川通志》："山形如覆瓮，有石类鹤，故名。""民国"时期，乡人于文昌无意挖出一石块，状甚似鹤鸟，嘴、头、翼、尾、脚、颈俱全，唯双脚并在一起未分开。乡绅付绍渊见之大喜，审视之，俨如人工刻成，因此不曾加工，将原物保护备至，置于文昌宫花园内，以供游人观赏，名曰"天然石鹤"。

山栖仙鹤

仙鹤自古是道家的瑞祥之物，它是脱化飞升、得道成仙的一种象征。在历史文献及传说中，仙人骑乘和饲养的都是鹤。相传曾有隐士老聃后人李催隐居于此山，养鹤为伴，弈棋悟道，山下时闻鹤鸣，故名之为鹤鸣山。"民国"时期，太清宫和迎仙阁前的大树梢上，常栖麻鹤一对。当地老人也曾见这里有鹤。

吟诗作赋

　　作为举世公认的中国道教发源地、世界道教的朝圣地，鹤鸣山吸引了众多文人骚客慕名前来，并留下了诸多绝美诗文。

虞美人·秋思

等闲道人

闲身待得清风去，采菊无人语。

举觞邀酒淡秋山，独有青衿寂寞醉花前。

孤鸿不解流云意，满树离情起。

劝君自在卧东篱，绝似半生浮梦鹤鸣西。

（小注：鹤鸣即西蜀鹤鸣山，东汉张道陵在此创立道教。）

夜宿鹄鸣山

（宋）陆游

西游万里已关山，采药名山亦宿缘。

老柏干霄如许寿，幽花泣露为谁妍。

苔粘石凳扪萝上，灯耿云房扫榻眠。

安得仙翁索米术，一生留此弄寒泉。

送友人归邛洲

（唐）唐求

鹤鸣山下去，满箧荷瑶琨。

放马荒田草，看碑古寺门。

渐寒沙上雨，欲暝水边树。

莫忘分襟处，梅花扑酒樽。

传统文化

珠江文明的灯塔——西樵山

走近西樵山

西樵山位于中国广东省佛山市南海区的西南部，地处广州、佛山、顺德、江门、高明之间，北距广州市区仅45千米，离佛山27千米，是广东四大名山之一。西樵山海拔346米，是一座古火山，山体外陡内平，状如莲花簇瓣，有72座峰峦，气候宜人，风景秀丽，是观云海、看日出和避暑胜地，也是地学考察的好地方。

西樵山大佛

西樵山是新石器时代珠江三角洲主要采石场和石器制作场，是华南地区唯一大樵山型古石器制作场，史学界称为"西樵山文化"。自古便有"南粤名山数二樵"之誉。西樵山历史文化底蕴十分深厚，被称为"珠江文明的灯塔"，已有6000多年文明史，古西樵山人创造了灿烂的"双肩石器"文明；明清期间大批文人学子隐居于此，故又有"南粤理学名山"的雅号；西樵山也是"南拳文化"的发源地，一代宗师黄飞鸿就出生于西樵山附近村落。

身临其境

西樵山风景资源丰富，有72座峰峦，以大科峰（海拔344米）为最高，群峰罗列、参差有序，九龙岩、冬菇石、石燕岩等峰峦形态万千。西樵山最大的特点是"山里有湖湖里有山，水在山中山在水里"，全山有16个岩洞，232个泉眼，28处瀑布，"飞流千尺""云岩飞瀑"等蔚为壮观。

西樵山南海观音

西樵山南海观音文化苑坐落于西樵山大仙峰顶，由南海观音主西樵山体法相、圣境汇芳、圣域市肆、福寿莲池和环海镜清组成。观音法相高为61.9米，寓意观音成道之意。法相顶有宝珠天冠，项有圆光，弯眉朱唇，目光微俯，披天衣，挂璎珞，着罗裙，慈眉善目稳坐于莲花台上，广视众生，显现安详凝重、救苦救难的慈悲法相。

观音法相

云泉仙馆

云泉仙馆

云泉仙馆依山势建筑，为二进歇山顶建筑，主要有前殿、钟鼓台、祖堂、墨庄、帝亲殿和后殿厢房等。殿前置有两根石华表，石狮一对，其两侧保护墙壁上饰狮子、凤、鱼等浮雕和六骏图、百鸟朝凤壁画，殿门左右为钟鼓台，前殿有券顶回廊、厢房，设中门，后有放生池，后殿为赞化宫，奉祀吕洞宾。

白云洞

白云洞创建于明代嘉靖年间，园之周围峭壁凌空，飞泉吐玉，亭台楼阁掩映于苍松翠柏之中；樵园后山有天湖、丹桂园等，东麓有石燕岩、响水岩等胜景。曾有"欲揽西樵胜，先应访白云"之说，历代文人墨客给白云洞留下了丰富的文物古迹，如三湖书院、云泉仙馆、白云古寺等一批明清建筑和摩崖石刻。

白云洞

九龙岩

九龙岩在西樵山的西南部，有四方竹园、宝峰胜处、春风亭、石竹园、紫姑庙等景观。九龙岩石壁曲突蟠屈，岩孔高低偃仰，人从外孔钻入，如螺旋前行，

九龙岩

十分刺激，最后可从崖顶通天岩钻出，当地谚曰："九龙岩孔能钻透，好运活到九十九"。

翠岩谷

翠岩谷位于西樵山中部，是一条上窄下宽的漏斗状的峡谷。清代画家黎简与何丹山曾常住翠岩谷写诗作画，石壁上原有他们的书画室和书舍，翠岩谷被尊为岭南画派的发源地。景区内主要景点有无叶井、翠岩、摩崖石刻、葫芦井、蟹眼泉、黎二樵书室遗址、碧云村、桂花园等。

翠岩谷

耳闻奇传

"一方山水养一方人"，西樵山自然风光清幽秀丽，文化底蕴厚重，民俗风情古朴自然，养成了西樵人民质朴的个性。

"西樵和白云"传说

古时候，珠江三角洲上有两条龙：一条金龙，自西奔腾而来，金光耀眼；一条银龙，自北飞舞而来，银光刺目。这两条龙相遇，互不相让，于是张牙舞爪打起来，打得天翻地覆。在两条龙相斗的附近，住着一对夫妇，男的叫大樵，女的叫云姐，夫妇俩靠打柴过活。大樵是村里有名的大力士，臂举全牛，脸不变色。村里人看见两条龙相斗，大祸将要降到村里来，便请大樵前往劝阻。云姐放心不下，跟随大樵前去。大樵来到两龙跟前进行劝阻，两条龙不依不饶，又斗将起来，闹得天上乌云翻滚，地下洪水横流。大樵见劝说不住，也火冒三丈，一纵身，扑上前去，左手握住金龙角，右手捏紧银龙腰，硬把两条龙分擘开来。两条龙又猛冲过来……就这样，一擒一纵，足足斗了七七四十九个回合，斗得两条龙鳞甲脱了，前爪折了，胡须秃了，牙齿崩了，气也喘了，眼也蒙了。最后，大樵奋起全力把金龙往左一推，金龙摇摇晃晃，往西南方向去了；大樵再使出最后一把力把银龙往右一推，银龙踉踉跄跄，往东南方向去了。金龙和银龙各喘着气，分途潜入了南海。这金龙走过的地方，陷出一条深深的沟，以后做便成为黄浪滚滚的西江。这银龙走过的地方，也陷出一条深深的沟，以后便成为银波闪闪的北江。眼看一场灾害平息了，大樵哈哈大笑，张开两手，倒在地上，他的气力已经透支，身体化成了樵山一座最高的山峰。

云姐扑到大樵的身上，也化成冉冉白云，缭绕着美丽的西樵山，朝夕不离，终年不散。自此以后，樵山白云，朝夕依恋，坚贞不渝，永不分离了。

"西樵和白云"的传说传颂至今，大樵的勇敢和云姐的坚贞，也正是西樵人最宝贵的品格。

吟诗作赋

晚清著名的政治家、思想家康有为是佛山南海人，他曾远离尘世喧嚣而隐居于西樵山，期间留下了许多诗作。

读书西樵山白云洞

康有为

瀑流千尺射龍嵷，严壑幽深隐绿茸。日踏披云台上路，满山开遍杜鹃红。

高士祠中曾小住，扪萝日上妙高台。白云无尽先生去，洞口云飞我又来。

仙馆清斋读道书，黄庭写罢證真如。放生记辍周颙馔，池上云泉看巨鱼。

三湖院外步长堤，堤下三湖印月低。西北月同南月影，證从指月夜提携

《康南海自编年谱》选段

正月遂入西樵山，居白云洞，专讲佛道之书，养神明，弃渣滓。

时或啸歌为诗文，徘徊散发，枕卧石窟瀑泉之间，席芳草，临清流，

修柯遮云，清泉满听，常夜坐弥月不睡，意游思，天上人间，极苦极乐，

皆现身试之。始则诸魔杂沓，继则诸梦皆息，神明超勇，欣然自得。

岭南第一山——罗浮山

走近罗浮山

罗浮山又名东樵山，是中国十大道教名山之一，为道教十大洞天之第七洞天，七十二福地之第三十四福地。

罗浮山位于中国广东省博罗县的西北部，横跨博罗县、龙门县、增城市三地，总面积260多平方千米，和位于中国广东省佛山市境内的西樵山是姐妹山。罗浮山的主峰是飞云顶，海拔1296米。其山势雄浑，风光秀丽，四季气候宜人，是中国的

罗浮山（一）

"国家重点风景名胜区"和避暑胜地，被誉为"岭南第一山"。

汉朝史学家司马迁曾把罗浮山比作为"粤岳"。拥有9观，18寺，32庵。北宋苏东坡曾在这里作下"罗浮山下四时春，卢桔杨梅次第新。日啖荔枝三百颗，不辞长作岭南人。"的名句，而使罗浮山闻名于世。葛洪、黄大仙、鲍姑、吕洞宾、何仙姑、铁拐李等神仙都曾留过胜迹。

身临其境

罗浮山是中国的"国家重点风景名胜区"和避暑胜地，被誉为"岭南第一山"。罗浮山（《太平寰宇记》称为博罗山）矗立于南粤大地之上，气势恢宏，仪态万千；有大小山峰432座，飞瀑流泉980多处，洞天美景18处，石室幽岩72个，山中景色如画。

罗浮山

罗浮山最高峰为罗山的飞云顶（峰），海拔1296米，其次为浮山的上界峰，海拔1276米。飞云顶，正尖圆，四望洞达，云常起足下。山顶有"罗浮君之

罗浮山（二）

神"石坛。东面不远处，杂树丛生满谷，有宋代赵汝驭所建子日亭故址，为登飞云顶观日出的最佳地点。山顶是一块约100平方米的草地，花香草密。从飞云顶上眺望，四百峰峦隐现于云海中。

玉鹅峰

玉鹅峰为罗浮山南面诸山之祖。岩壁陡峭，有明学士赵志皋摩崖石刻"千丈岩"。此处产龙须草，故又名龙须峰。传说葛洪之妻鲍姑在此采药坠崖而亡。固有大慈寺。玉鹅峰分东西两大支，如巨人举两臂。分水坳水东流，循左臂而东南注于罗水；坳水西流，循右臂西南流注坳岭。

玉鹅峰

玉女峰

玉女峰

玉女峰又名美人峰，峰上有石台高33.3米，岩石光润如瑶，又名瑶石。位于朝真石之上，台下有燕子岩，旁有香台、会真诸峰。明朝按察司副使任可容的《玉女峰》诗句："月中环佩归何处，天上嫦娥事以非。"

麻姑峰

麻姑峰海拔243.3米，从远处看，此峰犹如威猛的雄狮在蹲伏，伺机扑跃，因此又叫狮子峰。据传唐朝天宝初年，麻姑仙人曾降临此山。天宝九年，冲虚观大办斋会，忽见有五色彩云起于麻姑台，其中何仙姑就缥缈云端。由此麻姑峰被视为神仙的云游之地。

麻姑峰

梅花山

梅花山位于罗浮山朱明洞景区大门的左侧，总面积约10000平方米，共有梅树近1000株。是罗浮山最大的一片赏梅基地之一。每年12月起，千株梅树枝头绽开簇簇香雪白花，傲寒盛放，与罗浮山这神仙洞府和青山绿水相辉映，让人流连忘返。

梅花山

耳闻奇传

罗浮山有很多美妙的神话故事，这些大多数出自民间的口头文艺，体现了人民群众憎恶假丑恶、颂扬真善美的审美观点，使名山平添不少浪漫色彩。

罗山和浮山

传说很久很久以前，罗浮山是由两条化形"罗山"和"浮山"的神龙结合而成。话说东海龙王有个名叫青龙三公主的女儿，一日随波逐浪在海面上悠游荡漾。

她与南海龙王之子小黄龙邂逅相逢，眉目传情间竟互生爱慕之情。遂海誓山盟，愿结百年之好，然而东海龙王和南海龙王都是极严的神龙，都认为婚配大事应由父母做主，私结秦晋之好即是犯上作乱。盛怒之下，东海龙王遂囚青龙三公主于蓬莱仙山左侧之孤岛，南海龙王亦用铁链锁囚小黄龙于罗山下之万丈古井之中。

但春心既动，链锁山压又岂能奈何？天公为他们之间的真情所感动，力大无穷被安排驮载孤岛的巨灵神龟，在同情之余，竟驮载孤岛劈波斩浪向南海悄悄浮来。罗山下万丈古井中的小黄龙，挣脱锁链，冲出古井，终于见到了相别已久的青龙公主。

小黄龙与青龙公主毕竟是禀赋神气而生的真龙神种，他们很快也就各有所悟了。他们商量着，既然都互为情欲所累，倒不如以双方的躯体，组合成世间一奇妙美景，于是小黄龙与青龙三公主化作罗山、浮山合二为一，融溶结合为一体。小黄龙化形为罗山主峰飞云顶，青龙三公主则化形为浮山峰顶的上界三峰。

歌舞石的传说

传说有一年王母娘娘要做蟠桃寿筵，她在天宫往下一看，发现这罗浮山景色宜人，就解下身上的玉佩丢进水潭，变成歌舞石，然后将蟠桃寿筵移到这巨石上来办。王母娘娘的女儿玉女仙子动了凡心，想在这里多留几天。麻姑助其变成石头骗过王母，然后带玉女到处游玩，玉女玩得脸上脏兮兮的，麻姑将玉女领到一条溪水边，洗净了她脸上的残脂剩粉。所以流出山口的这条溪水，有胭脂的颜色。

吟诗作赋

千百年来，罗浮山以它独有的魅力吸引了一批又一批文人骚客前来一览它的风姿，并留下为人传唱不绝的诗文。

望罗浮

（明）涂相

多年有梦到罗浮，天下名山此胜游。

云顶几人曾跨鹤，石门何处觅骑牛？

空蒙日照千岩雨，高下虹飞万壑流。

符竹桃源总奇异，漫凭木客问来由。

十一月二十六日松风亭下梅花盛开

（宋）苏轼

春风岭上淮南村，昔年梅花曾断魂。

岂知流落复相见，蛮风蜒雨愁黄昏。

长条半落荔支浦，卧树独秀桃榔园。

岂惟幽光留夜色，直恐冷艳排冬温。

松风亭下荆棘里，两株玉蕊明朝暾。

海南仙云娇堕砌，月下缟衣来扣门。

酒醒梦觉起绕树，妙意有在终无言。

先生独饮勿叹息，幸有落月窥清樽。

清凉圣地翠意浓——莫干山

走近莫干山

莫干山（国家4A级旅游景区、国家级风景名胜区、国家森林公园），为天目山之余脉，位于浙江省湖州市德清县境内，美丽富饶的沪、宁、杭金三角的中心。

莫干山

莫干山是中国四大避暑胜地之一。因春秋末年，吴王阖闾派干将、莫邪在此铸成举世无双的雌雄双剑而得名，众多的历史名人，既为莫干山赢得了巨大的名人效应，更为莫干山留下了难以计数的诗文、石刻、事迹以及200多幢式样各异、形状美观的名人别墅。

莫干山山峦连绵起伏，风景秀丽多姿，景区面积达43平方千米，它虽不及泰岱之雄伟、华山之险峻，却以绿荫如海的修竹、清澈不竭的山泉、星罗棋布的别墅、四季各异的迷人风光称秀于江南，享有"江南第一山"之美誉。

身临其境

莫干山素以竹、云、泉"三胜"和清、静、绿、凉"四优"而驰名中外。"竹"，是莫干山"三胜"之冠，以其品种之多、品位之高、覆盖面积之大列于全国之首、世界之最。

四叠飞瀑

阜溪桥（又曰飞虹桥），桥柱上刻有陈毅的"夹道万竿成绿海，百寻涧底望高楼""飞瀑剑池涤俗虑，塔山远景足高歌"诗联。阜溪上游50米处，有两股溪水汇合，一股源于中华山，一股出自芦花荡。合流后，水势增大，顺涧而下，直奔阜溪桥，此乃第一叠飞瀑。溪水出桥后，猛跌二三丈，注入剑池，成为第二叠瀑

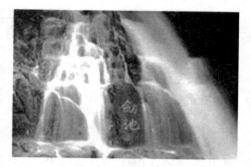

四叠飞瀑

布。剑池约5米见方，四周有铁栏，靠峭壁处有亭，瀑布注池，稍一停蓄，水势益壮。于是飞瀑凌空，直泻剑潭，飞流竟高10余丈，气势磅礴，触石有声，颇为壮观，为第三叠。飞冲剑潭而下，束水入溪，形成短瀑，此为第四叠。嗣后逶迤远去，淹没于竹林绿海，行踪难寻。

干将、莫邪雕塑和磨剑石、试剑石

干将、莫邪雕塑和磨剑石、试剑石

在阜溪桥上方，距"试剑石"十余米的地方，有一座干将、莫邪练剑状的雕塑。美丽端庄的莫邪持剑在前，身后体魄雄健的干将抡锤欲击，两人在严肃而紧张的神情中透露出成功的喜悦。这座雕塑耸立在剑池之旁，引起了游人的深思：它的塑造固然依据于莫邪、干将铸剑的传说，但它的含意却远远超出雕塑本身，它是一曲热情洋溢的颂歌，颂扬我国古代众多的能工巧匠在建设伟大的中华民族文化中的光辉业绩。莫干山的秀丽风景同样也是我国劳动人民创造的。阜溪桥下方，有一黑褐色巨石，呈侧卧状，有周庆云镌"周吴干将、莫邪夫妇磨剑处"篆文。试剑石在观瀑亭上方，为一半裂巨石，裂口平直、光滑，似剑削而成。

滴翠潭

滴翠潭在武陵村口，系人工开凿，潭水清澈、内植睡莲。旁有挹翠亭，松木结构、古朴典雅。潭边赭红色巨岩，高20余丈，镌"风月无边""莫干好"及钱君陶所题"翠"字。翠字高如三层楼，气度雄伟、神韵飘逸，为江南第一擘窠大字。

1987年夏，钱君陶应友人邀请，赴莫干山避暑，见光秃巨岩，无一点缀，甚感惋惜，欣然题写"翠"字。管理局花两年时间刻于崖壁。1991年6月《文汇报》以《钱君陶题写"翠"字》为题报道云：钱氏"平生写得最大者，当推莫干翠字"。

莫干山的著名景观还有亭、台、牌、坊，以"三胜四优"而闻名。寺庙道观、名人别墅构成了一道独特的风景线。

滴翠潭

莫干山的著名景观

耳闻奇传

莫干山山名，来自干将、莫邪二人铸剑于此的古代传说。

早在春秋末期，群雄争霸，吴王欲争盟主，得知吴越边疆有干将、莫邪夫妇是铸剑神手，限令三月之内，铸成盖世宝剑来献。干将、莫邪采山间之铜精，铸剑于山中，雌号莫邪，雄称干将。当时莫邪有孕，夫妻俩知吴王奸凶，莫邪留雄剑于山

干将、莫邪铸剑

中，干将前往献雌剑。吴王问此剑有何奇妙，干将说："妙在刚能斩金削玉，柔可拂钟无声。论锋利，吹毛断发，说诛戮，血不见痕。"试之果然。吴王为使天下无此第二剑，杀干将。

十六年后，莫邪、干将之子莫干成人。莫邪详告家史。莫干寻得雄剑，欲刺杀吴王为父报仇。途遇干将好友之光老人，老人设计斩吴王头，助莫干报了杀父之仇。二剑化作两巨蟒腾空而飞。

一日，莫邪备果品山花，至铸剑处祭奠丈夫英灵，祈求儿子平安。这时，地方

官气势汹汹地赶来，说要拿莫邪问罪。莫邪愤慨地说："我夫干将铸剑献剑有功，反遭昏王杀害，我儿莫干为父报仇，为民除暴——罪在哪里？"正当官兵要捉拿她的时候，忽然潭里白浪涌腾，一条巨蟒探头出水，一张嘴，飞出一口宝剑，银光一闪，地方官便身首异处。然后，宝剑又飞回巨蟒口中，那巨蟒连连出水点头，似在向莫邪传言。莫邪得知阴阳剑已飞回剑池，说声："莫邪愿永远与宝剑同在！"便纵身跳进深潭。

后人为纪念莫邪、干将，将其铸剑、磨剑处叫剑池，将剑池所在之山名为莫干山。

七绝·莫干山

毛泽东

翻身复进七人房，回首峰峦入莽苍。

四十八盘才走过，风驰又已到钱塘。

游莫干山

郭沫若

盛暑来兹颇若秋，紫薇花静翠篁幽。

晨登塔岭亲吴越，夜看银河贯斗牛。

射击稚儿欣获鸟，校雠旧集听鸣蜩。

山居最好劳盘骨，蹬道千寻赴上游。

和韵

陈其采

丁亥夏，来游莫干山，承浦江郑卓人贤兄枉。

诗投赠，咏而善之，爱步原韵答和。

登高四望满修篁，天与名山特地凉。

解得万竿怀叶老，剑池空自惹人忙。

大圣故里多趣意——花果山

走近花果山

花果山位于连云港市南云台山中麓。唐宋时称苍梧山，亦称青峰顶，为云台山脉的主峰，是江苏省诸山的最高峰。花果山是国家重点风景名胜区、国家5A级旅游区、全国文明风景旅游区示范点、全国文明风景旅游区创建先进单位，中国十佳旅游景区。

花果山

花果山野生植物资源十分丰富，计有植物种类1700余种，其中药物资源就有1190种，金镶玉竹、古银杏等都是省内罕见、国内少有的树种，是江苏省重要的野生植物资源库，每年吸引了国内许多高校、科研单位、专家学者来此考察研究。景区内孙大圣的诞生地娲遗石、猴王府水帘洞、古怪神异的七十二洞、惟妙惟肖的唐僧崖、憨态可掬的八戒石等景观引人入胜，历经唐、宋、元、明、清的寺庙三元宫建筑群和国家级文物保护单位阿育王塔更是闻名中外。

李白："明日不归沉碧海，白云愁色满苍梧。"有道是"一部西游未出此山半步，三藏东传并非小说所言"，是国内外知名的旅游胜地。

身临其境

花果山是著名古典神话小说《西游记》的发源地和孙悟空老家，是经过国内外专家考证的正宗花果山，是国家4A级旅游区、全国文明风景旅游区示范点和中国最佳旅游景区。

花果山山门

花果山山门

山门正门上首为孙悟空的头像，背衬圆形图案，象征功德圆满，法轮常转。北侧有唐僧师徒4人西方取经的浮雕，下方有6只圆雕雄狮把门，广场四周有109只石猴迎宾。山门背面的匾额上镌"东胜神洲"四字，为中国书法家协会代主席沈鹏先生题写。

阿育王塔

阿育王塔

海清寺阿育王塔，是苏北地区现存最高和最古老的一座宝塔。阿育王塔自古就是云台山的一个主要景点，明代叫"古塔穿云"，清代叫"塔影团圆"。它的特点有五：一是历史古老；二是经历过郯城1668年8.5级大地震的洗礼至今不歪不斜；三是塔形壮丽；四是既能看又能爬；五是有动人的神话传说。

十八盘

由仙人桥沿竹节岭登山，岭上有349级的18组阶梯，叫作十八盘。十八盘为游人步行登山的要道。前人依山势坡陡、起伏程度之别，以板石铺砌，筑台阶18组，每组三五级、七八级不等，相距远近各异，全长约250米。

十八盘

唐僧崖

唐僧崖

唐僧崖，又叫大佛崖，是由片麻岩石风化而成的一堵高达数十米的峭壁陡崖。远看可见唐僧和孙悟空师徒俩立在崖上的形象：唐僧两耳垂肩，佛眼微闭，背稍躬，好像正在肃目修行；右旁一天然石猴，似乎在与唐僧耳语。走到近前，由于崖壁纹理复杂多彩，还可以看到许多奇景点缀其间，有师徒对话、舍身饲虎、独角鬼王等，所以有人又把它叫作"万佛崖"。

水帘洞

水帘洞是花果山上最有特色、最有代表性的景点。这是《西游记》中孙悟空的老家水帘洞的原型。早在《西游记》成书之前，水帘洞已闻名遐迩。在明顾乾的《云台三十六景》以及张朝瑞等人的游记和各类方志文献中已有详尽生动的描述。洞门前，有明嘉靖二十三年（1544年）海州知州王同的"高山流水"题刻，还有"神泉普润""灵泉"等勒石。

水帘洞

三元宫

三元宫

三元宫处于花果山三元宫建筑群的中心，雕梁画栋，殿宇森罗。据载，它发迹于唐，重建于宋，敕赐和扩建于明，香火20000家，后又多次修葺于清。现已形成以海宁禅寺为主体的庙宇群。当今的山门和"敕赐护国三元宫"门额，是明代遗物。三元宫正门右面那棵古柏，是宋代留存。院内的两棵银杏树，树龄都有1100年了。

迎曙亭

据《云台补遗》记载，唐建"望日楼"，后倒塌。明万历年间，在原址建"海曙楼"。道光十三年（1833年），陶澍捐资重修，亲题"海曙楼"于门额，撰并书联于门侧："曙色正平分，听万籁无声，已觉人来天上；楼光开四面，看一轮初上，始知身在日边。"公元1986年，在海曙楼遗址，修建了"迎曙亭"，这是目前我国最大的全石结构的亭子。

迎曙亭

神字王

神字王大石崖上有一个很大的"神"字，叫作神字王。字长39.4米，宽15.8米，深0.6米，是世界上最大的单体汉字摩崖石刻。1996年入选吉尼斯世界纪录。"神"字可远眺也可近观。

神字王

耳闻奇传

十八盘传说

相传古代皇帝怕江山不稳，派许多阴阳先生到各地去查访和破坏龙脉，这天有一位阴阳先生来到云台山，发现了鲤鱼石，又见这条岭上有个第一天门。他知道鲤鱼只要跳过天门便成了龙，托生在山主家，长大就会抢夺皇帝的江山。阴阳先生找到了山主，把情况如实地告诉了他。山主很高兴，便问怎样才能使鲤鱼跳过天门。阴阳先生对他说，只要在鲤鱼石旁修个十八盘，就能顺势飞上天门。于是山主雇人昼夜施工建起了十八盘，阴阳先生也就放心地走了。原来鲤鱼跳过天门才能成龙，若是落在十八个盘子里，那只能是人间的一道菜，风水也就这样被破了。

阿耨达池传说

娲遗石上方有半边石卵，据说另一半在孙悟空出世时被崩到山下去了。石卵一侧有一个形似猴头的巨石，温情地吻着娲遗石，那便是孙猴子成仙后脱下的凡胎。娲遗石下方的池子叫"阿耨达池"，阿耨达是梵语的译音，意为众水之源。传说过去仙女常来洗澡，孙猴子出世后在里面撒了泡猴尿，弄脏了池子，从此仙女们就不再来了。

九龙桥传说

九龙桥是花果山中进三元宫烧香拜佛的咽喉要道，被称为"烟云深锁神仙界"。站在桥前，观之上，闻其声，只见九条山溪汇集于此，水流由上而下，冲射浪花四溅，溪声响彻于花果山间。

九龙桥因九条山溪汇集于桥下而得名，在古时，云台山周围都是海，一些香

九龙桥

客坐船到花果山三元宫烧香拜佛必经此桥。古时百姓都相信龙是神，为万寿之物，一些香客就在此桥小憩一刻，来沾一点龙的寿气，再进山求佛，保全家万事平安，因此九龙桥又叫"万寿桥"。

九龙桥有一个传说，花果山上有九条青蛇，是天宫中九位天将，因犯天规被玉帝打入人间，投胎于花果山一条大青蛇的肚中，大青蛇就生下了九条小青蛇。它们随着时间增长逐渐长大，气势旺盛，在本地胡作非为，意欲成仙，上天成龙，却被天庭拒之门外。因此，就在山上作乱。一天，花果山青峰顶从天而降来了一位白发苍苍的老人，只见他摇身变为一位年老的和尚。他来到花果山的咽喉要道处，盘腿坐在那里，眯着眼睛，手里拿着佛珠，嘴里在不停地念着。只见九条青蛇不约而同，从不同方向来到这里，当它们看见老和尚后，便把头并列地趴在那里，一动也不动。只见老和尚用手掌朝着它们，一瞬间，金光闪闪，射向它们，一会儿工夫，在它们头顶上便浮起了一座桥。老和尚便念道："你们在此修行，永不超生。"他便用手朝桥东方向一指，便有了一座庙宇，从此九条龙便趴在这里。人们传说他是天上的一名天帅，受天庭里的玉皇大帝的派遣，专门来看守九条青蛇，后来这名天帅又返回天宫。因此，花果山人又将此庙叫九龙将军庙。

吟诗作赋

花果山的人文景观源远流长，文化底蕴十分厚重，千百年来的古建筑、古遗址、古石刻以及历代文人墨客的游踪手迹遍布山中。

哭晁卿衡
（唐）李白

日本晁卿辞帝都，征帆一片绕蓬壶。
明月不归沉碧海，白云愁色满苍梧。

次韵陈海州书怀
（宋）苏轼

郁郁苍梧海上山，蓬莱方丈有无间。
旧闻草木皆仙药，欲弃妻孥守市阛。
雅志未成空自叹，故人相对若为颜。
酒醒却忆儿童事，长恨双凫去莫攀。

金陵毓秀荟萃地——紫金山

走近紫金山

　　紫金山位于南京市玄武区，又称钟山，江南四大名山之一，有"金陵毓秀"的美誉，是南京名胜古迹荟萃之地、全国生态文化示范地、世界文化遗产所在地、首批国家5A级景区。钟山风景名胜区位于紫金山南麓。

紫金山（一）

　　紫金山主峰海拔448.9米，方圆约31平方千米，三峰相连形如巨龙，山、水、城浑然一体，古有"钟山龙蟠，石城虎踞"之称，早在三国与汉朝就极负盛名。紫金山囊"六朝文化、明朝文化、民国文化、山水城林文化、生态休闲文化、佛教文化"系列于一山之中，是为"中华城中人文第一山"。

　　紫金山周围名胜古迹甚多，山南有紫霞洞、一人泉等；山前正中有中山陵等；西有梅花山，明孝陵，廖仲恺、何香凝墓等；东有灵谷寺、邓演达墓等；山北有明徐达、常遇春、李文忠等陵墓。

紫金山（二）

身临其境

　　紫金山位于南京市玄武区中山门外。从太平门附近向西绵延，方圆31平方千米，有3个山峰。主峰海拔448.9米，为宁镇山脉之最高峰。山势略呈弧形，拔地而起，形似盘曲的巨龙，称为"钟阜龙蟠"。

傍晚的紫金山

明孝陵

明孝陵

紫金山明孝陵是明朝开国皇帝朱元璋和皇后马氏的合葬陵墓，因皇后谥"孝慈"，故名孝陵。坐落在南京市紫金山南麓独龙阜玩珠峰下，东毗中山陵，南临梅花山，是南京最大的帝王陵墓，亦是中国古代最大的帝王陵寝之一。作为中国明陵之首的明孝陵壮观宏伟，代表了明初建筑和石刻艺术的最高成就，直接影响了明清两代500多年帝王陵寝的形制，依历史进程分布于北京、湖北、辽宁、河北等地的明清帝王陵寝，均按南京明孝陵的规制和模式营建，在中国帝陵发展史上有着特殊的地位，故而有"明清皇家第一陵"的美誉。明孝陵于2003年7月3日联合国教科文组织世界遗产委员会第27届会议决定，入选为世界文化遗产。

石象路

石象路

石象路前半段两侧立石兽6种12对，依次是：狮、獬、骆驼、象、麒麟、马，每种4只，两立两卧。石兽尽端立石望柱（又称华表）一对，过此折向北，列石翁仲8躯，文臣武将各4个，分立道旁。孝陵石人、石兽均为整块石料雕琢而成，体量高大，生动粗犷，是明代皇陵石刻中的经典之作。

中山陵

中山陵是中国民主革命先行者孙中山的陵墓，1961年成为首批全国重点文物保护单位，2007年成为首批国家5A级景区。中山陵前临苍茫平川，后踞巍峨碧嶂，气象壮丽，音乐台、光化亭、流徽榭、仰止亭、藏经楼、行健亭、永丰社、中山书院等纪念性建筑众星捧月般环绕在陵墓周围，构成中山陵景区的主要景观，且均为建筑名家之杰作，具有极高的艺术价值。各建筑在型体组合、色彩运用、材料表现和细部处理上均取得极好的效果，色调和

中山陵

谐统一更增强了庄严的气氛，既有深刻的含意，又有宏伟的气势，被誉为"中国近代建筑史上第一陵"。

头陀岭

头陀岭

头陀岭位于南京紫金山主峰，景区地形险要、六朝古迹遗址众多。近年来开发建设的有：白云亭、白云泉茶社（紫云轩）、刘基洞、一人泉名僧塔林、拥翠亭、弹琴石、黑龙潭、山晓亭以及应潮井、摩崖石刻、永慕庐、议政亭、天文台等，紫金山观光索道则满足了游客登高揽胜、探古寻幽的需要。

灵谷寺

灵谷寺位于南京市东郊紫金山东南坡下，是南朝梁武帝为纪念著名僧人宝志禅师而兴建的"开善精舍"，明太祖朱元璋亲自赐名"灵谷禅寺"，并封其为"天下第一禅林"。1983年被定为汉族地区佛教全国重点寺院，是紫金山风景区重要景点。现在的灵谷寺是1928年在原寺址建成的国民革命军阵亡将士公墓，新中国成立后改名为灵谷公园，但习惯上仍称灵谷寺。灵谷寺建于明洪

灵谷寺

武十四年，有用砖石砌成的无量殿（又称无梁殿）；还有灵谷塔和三绝碑等胜境；玄奘纪念堂中供奉玄奘法师坐像，像前的玄奘法师顶骨纪念塔中有玄奘顶骨舍利。

灵谷塔

灵谷塔是南京地区最高最美的八面九层宝塔，它由钢筋混凝土及苏州金山花岗石建造。灵谷塔的原名叫阵亡将士纪念塔，始建于1931年。灵谷塔造形优美，典雅庄重，具有民族风格和特点，得到各界人士的高度评价。据《总理陵园管理委员会报告》记载，在率师北伐、建都南京、统一告成后，1928年国民政府"眷念前劳，凯旋者概予登庸，惨逝者追加抚恤，惟兹阵亡将士杀身成仁，尸骨遍野，忠魂无依，乃拟搜集阵亡将士骸骨，建筑公墓，安慰忠魂。"

灵谷塔

耳闻奇传

一字值千金的故事

"金山晓旭"为杭川八景之首，因而紫金山素有杭州第一名胜之称。旭日东升，站在一天门，极目远眺，紫金山宛如窈窕淑女，上披绿衣，下穿黄裙，腰系彩带，随风飘拂，袅袅欲仙，分外妖娆。

一天门堪称风景胜地，有诗为证：

> 金山高耸绝尘寰，行到山中别有山。
>
> 万籁寂时开一线，山门无锁月常关。

相传，紫金山各寺主持倡议修建一天门，四处募捐。当时名士刘文阁对前来募捐的主持说："我捐3000两黄金。不过，这笔捐款要待一天门修建完毕后，方会兑现。"

一天门修建完毕之日，四方善男信女云聚一天门，观山门胜景。刘文阁也登临一天门，各寺主持大喜，只道是他来兑现诺言捐献3000两黄金的。主持左顾右盼，刘文阁就是不拿出钱来。主持猜测刘文阁或许是忘了诺言，或许是后悔当初的承诺，乃用激将法逼刘文阁表态。刘文阁笑而不语，只见他铺开宣纸，挥毫疾书"第一山"三个大字。众人玩味鉴赏，纷纷拍手叫绝，称这三个字：似猛狮腾跃，如飞龙过岗，若童子拜观音，妙极了！

"我这三个字，权作捐资，如何？"刘文阁微笑着问主持。

"好！一字值千金！多谢施主捐献3000两黄金！"主持喜滋滋答道。于是主持将刘文阁所题"第一山"三个大字叫工匠凿刻于一天门。可惜现在刘文阁所题"第一山"墨宝，已杳无可寻，只留得后人追思。

紫金山奇景——风扇石的故事

从紫金山一天门（南天门）起，绕过十八弯，有一座神奇的天然石，高2米多，宽3～4米，石头中间有条宽2～5厘米的裂缝。在炎热的夏季，从裂缝处会吹出一股凉凉的清风。人们走到这里，累得汗流浃背，自然会坐在这块天然的石头下，背靠石头休息。此时会令人感到清风习习，凉爽无比，心旷神怡。

相传，很久以前，人们传说在紫金山上藏有宝矿。于是，有位从西天来的大法师，身披袈裟，足踏云履，来到紫金山桃源洞下榻。他不是在这里弘扬佛法、普度众生、解天下万民之厄，而是私下偷偷地挖掘宝矿，提炼黄金，据财富为己有，继而雄霸天下。结果，此事惊动了一方土地，土地神急向天庭禀报。玉帝闻报，便派遣太白金星下凡收拾这位法师。这位法师虽然武艺高超，但哪里是太白金星的对手，只七八个回合，便败下阵来，匆忙中变成一块大石坐落在路旁。太白金星一时不知法师去向，疑惑中便发现路旁突然冒出一块巨石，而石头顶上插了一根树干，这根树干很像法师的禅杖。太白金星识破法师的伎俩，手持拂尘挥向这块巨石，巨石分成两半，法师的禅杖就夹在中间，于是这块石头就永远不能愈合，法师性命呜呼哀哉！

这块石头由此便成了天然的风扇石。

行次寿州寄内
（宋）欧阳修

紫金山下水长流，尝记当年此共游。
今夜南风吹客梦，清淮明月照孤舟。

迎銮曲（十首）
（明）边贡

孝陵千树紫金山，王气葱葱碧汉间。
灵殿本无荒草入，扫除霜露始应还。

正觉寺
（宋）陈造

细穿诘曲上高寒，一鹜青冥杳霭间。
栏楯敧浮沧海影，东南重见紫金山。

方壶入眼鲸堪跨，璧月依人桂易攀。

闻说老禅佳寝饭，一生无梦落尘寰。

水调歌头·江山自雄丽

（宋）张孝祥

江山自雄丽，风露与高寒。寄声月姊，借我玉鉴此中看。

幽壑鱼龙悲啸，倒影星辰摇动，海气夜漫漫。涌起白银阙，危驻紫金山。

表独立，飞霞佩，切云冠。漱冰濯雪，眇视万里一毫端。

回首三山何处，闻道群仙笑我，要我欲俱还。挥手从此去，翳凤更骖鸾。

海门第一关——小孤山

走近小孤山

小孤山为安徽省著名的风景名胜之一，1987年安徽省人民政府确定小孤山为省级风景名胜区。素有"海门第一关""长江天柱""江上蓬莱"之美称。被历代诗家学者吟赞为"长江绝岛、中流砥柱"。

小孤山

小孤山，又称小孤矶，在安徽省宿松县东南120里（1里=500米）复兴镇（原套口乡）境内。位于安徽省宿松县城东南60千米的长江中的独立山峰，海拔78米。形态特异，孤峰耸立。以奇、险、独、孤而著称。"东看太师椅、南望一支笔、西观似悬钟、北眺啸天龙"为其最形象的描写。山上有启秀寺、梳妆亭等古迹。因其地势非常险要，为历代兵家必争之地。南宋后，曾在此设立烽火台和炮台，元代红巾军与余阙、明代朱元璋与陈友谅、清朝彭玉麟的湘军与太平军均在此对垒交锋，一争成败，故又有"安庆门户""楚塞吴关"之说。也流传有小姑娘娘、小姑嫁彭郎等民间传说。

身临其境

小孤山无处不景，无景不奇，上有奇花异草，下有长江湍流。据说海潮至此不复往上，故又有"海门山"和"海门第一关"之美称。环山而上层层叠叠，弯弯曲曲，忽而接近波涛，忽而悬空托起，令人一步一个新奇。那奇峰缀怪石，古木裹云衣之景色，则令人顿入神仙福地。山上绿草如茵，茂林修竹，庙宇亭台，层次分明。主要景点有：启秀寺、一天门、御诗碑、梳妆亭、观涛亭等。

启秀寺

启秀寺始建于唐朝，以后进行了扩建和维修。整个建筑群，自山下至山顶，有一天门、弥陀阁、先月楼、半边塔、界潮祠、梳妆亭多处。楼、台、亭、阁数十间，建筑风格各异，均为砖木结构，飞檐翘角，朱柱灰瓦，古朴端庄。寺依峭山，面临大江，宇阁轩昂，极其壮观。

启秀寺

一天门

一天门为清顺治九年宿松前邑宰孟瑄所建。这里有一天然石洞，依山就势，傍洞建了一座古色古香的山门。洞门深处，峭壁高耸，断岩凌空，内有79级石阶，曲径通幽，扶摇直上。上有阳台1座，半入山门，直望云天。旁有蓝烟缭绕，碧苔浮壁，玉树拱合，绿荫如云，故称之为一天门，是直达山腰凌绝顶的唯一门户。

一天门

御诗碑

御诗碑在梳妆亭背后，卧羊石南，原为明嘉靖帝朱厚熜所建，存放在护国寺内，"民国"十五年移置于此。碑甚厚，高约七尺（1尺＝0.33米），正面镌有御诗一章，音节铿锵，字亦庄重遒劲，反面刻有重建御碑记。碑首嵌有双龙环抱的圣旨，碑下镇一石龟，伸头缩颈。碑后紧接龙口，壑险岩危，真是"寒光溜碧空，峻势凌江壤，松挂紫虬髯，石垂玄虎掌"。

御诗碑

梳妆亭

梳妆亭又名牧羊亭，在小孤山绝顶，为宋宝庆二年所建。元代亭渐荒圮，安庆府判李维肃新修，改名一柱，亭内石上刻有"独立华表"四字。明嘉靖重修，始改名梳妆亭，被誉为"小姑"梳妆处。亭有六角三层，结构美观大方。登上亭楼眺望，大江南北，云山迭映，沃野平畴，

梳妆亭

红绿相间，万千景象入眼中，真令人陶醉。

观涛亭

观涛亭又名半边亭，亭建在山悬崖之上，百丈绝壁之下便是江水，观涛亭是观赏拦江石和海眼的最佳处。

耳闻奇传

观涛亭

小姑嫁彭郎

相传，小姑是宿松县一位仙姿绰约，窈窕妩媚的村姑。彭郎是江西浔阳人，他是一个眉清目秀，气宇轩昂的鱼郎。有一天，彭郎解衣扎裤，泛舟江上，轻撒银网，打满了一船活蹦乱跳的金丝鲤鱼，收了网，拢了船，搁了桨，正欲起身上岸时，说也凑巧，一抬眼，突然看见正在江边洗衣的小姑，小姑长得秀丽端正，柳眉杏眼，宛若天仙，他惊呆了。小姑见彭郎相貌堂堂，五官整齐，斯斯文文，一表人才，她顿时羞红了脸，心里怦怦直跳，连忙低头洗衣。彭郎索性把篙一点，把船撑到小姑的旁边，靠了岸，走到小姑身旁，彬彬有礼地问道："请问小姑家住何处？"小姑见彭郎问得诚恳，便伤心地将父母双亡、孤孤单单的生活对彭郎讲了一遍。彭郎听后，伤心落泪，便将自己形单影只悲惨境遇也对小姑说了一遍，小姑听后，更是涕泪满襟。自古惺惺惜惺惺，天下穷人爱穷人。从此，他俩心心相印，情长意浓，不久，他俩跪在江边，撮土为香，凭天为媒，依江作证，结成了一对美满夫妻。

妈祖文化

长江绝岛小孤山启秀寺内千百年来供奉的小姑娘娘实际上就是妈祖。"小姑娘娘"之称来源于小孤山的同音转化。据史料记载，小姑娘娘姓林名默，于建隆元年（960年）庚申三月二十三日酉时出生。父林愿，宋初官都巡检。母王氏，生一男名洪毅，五女。小姑即为第六女。林默平素急公好义，尤其为热心扶危济困、救助海难，受到人们的尊重。雍熙四年（987年）当她为救海难而捐躯之后，乡亲们便给她修了一座庙宇奉祀。从此以后，出海的人们传说在狂风恶浪中，常见到有位红衣女子闪现在桅杆上导航，直到化险为夷。于是，人们就称她为"通灵神女"。这就是地方神祇来保护人间航海安全的最初传说，也就是妈祖信仰发源的历史背景。

吟诗作赋

古往今来，小孤山吸引着无数名流学士。唐代顾况，宋代陆游，明代刘基、解缙均来此游览，留下了许多脍炙人口的诗文。不知有多少文人雅士撰文赋诗，使美丽的"小姑嫁彭郎"这个优美的神话故事更富于诗情画意。

过马当

（唐）徐凝

风波隐隐石苍苍，送客灵鸦拂去樯。

三月尽头云叶秀，小姑新著好衣裳。

小孤山

（宋）谢枋得

人言此是海门关，海眼无涯骇众观。

天地偶然留砥柱，江山有此障狂澜。

坚如猛士敌场立，危似孤臣末世难。

明日登峰须造极，渺观宇宙我心宽。

中国千古奇音第一山——石钟山

走近石钟山

石钟山，中国千古奇音第一山，位于江西省九江市湖口县，长江与鄱阳湖交汇处，是国家级风景名胜区，国家4A级旅游景区，长江下游沿线上的主要景点之一。

石钟山

石钟山海拔61.8米，相对高度40米左右，面积仅0.2平方千米。因山石多隙，水石相搏，击出如钟鸣之声而得名。北宋大文学家苏轼曾夜泊山下，他撰写的《石钟山记》闻名天下，与石钟山相得益彰。

石钟山，实际上不是一座山，而是两座山，都由石灰岩构成，下部均有洞穴，形如覆钟，面临深潭，微风鼓浪，水石相击，响声如洪钟，故皆名为"石钟山"。两山分据南北，相隔不到1000米。南面一座濒临鄱阳湖，称上钟山；北面一座濒临长江，称下钟山，两山合称"双钟山"。

石钟山傲然屹立于长江之岸，鄱阳湖之滨，风景雄奇秀丽。它犹如一把铁锁挂在湖口县门前，号称"江湖锁钥"，自古即为军事要塞。

身临其境

石钟山上古建筑与碑、石刻相得益彰，互相辉映，集楼、台、亭、阁等于一体，是一座典型的江南园林。这里石块具有天然形成的皱、透、瘦、漏、丑等特点，千姿百态，而且石叩之有声，观之出奇。主要景点有江湖两色、昭忠祠、英雄石、碑廊、浣香别墅、桃花涧、梅花厅等。

江湖两色

江湖两色位于江西省九江市湖口县石钟山附近水域（鄱阳湖口），长江与鄱阳

江湖两色

湖在此交汇融合。左侧长江水呈黄褐色，右侧鄱阳湖水显绿黄色。两水交汇，清浊分明，堪称奇观。浑浊的长江之水与清澈的鄱阳湖之水非常分明，大自然绘制出了一幅壮观奇妙的"泾渭图"。

昭忠祠

昭忠祠

昭忠祠建于石钟山顶。清咸丰八年（1858年）彭玉麟等奉上谕建造，分前庑后庑，面对江湖，视野开阔。曾国藩、彭玉麟均有记，并手书碑刻，曾、彭等若干人为祠撰写的长短联达百余幅。祠前辟有广场，祠两侧古樟也是彭玉麟等手植。祠内新创编钟古乐演奏项目，所用编钟系按湖北曾侯乙古墓出土编钟仿制。

英雄石

英雄石

英雄石在上石钟山山麓，昂踞岩石之巅。相传为明代朱元璋大将常遇春与陈友谅交战时，用枪挑放于此。石上，至今还留存着枪刺的痕迹。

碑 廊

从绿荫深处至锁江亭，沿长廊壁间陈列着历代与石钟山有关的名家简介、浣香别墅、唐魏征手书碑刻及宋、元、明、清历代碑刻及石刻，被列为江西省重点文物保护单位。

碑廊

浣香别墅

浣香别墅位于石钟山西北面。前后两幢，前幢名听涛眺雨轩，后幢名芸芍斋。前中有空院。中院两廊墙壁镶嵌有唐代魏

浣香别墅

征，宋代苏轼、黄庭坚，清代郑板桥、彭玉麟、贺寿慈等名人碑刻。

桃花涧

桃花涧

桃花涧又名渔人精舍，取意陶渊明《桃花源记》。洞内有三个不同的"梦"字，为彭玉麟手书。

梅花厅

梅花厅位于石钟山全山最高处，又名六十本梅花寄舫，四周原有梅花60株。

梅花厅

上下石钟山的传说

湖口是个小县城，从空中看这个城市好像只张开双螯的螃蟹，上下石钟山酷似螯，状元府地，正好是城市中心，南北码头好比两目，月亮山就是挺起的背。

传说天上的王母即将寿辰，玉帝为了表示对太太的敬爱之意，一直不知该送些什么礼物。这天正陪太太在后殿闲游之时，风过檐铃，叮咚作响，声音甚是美妙，玉帝顿时喜上眉梢，叫来二郎神，命他于七七四十九天之内，制造两口玉钟，挂于宫殿之桷，以表对王母寿诞之情。

二郎神领命后，驾云游觅泰山之时，只见云底，霞光万丈，不知何物。驾云行至山顶乔装清修老者踱步下山察看，原来是两座冰晶玉山，通体莹光闪闪，发出耀眼的光芒，苦苦寻觅制造石钟的材料找着啦。四十多天过去了，王母寿辰日渐逼近，累得够呛的二郎神再也无力气把这两口巨大的石钟搬到天庭，苦恼中，从泰山之顶蹒跚走下一大汉，只见大汉肩挑千古苍松翠柏，健步如飞直奔二郎神而来。到跟前大汉见二郎神扮着的老者席地而坐，满脸垢尘，形将寿终的样子，停下脚步，上前问话："老人家，你怎么啦？"二郎神心中暗喜，借故答道："大汉，老朽不行啦，你能帮我把这两口巨钟送到泰山之巅，帝王庙吗？"大汉想也没想，挑起了两口大钟上了泰山。谁知，二郎神暗中使法，大汉挑着玉钟朝天庭而来，刚走到鄱阳湖上空时，大汉耳闻脚下一阵美妙琴声，低头一看，见自己脚踏详云，凌空飞行，顿时慌了手脚，一个没留神，掉下了一口玉钟，挑钟的古松柏扁担也打坏了月宫，另一口玉钟也掉了下来，掉下来的两口玉钟化成了如今的上下石钟山，打碎的月宫变成了月亮山，落下的古松柏扁担成了鄱阳湖里的扁担洲。

吟诗作赋

石钟山的文化底蕴十分厚重，自古以来，文人雅士到此山赏景络绎不绝。如唐代李勃，宋代苏轼、陆游，元代文天祥，明代朱元璋，清代曾国藩等。尤以苏轼的诗句《石钟山记》最为著名，郭沫若留诗《登湖口石钟山》于此。

青龙岩
（清）吴用今

青龙风景最清幽，振铎三年始得游；
绝壁有岩皆起阁，归僧无路独乘舟。
千回细径云边转，一道寒溪寺下流；
且喜此身非俗吏，山灵应不厌搜求。

上下石钟山
（清）赵作霖

双岫嵯峨斧削成，探幽心赏亦神惊。
凌空险峭千重出，插地玲珑百态生。

北回归线上的绿宝石——鼎湖山

走近鼎湖山

鼎湖山是岭南四大名山之首，距肇庆市区东北18千米，位于北回归线上，因地球上北回归线穿过的地方大都是沙漠或干草原，所以鼎湖山又被中外学者誉为"北回归线上的绿宝石"，与丹霞山、罗浮山、西樵山合称为广东省四大名山。

鼎湖山

鼎湖山面积1133公顷（1公顷=0.01平方千米），最高处的鸡笼山顶高1000.3米，从山麓到山顶依次分布着沟谷雨林、常绿阔叶林、亚热带季风常绿阔叶林等森林类型。而保存较好的南亚热带森林典型的地带性常绿阔叶林是有400多年历史的原始森林。鼎湖山因其特殊的研究价值闻名海内外，被誉为华南生物种类的"基因储存库"和"活的自然博物馆"。

鼎湖山自唐代以来就是著名的佛教圣地和旅游胜地。676年，惠能高僧的弟子智常禅师在鼎湖山西南之顶老鼎建白云寺。此后，高僧云集这里，环山建起三十六招提，前来朝拜、游览的香客、游人越来越多。

身临其境

鼎湖山林壑幽深，泉溪淙淙，飞瀑直泻，自然风光十分迷人，包括鼎湖、三宝、凤来等10多座山峰。山顶有湖，本名顶湖山。西南坡西溪龙泉坑有水帘洞天、白鹅潭、葫芦潭等8处瀑布。山南麓有庆云寺，西南隅有白云寺，山腰建有日僧荣睿大师纪念碑。

七星岩

七星岩

七星岩由散落在广阔湖区的七岩、八洞、五湖、六岗组成，以山奇水秀、湖山相映、洞穴幽奇见胜。景区内七座挺拔秀丽的石灰岩山峰布列如北斗七星，故名七星岩。它分南北两列，南列由东而西为阆风岩、玉屏岩、石室岩、天柱岩、仙掌岩等，唯阿坡岩独峙北部。两列之间有一土山，山上西有波海楼，东有星湖。

庆云寺

庆云寺

鼎湖山自唐代以来就是著名的佛教圣地。678年，禅宗六祖惠能的弟子智常禅师在鼎湖山西南之顶老鼎创建白云寺。此后，高僧云集，前来朝拜的香客游人越来越多。明崇祯年间，山主梁少川在莲花峰建起莲花庵，第二年又迎来高僧栖壑和尚入山奉为主持，重建山门，改莲花庵为庆云寺，到了清代，庆云寺规模越来越大，成为岭南四大名刹之首。

飞水潭

飞水潭

鼎湖山飞水潭，又名龙潭飞瀑，位于鼎湖山南半山腰、庆云古刹下东侧。 这里，山石嶙峋，瀑布从40多米高的崖顶高处狂奔而来，直往下飞泻，忽而形成千尺飞流，如白练悬空，忽而溅作满空雨花，如轻纱曼舞。瀑布下，如注的水流汇成一泓碧水，中有巨石，上刻"枕流"二字。

水帘洞天

鼎湖山云溪景区的水帘洞天，过"浴佛池"，隐隐听得阵雷轰鸣，沿溪急上，壁上千仞，水帘从30米高处倾下，直冲一泓圆圆的清潭，状如天井，四周青枝绿叶，像天井绿盖，漏下星点阳光，折光照映水雾，段段彩虹，飞瀑落潭，形成激湍漩涡，汹涌澎湃，寒气袭人。最可观的是

水帘洞天

高空水帘飞越飘石下泻，瀑布晶帘飘出，游人可步入晶帘之后，贴崖而过，如入水帘洞中。

宝鼎园

宝鼎园中的鼎名叫九龙宝鼎，高6.68米，口径5.58米，重16000千克，为世界之最。此鼎具有宽大的双耳，外侧各饰10条蟠龙，寓意置立此鼎喜迎新千年的时代。鼎身和鼎足共铸有九条金龙，腾云驾雾，栩栩如生，气势恢宏，安稳地屹立在花岗岩的基座上，象征着中华民族江山社稷永固，稳如磐石。

九龙鼎

姻缘树的传说

当你游览鼎湖山，过了荣叡碑亭以后，走完那九曲十八弯的"曲径云封"石径，便到了写着"此处已无尘半点，上来更有碧千寻"对联的补山亭。在补山亭东南角，有两棵大树。粗略地看是一棵，走近细看却是两棵，离地1米以下好像一个树头，1米以上便分成两枝。靠北面的一棵是木棉，靠南面的一棵是龙眼，再长到约3米高处，又有一个树瘤子把两树连起来，再往上就是两树的枝干了。像一棵树头上长出两棵树，又像一对恋人在那里并着腿拉着手喃喃私语。这就是远近闻名的姻缘树了，也有人叫鸳鸯树。不少的青年男女到此寄托情思，一些善男信女还到此焚香跪拜呢。

传说在很久以前，鼎湖山寺庵众多，香火鼎盛，每天朝拜者络绎不绝。一天，一位年轻的尼姑到鼎湖山受戒，在补山亭上歇息，路遇一位年轻的本山和尚，问路攀谈之间，彼此产生了好感。这两位年轻人都是因为遇到不幸，被迫遁入空门的，再遇知己而又产生了还俗之念，相约回去禀报师长，一同还俗回乡成家。但是在那时的佛教规矩里，尼姑嫁和尚被认为是最伤风败俗的事，因而他们的要求不但没有得到允许，反而遭到了责难。过了不久，这一对年轻人恰巧又在补山亭相遇，互诉衷情后，他们发誓"生不能同居，死也要同穴"，便双双自尽了。后来，好心的人们根据他们的遗愿，把他们合葬在补山亭的东南面。几年以后，在他们的墓上长出了这两棵树。如今微风拂过，枝叶婆娑，好像还能听到这两位年轻人如诉如泣的丝丝细语。

吟诗作赋

鼎湖山自唐代以来就是著名的佛教圣地和旅游胜地，游客络绎不绝，常有游客为其赋诗。

飞水潭

一瀑飞流百尺台，
好峰千古为谁开？
何需借得名人重，
刻石孙文到此来。

庆云寺

山门高耸出凡尘，
名寺重修别样新。
拜佛多为求愿客，
解签都谓半仙人。

姻缘树

双依双附向云天，
共度风霜又百年。
易有连枝同气树，
难寻世上好姻缘。

红色文化

中国革命的摇篮——井冈山

走近井冈山

井冈山，位于江西省西南部，湘赣两省交界的罗霄山脉中段，距吉安市中心城区约130千米，距井冈山市新城区35千米，古有"郴衡湘赣之交，千里罗霄之腹"之称。

中国革命的摇篮——井冈山

相传在东汉年间已经有人在井冈山居住了。秦朝时，井冈山为九江郡庐陵县属地。1927年10月，毛泽东、朱德、陈毅、彭德怀等老一辈无产阶级革命家率领中国工农红军来到井冈山，在此创建了中国第一个农村革命根据地，点燃了中国革命的星星之火，开辟了"以农村包围城市、武装夺取政权"的具有中国特色的革命道路，从此鲜为人知的井冈山被载入中国革命历史的光荣史册。井冈山迄今保存完好的革命遗迹100多处，被誉为"中国革命的摇篮"和"中华人民共和国的奠基石"。

千年的历史变迁，不变的青山秀水，积淀下来的是浓郁的井冈山文化。从1927年红色的铁流在此融汇之后，井冈山焕发出蓬勃的生命力，"星星之火"不仅燃遍了神州，同时凝聚成了不朽的井冈山革命精神，现已成为游览、瞻仰、参观、学习的圣地和进行爱国主义教育和革命传统教育的大课堂。

井冈山，属中亚热带湿润季风型气候，年平均温度为14.2℃，气候宜人，雨量充沛，夏无酷暑，冬无严寒。这里风光秀美，春赏花、夏亲水、秋赏红叶、冬看雪。尤其每年的四五月份是十里杜鹃花傲然开放时节，也是游览井冈山的绝佳时机，还是开展红色拓展培训的极佳地。

身临其境

井冈山——革命山、旅游山、文化山，井冈山风景名胜区集革命人文景观与旖旎的自然风光为一体，革命胜迹与壮丽河山交相辉映。物华天宝钟灵毓秀，绿色明珠流光溢彩，被朱德誉为"天下第一山"。井冈山风景名胜区面积261.43平方千米，分为11个景区76处景点460多个景物景观，分为茨坪、龙潭、黄洋界、主峰、笔架山、桐木岭、湘洲、仙口、茅坪、砻市、鹅岭等11大景区。

茨坪景区

井冈山革命烈士陵园

茨坪景区为井冈山的中心景区。茨坪是当年井冈山革命斗争的中心，坐落在崇山台间的小盆地。主要景点有井冈山革命博物馆、井冈山革命烈士陵园（北山烈士陵园）、井冈山革命斗争旧址群、挹翠湖公园、南山公园、红军谷（五马朝天）等。该景区是井冈山革命遗址最为集中的地方，同时也是井冈山旅游的接待中心。从茨坪到各个纪念地及主要风景游览点都有道路相通。

黄洋界景区

黄洋界哨口

黄洋界景区在井冈山上茨坪镇西北17千米处，海拔1343米，居高临下，扼居山口，地势险要，有"一夫当关，万夫莫开"之险，是井冈山五大哨口之一。毛泽东曾赋诗："过了黄洋界，险处不须看。"1928年8月30日，这里打响了著名的黄洋界保卫战，中国工农红军以不到1个营的兵力打退了敌军4个团兵力的疯狂进攻，创造了以少胜多的首个战绩。毛泽东在欣喜之余，挥笔写下《西江月·井冈山》。游人身临其境，依稀听到当年隆隆炮声。

黄洋界景区

上井红军造币厂旧址

黄洋界景区有黄洋界保卫战旧址、红军挑粮休息处旧址——黄洋界荷树、八面山红军哨口工事旧址、双马石红军哨口工事旧址、雷打石革命旧址、大井革命旧址群、上井红军造币厂旧址、百竹园、荆竹山、领袖峰景区等，景景相扣，层层相叠。

茅坪景区

茅坪景区距茨坪36千米，是井冈山斗争时期党、政、军最高领导机关所在地，是革命旧址较为集中的地方，是保存最为完好的地方，主要有八角楼毛泽东同志旧居、中共湘赣边界"一大"会址、红四军士兵委员会旧址和陈毅同志旧居、中共井冈山前委和湘赣边界特委旧址（红军医院）、步云山练兵场旧址、中共湘赣边界"二大"会址、红军烈士墓、象山庵等。茅坪景区是进行爱国主义教育和党性教育的理想课堂。这里群山环抱、环境优美、植被完好，美丽的田园风光与井冈山斗争时期遗存的革命旧址旧居融为一体。

步云山练兵场旧址

八角楼毛泽东同志旧居

龙市景区

会师广场

从茅坪向西14千米进入龙市景区。龙市是井冈山革命根据地的中心，是著名的朱毛会师、红四军成立、红四军第二次党代会，以及成立红四军军官教导队的所在地。两军会师后，井冈山的斗争就进入全盛时期。主要景点有井冈山会师纪念馆、会师桥、龙江书院、井冈山会师纪念碑、大型朱毛会师铜像、红四军建军广场旧址、古城会议旧址、井冈山根据地烈士陵园、文星阁、毛泽东旧居、朱德旧居、陈毅旧居等。

杜鹃山景区

杜鹃山景区，又名笔架山景区。笔架山海拔1357米，主要由中峰（扬眉峰）、西峰（望指峰）、东峰（观音峰）三大峰组成。著名的景点景观有七大山峰（石猴峰、望指峰、古柏峰、扬眉峰、观岛峰、孔雀峰、石笋峰）、五大奇观（十里杜鹃长廊、十里台湾松、凌空看日出、观十里云海、珍稀植物）、大小松岛等。

十里杜鹃长廊

凌空看日出

特色美食

井冈山不仅景色秀丽，而且有很多丰富美味的特色美食。如井冈山烟笋烧肉、荷包玻璃鱼、八宝笋、莲花血鸭、兰花小竹笋、石耳炖武山鸡、井冈酥肉、兰花小竹笋、脆皮炸野菜，等等。

滑炒石鸡仁

石鸡（取大腿部位）、鸡蛋清、玉兰片、丝瓜、精盐、味精、白糖、葱白、姜末、料酒、高汤、猪油。滑炒，色泽雅致悦目，咸鲜滑嫩。

滑炒石鸡仁

干煸橘皮丝

干煸橘皮丝

新干橘皮、生姜、干椒、花菜蕊、精盐、味精、食油各适量。干煸，色泽橘红，橘香四溢，香嫩可口。

脆皮南瓜

南瓜、鸡蛋、面粉、精盐、味精、食油各适量。脆炸，色泽金黄，酥香脆嫩。

脆皮南瓜

西江月·井冈山

毛泽东

山下旌旗在望，山头鼓角相闻。

敌军围困万千重，我自岿然不动。

早已森严壁垒，更加众志成城。

黄洋界上炮声隆，报道敌军宵遁。

水调歌头·重上井冈山

毛泽东

久有凌云志，重上井冈山。

千里来寻故地，旧貌变新颜。

到处莺歌燕舞，更有潺潺流水，高路入云端。

过了黄洋界，险处不须看。

风雷动，旌旗奋，是人寰。

三十八年过去，弹指一挥间。

可上九天揽月，可下五洋捉鳖，谈笑凯歌还。

世上无难事，只要肯登攀。

天高云淡——六盘山

走近六盘山

　　六盘山，是我国最年轻的山脉之一。位于宁夏、甘肃、陕西交界地带，呈东南—西北走向，绵延240多千米，平均海拔2500米以上，既是关中平原的天然屏障，又是北方重要的分水岭，黄河水系的泾河、清水河、葫芦河均发源于此。狭义的六盘山为六盘山脉的第二高峰，位于宁夏固原原州区境内，海拔2928米，山路曲折险狭，需经六重盘道才能到达顶峰，因此得名。

六盘山

　　六盘山属中温带半湿润向半干旱过渡带，具有大陆性和海洋季风边缘气候特点，光热资源较少，年均温5~6℃，历来有"春去秋来无盛夏"之说：春来赏醉美花海，夏时享爽爽清凉，秋时尽观层林尽染，冬时尽品水墨画卷。

　　六盘山，自古有"山高太华三千丈，险居秦关二百重"之誉。这里是古丝绸之路东段北道必经之地，是历代兵家必争的军事要塞，也是中原农耕文化和北方游牧文化的结合部，古代多民族聚居之地。秦始皇曾在这里祭拜山岳；汉武帝六临六盘山，观览眺望壮丽的固原河山；成吉思汗曾在此纳凉避暑；六盘山还是毛泽东率领中央红军长征翻越的最后一座大山，并在这天高云淡的景色中，写下了光辉诗篇《清平乐·六盘山》，每当秋风吹起的时候"天高云淡，望断南飞燕"，这旷达抒情的句子总会让人心绪久久难以平静。

身临其境

　　六盘山不仅是一处风景优美的旅游区，也是中国革命史上的一座丰碑。六盘山的森林生态系统、回乡风情、历史文化、近代史上的纪念地等构成了六盘山"清凉世界""丝路古道""回族之乡""红色之旅"的旅游品牌。

六盘山国家森林公园

六盘山国家森林公园

六盘山国家森林公园地处宁夏南部，总面积6.78万公顷，森林覆盖率达80%以上，拥有良好的生态环境和丰富的动植物与昆虫资源，加上深厚的历史文化底蕴，被称为黄土高原上的"绿色明珠"和清凉胜境。六盘山国家森林公园旅游区的自然景观汇集了宁夏乃至西北地区生态旅游之精华。野荷谷、二龙河、鬼门关、凉殿峡、小南川、白云山、六盘山红军长征纪念馆七大景区60多个景点，容纳了中山峡谷、泉溪瀑布、气候天象、森林植物、野生动物、历史文化、民俗风情等多种景观，山光水色各有独特意境，成为消夏避暑、森林探险、科普科考的理想场所。

红军长征纪念亭

红军长征纪念亭

红军长征纪念亭位于六盘山之巅。1935年10月，毛泽东率领的红一方面军长征翻越六盘山，打开了通往陕北革命根据地的最后通道。毛泽东等革命家登上六盘山，即兴写下了《清平乐——六盘山》，从而使六盘山名扬海内外。

须弥山石窟

须弥山石窟

须弥山石窟位于宁夏固原城西北55千米处六盘山北垂的须弥山上，是古"丝绸之路"东段北道的必经之地，是中国十大石窟之一。开凿于北魏中晚期，唐朝时这里已是规模庞大的佛教寺院，保存有132个石窟分布于8个山崖，时称"景云寺"。历经西魏、北周、隋唐各代大规模营造及宋、元、明、清各代修葺，借助神秘的佛教文化色彩，香火盛极1500多年。须弥山石窟是宁夏回族自治区境内最大的石窟群，保存较为完好，有350余尊各代造像。其雕像之美，让人叹为观止，犹如步入了一座宗教与艺术的殿堂。须弥山特有的丹霞自然景观和丰厚的历史、人文景观使人流连忘返。

特色美食

赏天高云淡六盘山，品回乡特色美食。素有"塞上江南"之称的宁夏各族人民，以食大米和春小麦磨制的面粉为主。同时有以羊肉为主的各种肉食，如蒸羊羔肉、手抓羊肉、羊肉泡馍、羊肉粉汤、黄焖羊肉、羊肉串、辣子炒鸡、烧鸡、烧牛肉、羊杂碎等，无不味道鲜美，各具一格。

羊杂碎

羊杂碎

烩羊杂碎，风味独特。其制作方法是：用羊的内脏、头蹄肉经仔细冲洗后，入开水锅煮熟后捞出，切成丝。以原汤下入切好的杂碎丝，加葱、姜、蒜末、辣椒油、味精、香菜，即成烩羊杂碎。那红色的便是辣椒油，绿色的是青葱香菜末，油色下面是乳白色的鲜汤，喝一口鲜汤吃一口杂碎，不膻不腻，味道香醇浓郁。

羊肉炒揪面片

羊肉炒揪面片

将羊肉切成片，把优质面粉揉成面团放在案子上饧好。油锅烧热，肉片炒净水分，放入葱丁、姜汁、蒜片稍煸炒，调入酱油、食盐、花椒水。把醒好的面用手压薄，待水开后将面揪成小方片投入。煮熟，捞入炒肉锅炒入味。加少许鲜汤、时令鲜菜和辣椒油即可。吃起来面片筋韧，其味鲜香，是宁夏的一道名小吃。

水盆羊肉

水盆羊肉

水盆羊肉肉质鲜美，汤香四溢，而又具有较高的营养，具有浓郁的山村气息和民族风味。

题六盘山云

（明）龙膺

策马六盘岭，披裘四月天。氤氲轻似谷，暧黢乱如毡。
高拥群峰失，低迷众壑连。梦疑神女散，赋就大人传。
吹拂双旌绕，翻飞两袖穿。陶园停黯黯，狄舍思绵绵。
台画千秋壮，轩临玉色鲜。浮光曾蔽日，卿霭信非烟。
鸡犬藏秦洞，鱼龙起渭川。卷舒聊共尔，出岫几时还。

过六盘山

（清）牛树梅

陇山何高高，苍茫扶云起。会当绝顶巅，一目极千里。
翠屏障西陲，气势雄三辅。绵亘数使峰，峰峰藏云雨。
日出照长安，世事更今古。借问道旁人，何处题鹦鹉。

六盘山诗

（清）梁联馨

绕径寒云拂步生，巉岏青嶂压孤城。
东连华岳三峰小，北拥萧关大漠平。
山外烟霞闲隐见，世间尘土自虚盈。
劳人至此深惆怅，樵唱悠悠何处声。

清平乐·六盘山

毛泽东

天高云淡，望断南飞雁。
不到长城非好汉，屈指行程二万。
六盘山上高峰，红旗漫卷西风。
今日长缨在手，何时缚住苍龙？

红色政权的摇篮——宝塔山

走近宝塔山

宝塔山，古称嘉岭山，位于延安城东南，海拔1135.5米，为周围群山之冠。因山上建有宝塔一座，故俗称宝塔山。宝塔山上视野开阔，林木茂盛，空气清新，夏季平均气温比市内低3～4℃，是避暑消夏的好地方。

延安，古称"延州"，是我国古代西北的边塞重镇。尤其是在北宋时期，韩琦、范仲淹、沈括等著名将领在此镇守

宝塔山

过，在宝塔山安营设寨，屯兵戍边，留下许多文物古迹。明清时期，庙宇林立。新民主主义革命时期，中国共产党在延安领导中国人民进行了抗日战争和解放战争，延安成为党领导中国革命的大本营和总后方，这座宝塔也成为引领中国革命走向胜利的火炬和航标。这里曾上演过一幕幕金戈铁马保家卫国的壮丽诗篇，是中华民族无数仁人志士魂牵梦绕的地方。"几回回梦里回延安，双手搂定宝塔山"，这是一座革命的山、英雄的山、胜利的山，一座激励着人们坚定信念、勇往直前，走向辉煌的山。

身临其境

宝塔山，是融人文景观和自然景观为一体，历史文物与革命遗址合二为一的著名4A级风景名胜区。登临其上，延安景色尽收眼底，高原风光一览无余。俗话说得好，"登上宝塔山，才算到延安"。

延安宝塔

延安宝塔位于宝塔山之巅。塔高44米，塔基周长36.8米，为八角九级楼阁式砖塔。宝塔底层有南

延安宝塔

北两个拱门，北门额书"俯视红尘"，南门额书"高超碧落"。延安宝塔始建于唐代，距今已有1200多年的历史。1937年，党中央进驻延安后，延安成为领导中国革命的中心和总后方。这座古塔青春焕发，成为圣地的象征，延安的标志，于是便有了"延安宝塔"之称，古老的"嘉岭山"之名也被"宝塔山"所代替。陈毅元帅曾有诗云："延安有宝塔，巍巍高山上。高耸入云端，塔尖指方向。红日照白雪，万众齐仰望……"。登上这巍巍的宝塔，俯瞰延安城全貌，感悟沧桑巨变，远眺沟壑纵横的黄土奇观，领略大自然鬼斧神工。每当夜幕降临，宝塔光芒四射，金碧辉煌，成为圣地的一道亮丽风景。

摩崖石刻

摩崖石刻

摩崖石刻是宝塔山又一著名的景观，占地2864平方米，高6～7米，长260米，崖面上布满了历代文人墨客的手迹。其中最著名的是范仲淹手书"嘉岭山"三个隶书大字。其南约50米处还刻有"胸中自有数万甲兵"，说的是范公用兵如神，也十分珍贵。还有北宋石刻"高山仰止""出将入相""先忧后乐""泰山北斗、一韩一范"等，也是赞誉范仲淹的丰功伟绩。"云生幽处""重岗叠翠""嘉岭胜境称第一"则是明清时期文人墨客为描述宝塔山风光而题刻的。摩崖石刻还有蒋介石为纪念孙中山先生而题的"全民导师"。

此外，宝塔山上还有范公井、烽火台、嘉岭书院、摘星楼、古城墙、古今名人诗词碑、明代铁制洪钟、纪念林等著名景观。

特色美食

延安宝塔山饮食以面食为主，风味美食应有尽有。

发面油饼

发面油饼用发酵后的面粉，再与干面、碱水和在一起饧半小时。擀成二分厚饼，反复烙烤至金黄色出炉即成。食之酥香，松软可口。

发面油饼

黄米馍馍

"黄米馍馍四牙牙，就像一朵金花花，双手捧给心上人，咱俩多会儿成一家。"黄米馍馍形似莲花，大如拳头，酥软香甜，回味无穷。

黄米馍馍

擀面皮

擀面皮是陕西名小吃，烹调方法包括和、洗、擀、蒸、拌，具有"白、薄、光、软、筋、香"的风味特点。

擀面皮

荞面饸饹

荞面饸饹用荞麦制作而成，十分筋道，配以陕北羊肉汤，味道则更显鲜美。

荞面饸饹

小米凉粉

小米凉粉是把熬熟的小米浆在高粱箔子上摊成薄饼，吃时切成细条，调上芝麻、芥末、辣椒油、香油、醋等调味品，凉吃味道甚佳。

小米凉粉

长杂面

长杂面主要原料是豌豆面，即延安人所谓的杂面制作而成，味道独特。

长杂面

吟诗作赋

回延安

贺敬之

心口呀莫要这么厉害地跳，灰尘呀莫把我眼睛挡住了……
手抓黄土我不放，紧紧儿贴在心窝上。
几回回梦里回延安，双手搂定宝塔山。
千声万声呼唤你，——母亲延安就在这里！
杜甫川唱来柳林铺笑，红旗飘飘把手招。
白羊肚手巾红腰带，亲人们迎过延河来。
满心话登时说不出来，一头扑在亲人怀。

二十里铺送过柳林铺迎，分别十年又回家中。
树梢树枝树根根，亲山亲水有亲人。
羊羔羔吃奶眼望着妈，小米饭养活我长大。
东山的糜子西山的谷，肩膀上的红旗手中的书。
手把手儿教会了我，母亲打发我们过黄河。
革命的道路千万里，天南海北想着你……

米酒油馍木炭火，团团围定炕上坐。
满窑里围得不透风，脑畔上还响着脚步声。
老爷爷进门气喘得紧："我梦见鸡毛信来——可真见亲人……"
亲人见亲人面，欢喜的眼泪眶眶里转。
"保卫延安你们费了心，白头发添了几根根。"
团支书又领进社主任，当年的放羊娃如今长成人。
白生生的窗纸红窗花，娃娃们争抢来把手拉。
一口口的米酒千万句话，长江大河起浪花。
十年来革命大发展，说不尽这三千六百天……

千万条腿来千万只眼，也不够我走来也不够我看！
头顶着蓝天大明镜，延安城照在我心中：
一条条街道宽又平，一座座楼房披彩红；
一盏盏电灯亮又明，一排排绿树迎春风……
对照过去我认不出了你，母亲延安换新衣。

杨家岭的红旗啊高高地飘，革命万里起高潮！

宝塔山下留脚印，毛主席登上了天安门！

枣园的灯光照人心，延河滚滚喊"前进"！

赤卫军，青年团，红领巾，走着咱英雄几辈辈人……

社会主义路上大踏步走，光荣的延河还要在前头！

身长翅膀吧脚生云，再回延安看母亲！

敬畏宝塔之光

北岩川

山是炎黄儿女的脊梁，塔是仁爱善念的源泉。

望黄昏之中，延河红霞流淌。

宝塔山上，灵光闪烁。

范公题书，镌刻千年爱国豪情。

烽火之间，摘星如井中取水之从容。

心驰神往，革命的火种从这里复兴。

延安精神在这里汇聚，追赶超越从这里出发。

这束神奇之光，照亮雪山和草地中永不言败的信念。

宝塔之光，

十三年红色岁月的激扬文字，枣园窑洞，指点江山。

宝塔之光，

照亮改革创新的道路，上山建城不再是梦想。

九层之永固，钟声之宏远。

宝塔之光，

在信天游里绽放满城幸福繁华。

两战圣地、红色沂蒙——沂蒙山

走近沂蒙山

沂蒙山，是以沂山、蒙山为地质坐标的地理区域。沂山位于沂蒙山区的东北部，为中国东海向内陆的第一座高山，有"大海东来第一山"之说，素享"泰山为五岳之尊，沂山为五镇之首"的盛名。蒙山位于沂蒙山区腹地，具有独特的山岳景观、森林景观、瀑布景观和人文景观，兼北国山水之雄奇，继江南水乡之灵秀。

沂蒙山

沂蒙山，是古青州海岱文化的重要组成部分，历史上属于东夷文明，是齐文化的代表和翘楚。自古以来名人辈出，有书圣王羲之、智圣诸葛亮、算圣刘洪以及著名书法家颜真卿等。汉武帝曾亲临沂山祭祀，祈求祥瑞。康熙皇帝御题"灵气所钟"，乾隆皇帝巡游山东，赞美"鲁南古城秀，琅琊名士多"，对沂蒙山人才辈出的历史充满溢美之词。

在中国近代史上，沂蒙山与井冈山、延安、太行山、大别山齐名，是中国五大著名的革命老区，沂蒙人民为抗击外来侵略和中国革命的胜利做出了巨大的贡献和牺牲。抗日战争时期，罗荣桓元帅带领八路军东进山东，转战沂蒙，开辟了沂蒙山抗日根据地。抗战胜利后，山东抗日武装几乎全部开赴东北，抢占东北战略要地，奠定了解放战争的第一块基石。解放战争中的孟良崮战役，一举粉碎国民党军队的重点进攻，名震海内外。从沂蒙山发起的淮海战役，朴实的沂蒙人民用小车把革命推过了长江。从渡江战役直至全国解放，沂蒙山一直是强有力的战略后方基地。"百万人民拥军支前，十万英烈血洒疆场"永载史册，他们为新中国的建立立下了卓越功勋。沂蒙山曾被无数革命后人誉为"两战圣地、红色沂蒙"。这里也是著名的山东民歌《沂蒙山小调》、著名的电影《红日》的诞生地。

身临其境

沂蒙山地貌类型多样，北部是绵延起伏的群山，中部是逶迤的丘陵，南部是一望无际的冲积平原，融北国的粗犷风光与南国的鱼米之乡风韵于一体，钟灵毓秀，仪态万千。核心景区面积148平方千米，包含沂山景区、蒙山龟蒙景区、蒙山云蒙景区三个景区，是世界文化遗产齐长城所在地、世界著名养生长寿圣地，现为国家5A级旅游景区、国家森林公园、国家地质公园、国家水利风景区。

沂山风景区

沂蒙山旅游风景区

沂山风景区是沂蒙山旅游区的核心景区。沂山，主峰玉皇顶海拔1032米，被誉为"鲁中仙山"。沂山的历史文化底蕴深厚，源远流长，自古以来，就吸引了大批的帝王将相和文人雅士纷纷前来祭拜并为之赞美，为沂山留下了许多绚丽多彩的历史文化财富。古代十朝十六位皇帝登封于此，留下名垂青史的"东镇碑林"，留存的御碑数量为世界之最。历代大家名士李白、郦道元、欧阳修、范仲淹、苏轼、苏辙，以及明状元马愉、赵秉忠，清朝大学士刘墉等均至此揽胜，留下了大量诗章名句和碑碣铭文。

沂山风景区共分为五大景区，自东向西依次是以东镇碑林、庙宇古建为主的东镇庙景区，以飞瀑流泉、古亭石刻为主的百丈崖瀑布景区，以古寺佛雕、古松名树为主的法云寺景区；以极顶览胜、天然景观为主的玉皇顶景区，以古庙神刹、奇峰怪石为主的歪头崮景区。五大景区交相辉映，具有南险、北奇、东秀、西幽之特点。

蒙山龟蒙景区

蒙山龟蒙景区海拔1156米，为山东省第二高峰，与泰山遥遥相望，被称为"岱宗之亚"，因酷似一神龟伏卧云端而得名。"孔子登东山而小鲁"中的东山即指龟蒙景区。龟蒙景区千峰万壑，云海松涛，泉飞瀑鸣，鸟语花香，一年四季，风景奇妙：春季层峦叠翠，林海花潮；夏季飞瀑流水，云雾缥缈；秋季漫山碧透，红叶映照；冬季银装素裹，玉琢冰雕。为世界养生长寿圣地，是生态旅游、运动休闲、养生度假的理想场所。主要景点有东鲁在望、瞻鲁台、玉皇殿、小鲁亭、孔子小鲁碑、观云亭、蒙山度假村、蒙山转播台、观日峰、玉柱峰、群龟探海、海誓山盟石等。

蒙山龟蒙景区

蒙山是"东夷文化"的发祥地之一，自古一直为文人墨客、帝王将相所瞩目。周朝起，蒙山被封国祭祀。李白、杜甫同游蒙山留下"醉眠秋共被，携手日同行"的佳句，苏轼"不惊渤海桑田变，来看云蒙漏泽春"，明代文学家公鼐作《蒙山赋》等诗篇，都对蒙山颂扬备至。蒙山以道教最为兴盛，道佛共修，向有"三十六洞天，七十二古刹"之说。道教早期的重要人物春秋时期的老莱子、战国时期鬼谷子、汉朝史学家蔡邕等曾隐居此山。

蒙山云蒙景区

蒙山云蒙景区位于蒙山之阴，是沂蒙山区好风光的典型代表。大云蒙峰尖峭高耸，矗立于山脊云海之上，秀丽奇绝，峰顶有神龟望月、夫妻石等景点。登上大云蒙峰，可尽览蒙山无限风光。明代公鼐有诗赞曰："蒙山高最是双峰，上有烟云几万重。我欲峰头一伫立，却从天外数芙蓉。"云蒙景区自然景观和人文景观十分

蒙山云蒙景区

丰富，名胜古迹颇多。自然景观有中国瀑布、水帘洞、后花园、观峰台、百丈崖、蒙山石林、神蚁台和云蒙湖等；人文景观有二郎帽子山、铁拐李葫芦谷、雨王庙、戏仙台等。

特色美食

沂蒙山，永远是一块古老神奇的文化沃土，这里的美食也应有尽有。

蒙山光棍鸡

排在第一位的美食要数"蒙山光棍鸡"，主要取材是蒙山家养的草公鸡，加上精选的各种香料，香料和鸡肉形成了绝妙的搭配。色泽红亮、汤汁浓郁、肉质弹韧、鲜香醇厚、留香持久。

蒙山光棍鸡

红烧兔首

第二大名吃要数蒙山"红烧兔首"，选用上等的兔头，在注重色香味调配的前

提下，遵循中医养生保健原理和现代营养学的有关原理，精选10余种蒙山纯天然中药材，经过10余道工序炮制完成，色泽诱人、浓香扑鼻、风味独特，素有"闻闻欲食，食之思味，味浓而美，百吃不厌"的赞誉，被评为"山东地方名小吃"。

红烧兔首

煎 饼

煎饼

第三大名吃蒙山煎饼，是沂蒙山区民间传统家常主食，也是久负盛名的地方土特食品。《舌尖上的中国》有介绍，是难得的一款包容性极强的美食，根据所卷的食材不同，而呈现不同的口感。

吟诗作赋

蒙山丰富的自然资源，蕴育了浑厚的文化内涵，历代帝王将相、文人墨客驻留蒙山，吟诵蒙山。

望蒙山
（明）胡缵宗

蒙山向日鲁衿喉，翠黛长连紫气浮。
铁锁万年悬鸟道，石梁千仞惹猿愁。
海邦控带形非昨，谷镇兴衰事已休。
晴昼卷帷时骋望，忽惊身是大东游。

蒙山叠翠
（明）公跻奎

名山高并已无多，此去遥天能几何。
雨过烟光明翠黛，日斜树色映青骡。
斗牛森列仙峰近，虎豹参差鸟道讹。
安得拂衣凌绝顶，白云丛里发长歌。

登蒙山

（清）公谷

仗抵中峰日已西，攀缘疑与碧天齐。

抱崖苔积石尖没，压轴云来松径迷。

花放锦茵排远近，泉飞白练挂高低。

千岩万壑真如绘，不羡长康叹会稽。

过蒙山

（清）爱新觉罗·弘历

幸未巡江南，路径东蒙东。

兹因驻泉林，取道鲁附庸。

乃在蒙羽阳，颛臾考古封。

回首望云岩，崔巍扶郁葱。

升仙传贺亢，躬稼忆承宫。

是时春雪霁，半积半已融。

其阴积必多，前况想像中。

山灵许借问，何以巧遇同。

抗战名山——四明山

走近四明山

四明山，又称金钟山，位于浙江省宁波余姚境内，平均海拔700米左右，多低山丘陵，丛林茂密，青山碧水，云蒸霞蔚，有中国第二庐山之称。因其大俞山峰顶有个"四窗岩"，日月星光可透过四个石窗洞照射进去，故称"四明山"。

四明山

抗日战争时期，以四明山为中心的浙东敌后抗日根据地是华中抗日的东南前哨阵地。在中共浙东区委的领导下，经历大小战斗600多次，解放同胞400余万人，抗日武装力量迅速发展壮大为10000多人的新四军浙东纵队。解放战争时期，四明山是中国南方七大游击区之一，是浙东纵队的主要活动区，为全国的解放战争胜利做出了不可磨灭的贡献。如今的四明山，作为革命圣地，吸引着无数仁人志士常去参观学习，缅怀先烈，聆听历史的回音。

身临其境

四明山以及整个宁波大地，历来是浙东旅游胜地。四明山作为抗战名山，被评为中国红色旅游经典景区，以红色四明，绿色家园为主要特色。

四明山国家森林公园

四明山国家森林公园位于四明山腹地，多低山丘陵，山峰起伏，古木参天，山崖巨石常现于苍松翠柏之间。气候四季分明，光照充足，雨量充沛，夏季凉爽，被誉为天然"氧吧"。这里山脉纵横，形成了众多的溪涧和瀑潭，其中黑龙潭由三级瀑布组成，潭水碧绿，清澈见底，卵石

四明山国家森林公园

游鱼历历在目。公园内可晨观日出，夕眺晚霞，阴看云海蜃楼，冬赏雪景雾凇，这里日益成为东南都市群落一块难得的绿海幽园。

四明湖

四明湖

四明湖位于四明山下，属于高山平湖，面积近20平方千米，是杭州西湖的两倍。湖中大小岛屿点缀其间，碧波荡漾，湖光山色交相辉映。有诗赞道："尽说西湖足胜游，环湖谁信更清幽。红光长照九洞天，翠微深处五桂楼。凤鸣狮吼震神州，革命雄碑万代流。入神景物谁能状，千古诗人咏不休。"四明湖一带山光水色，风景如画，环湖名胜古迹众多，有浙东第二藏书楼——五桂楼、白水宫等风景名胜，以原始、秀丽、自然的风光成为久居都市的人们向往的休闲度假胜地。

巍巍四明山，不仅以山水风光闻名，更以其不朽的历史功绩流芳于世。

四明山革命烈士纪念碑

浙东（四明山）抗日根据地旧址

以余姚梁弄为中心的浙东（四明山）抗日根据地旧址，是全国19块根据地之一。曾有无数革命志士在这里抛头颅洒热血，留下了中共浙东区委旧址、浙东行政公署旧址、新四军浙东游击纵队政治部旧址、新四军浙东游击纵队司令部旧址等10余处红色革命遗迹，创造了中国共产党带领人民抗日救国、拯救民族危难的光辉历史。由此，四明山成了"抗战名山"，梁弄被称之为"浙东小延安"。

四明山革命烈士纪念碑坐落在风光旖旎的四明湖畔狮子山上，是为纪念浙东抗日战争和解放战争时期的革命先烈而建造的。碑园占地85亩（1亩=667平方米），建筑面积7780平方米，于1973年动工兴建，历时5年竣工。整块碑由汉白玉、大理石砌成，碑高18.5米，碑正面有郭沫若题写的"革命烈士永垂不朽"八个镏金大字。阶梯共7层319级，建筑构思别具匠心。走上第二层阶梯，是烈士事迹陈列室的广场。拾级而上第三层共21级，象征着伟大的中国共产党在1921年成立；第四层共49级，蕴含中国革命在中国共产党的领导下经过长期艰苦卓绝的斗争在1949年解放了全中国。整座纪念碑气势雄伟，与连绵的群山遥相呼应，先后被列为全国爱国主义教育基地和全国重点烈士纪念建筑物保护单位。

特色美食

四明山饮食文化历史悠久，风味独特，主要品种是浙东沿海一带具有宁帮风味特色的菜肴。烹调讲究鲜嫩软滑，菜味鲜咸合一，注重原汁原味。余姚是"中国杨梅之乡""中国菱白之乡""中国高山云雾茶之乡"。

笋干肉

笋干肉做法是把五花肉切块，油放在锅里烧热，下肉炒干水分，加料酒，炒干，加老抽少许上色，加泡好洗净切成粗丝的笋干，再加生抽，炒匀，加水，淹没肉，烧开，然后用砂锅或铁锅用很小的火（保持水似开非开的状态），烧1~2小时，大火收干水，加盐、胡椒、少许味精，放一点点糖。此菜笋干香，肉软烂，酱红色，味鲜香，回味悠长。

笋干肉

番薯枣子

四明山多产番薯，做番薯枣子的番薯要到霜降以后开挖，在地上摊放20~30天，这样的番薯甜度高，水分少。番薯枣子是充分利用小番薯经传统手工碳烤制作而成，模样形如大枣。番薯枣子可储藏备用，馈赠亲友，类似果脯，口味极佳。

番薯枣子

余姚杨梅

余姚杨梅名扬天下，肉质细软、甜多酸少、颗大核小、汁多味浓、香甜可口，含有丰富的糖类、果酸、维生素C及多种维生素。杨梅以鲜食最佳，可制成干果、饮料、酒。

余姚杨梅

茭白炒鱿鱼

茭白炒鱿鱼

茭白以丰富的营养价值而被誉为"水中参"，质地鲜嫩，味甘，被视为蔬菜中的佳品，而鱿鱼是海鲜，茭白炒鱿鱼的口感很好，而且营养也是相当的丰富，是吃货们的一个选择。

吟诗作赋

四明山不仅是"佛道之山""红色之山"，也是"文学之山""诗歌之山"。唐代诗人似乎特别钟爱四明山和宁波大地。骆宾王、李白、杜甫、刘禹锡、元稹……从初唐到晚唐，有160多位诗人写过以四明山为主的宁波大地的赞美诗。四明山因此成为"唐诗之路"的重要组成部分。

早望海霞边

（唐）李白

四明三千里，朝起赤城霞。

日出红光散，分辉照雪崖。

一餐咽琼液，五内发金沙。

举手何所待，青龙白虎车。

奉和鲁望四明山九题·青棂子

（唐）皮日休

山风熟异果，应是供真仙。

味似云腴美，形如玉脑圆。

衔来多野鹤，落处半灵泉。

必共玄都奈，花开不记年。

同诸隐者夜登四明山

（唐）施肩吾

半夜寻幽上四明，手攀松桂触云行。

相呼已到无人境，何处玉箫吹一声。

登四明山

（宋）黄巨澄

会稽东南秀，四明名更佳。

蜿蜒三百里，惨淡青莲花。

伊昔天地初，山川始萌芽。

六丁挥神斧，斸削如人家。

四牖遗古制，玲珑吐云霞。

侧闻刘樊徒，於此鍊丹砂。

耕烟种青棵，结实大如瓜。

挥手谢众士，身登凤凰车。

至今石窗底，青天守龙蛇。

玉女四五人，绿鬓垂鬖髿。

时来听潺湲，意态静不哗。

我夜闯其劳，月黑星如麻。

顾惭无灵气，怅望空咨嗟。

英雄之山——狼牙山

走近狼牙山

　　狼牙山，坐落于河北省保定市西北约50千米的易县境内，西南、东北走向，面积约225平方千米，共有五坨三十六峰组成，主峰海拔1105米，属太行山脉。狼牙山原名郎山，相传汉武帝的孙子刘郎为躲避"巫蛊之狱"避难于此而得名。因其群峰峥嵘险峻，参差迭起似狼牙，又称狼牙山。"狼牙竞秀"为古易州十景之一。

狼牙山

　　狼牙山是一座雄险奇伟、景色秀丽的名山，早在2000多年前的战国时期，"狼牙竞秀"就是当时燕国十景之一。但是，真正使它名闻海内外的是发生在70多年前一段可歌可泣的英雄壮举。抗战期间，日军扫荡狼牙山，为掩护主力部队撤退，八路军战士马宝玉、葛振林、宋学义、胡德林、胡福才5人，与敌军激战5小时，重创日伪军600余人，最后弹尽路绝，宁死不屈，毁掉枪支，纵身跳下悬崖，谱写了一曲惊天地、泣鬼神的壮士悲歌。"巍巍燕山高，潇潇易水寒。英雄五壮士，威震狼牙山。"狼牙山是一座英雄山，是红色爱国主义教育的基地。

身临其境

　　狼牙山为典型的喀斯特地貌，由5坨36峰组成，以峻、险、奇、雄闻名，风光秀丽独特，可以春看山花夏感绿，秋赏红叶冬观雪，不同季节，景色各异。其中地貌景观资源主要有：郎山竞秀、红玛瑙溶洞、小鬼脸、阎王鼻子、天井（饮虎池）、棋盘坨、回音谷、北方石林、金蟾、风动石、南天门、西石门、仙人桥、一线天等10余个自然景观。狼牙山是历史名山，文化底蕴深厚。山上遍布庙宇、古洞，传奇众多。三教堂同时供奉儒、道、佛三祖——孔子、老子、如来，堪称中华奇观。游客在接受爱国主义教育的同时充分体会大自然的鬼斧神工和人文环境的熏陶，是集教育、休闲于一体的旅游观光胜地。

棋盘坨

棋盘坨为狼牙山的主要山峰之一。"棋盘坨高数里，四周高峰，一径可入，上有石棋盘，又有三池，清泉不竭。"（《易县志稿》记载）。在通往主峰棋盘坨顶峰的一处悬崖旁，有一块天然形成的酷似棋盘的岩石，约三尺见方，石面纹理纵横。传说孙膑与其师傅鬼谷子常在此布棋为乐，棋盘坨因此而得名。坨底部的西水寨，西南侧的峨眉山、众军山，皆为古

棋盘坨

战场。由西水寨攀登，可达西天门，径路两侧山体如刀削斧劈，石笋如宝瓶。西天门附近，有红玛瑙岩溶洞，钟乳石千姿百态，暗河长流。过了西天门，有多处奇峰、怪石、洞穴。如棒槌崖、黄罗伞、老虎洞、老虎嘴、饮虎池、相思谷、仙女泉、无底洞、镇妖石。沿2900级登天梯石阶，达棋盘坨，坨顶建狼牙山五壮士塔，塔西的小莲花峰，即五壮士跳崖处。据《易县志稿》载，坨西南的众军山下为马兰洞，人不能入。其南为黄伯阳洞，另有倒挂莲花洞，为明朝燕王朱棣屯军处。坨北有天险阎王鼻子，小鬼脸山势险要非贴壁不可逾越。

老君堂

老君堂即汉武帝太子刘据之子避难处，郎山之名由此得来。在褡裢峰半山腰，依天然山洞而建，供奉道教的太上老君，因建于悬崖，又称悬空寺。传燕昭王好仙道，曾派人在此建殿炼丹。到老君堂，先要过仙人桥，为两崖间一木板桥，行其上，摇摇晃晃，飘飘欲仙。崖下幽谷，深不可测，传为道士们超度升天之地。过桥后，有拱形月亮门，门口一清泉，常年清澈不竭。月亮门内即老君堂，院内有米墙、黄瓦殿宇及斋房数间，建在万丈悬崖，地势险要。1941年9月八路军在狼牙山阻击日军，一分区一团七连掩护数万名干部、群众突围的指挥部设在老君堂，指挥棋盘坨、姑姑坨及老君堂附近抗击日军的战斗，爱国道士石海中曾于此巧斗日本兵，并保护军用物资。1943年在秋后反"扫荡"中，他还在此照料杨成武养病。

壮士纪念塔

抗日战争时期，狼牙山是著名的抗日根据地。1941年8月，日军对根据地实行空前规模的大"扫荡"。9月24日，日军3000多人在飞机、大炮掩护下，进攻狼牙

壮士纪念塔

山一带，企图一举消灭晋察冀一分区领导机关和主力部队一团。为确保主力部队安全转移，班长马宝玉、副班长葛振林和战士胡德林、胡福才、宋学义5人开枪将敌人引上狼牙山棋盘陀顶峰的山顶绝路，并利用有利地形猛烈还击敌人的连续冲锋。至弹尽，仅存一手榴弹，他们继续用石块砸敌人。当敌人迫近，他们将最后一颗手榴弹投入敌群，纵身跳下悬崖。五壮士跳崖后，马宝玉、胡德林、胡福才壮烈牺牲，葛振林、宋学义被悬崖上的树枝挂住而得救。为继承和发扬五壮士的英雄主义精神，1942年1月，边区政府在棋盘陀峰顶建造狼牙山五壮士纪念塔。1943年该塔曾被日军破坏。1958年重建，至今犹存。五壮士在狼牙山英勇顽强、宁死不屈的革命壮举，壮了军威、壮了国威，已成为全民族共有的极为珍贵的精神财富。

特色美食

在狼牙山，游客们不仅可以欣赏到英雄山的雄伟壮观、秀丽风景，还可以品尝到原汁原味的乡村美食：烤全羊，柴锅炖鸡，烤山鸡、柴鸡，烤野兔，贴饼子，新鲜野菜，等等。

烤全羊

烤全羊选用的是狼牙山特有的山羊，辅以多种中草药秘方，木炭烤制，外表金黄油亮，焦黄发脆，肉质鲜嫩，清香扑鼻。

烤全羊

烤山鸡

烤山鸡是用山鸡为主料制作的一道美食，辅料有生菜、洋葱、盐、味精、酱油、白砂糖、甜面酱、胡麻油、香油、胡椒粉、姜等。色红明亮，味咸适口，香而不腻。

烤山鸡

贴饼子

贴饼子

贴饼子又叫"锅贴",是一种常见的当地主食。用玉米面或小米面做成,贴在锅的周围烤熟的圆形的厚饼。香、酥、脆,营养价值高。

沁园春·狼牙山
白山子

抗战名山,易县西屏,仞拔翠葱。看狼牙交错,千峰竞秀,山花叠彩,万壑从容。巨石凌空,飞流戏谷,日月灵光映壁松。循顶处,匿蛮荒野径,草掩林封。

专程远道寻踪,游赤地豪情荡在胸。感舍生守土,一腔血热,驱顽阻敌,五勇碑雄。为国捐躯,高巅立塔,雨过青峦现彩虹。心铭责,共华兴路上,鼓急旗红。

七律·狼牙山
群峰挺拔似狼牙,骄日君临雾落纱。
壑陡生幽藏玉涧,岩高竞秀捧心花。
长伸魔爪惊飞鸟,纵跳雄姿壮绝崖。
但看丰碑云宇立,光辉映照满天霞。

下 篇

自然之美

高原雪山

世界最高峰——珠穆朗玛峰

走近珠穆朗玛峰

珠穆朗玛峰位于中国西藏自治区与尼泊尔国交界处的喜马拉雅山脉中段，北纬27° 59′ 15.85″，东经86° 55′ 39.51″，北坡在中华人民共和国西藏自治区的定日县境内，南坡在尼泊尔国境内。

珠穆朗玛峰（一）

珠穆朗玛峰是喜马拉雅山脉的主峰，其山体呈巨型金字塔状，威武雄壮昂首天外，地形极端险峻，环境非常复杂。雪线高度：北坡为5800～6200米，南坡为5500～6100米。东北山脊、东南山脊和西山山脊中间夹着三大陡壁（北壁、东壁和西南壁），在这些山脊和峭壁之间又分布着548条大陆型冰川，总面积达1457.07平方千米，平均厚度达7260米。冰川的补给主要靠印度洋季风带两大降水带积雪变质形成。

珠穆朗玛峰不仅巍峨宏大，而且气势磅礴。在它周围20千米的范围内，群峰林立，山峦叠嶂。仅海拔7000米以上的高峰就有40多座，较著名的有南面3千米处的"洛子峰"（海拔8516米，世界第四高峰）和海拔7589米的卓穷峰，东南面是马卡鲁峰（海拔8463米，世界第五高峰），北面3千米是海拔7543米的章子峰，西面是努子峰（7855米）和普莫里峰（7145

珠穆朗玛峰（二）

米）。在这些巨峰的外围，还有一些世界一流的高峰遥遥相望：东南方向有世界第三高峰干城章嘉峰（海拔8585米，尼泊尔和印度锡金邦的界峰）；西面有海拔7998米的格重康峰、8201米的卓奥友峰和8012米的希夏邦马峰。形成了群峰来朝，峰头汹涌的波澜壮阔的场面。现山峰最高的高度为8848.2米。

身临其境

珠穆朗玛峰，峰高势伟，地理环境独特，峰顶的最低气温常年在零下34 ℃。山上一些地方常年积雪不化，冰川、冰坡、冰塔林到处可见。峰顶空气稀薄，空气的含氧量只有东部平原地区的四分之一，经常刮七八级大风。十二级大风也不少见。风吹积雪，四下飞舞，弥漫天际。

珠峰大本营

珠峰大本营，是为了保护珠峰核心区环境而设立的保护地带。它位于海拔5200米处，与珠峰峰顶的直线距离约19千米。它是名震世界登山界的知名大本营，云集了肤色各异的珠峰挑战者。这里是攀登珠峰的补给站，更是国人心中的骄傲。

珠峰大本营

绒布冰川

绒布冰川上有千姿百态、瑰丽罕见的冰塔林、冰茸、冰桥、冰塔等，它们千奇百怪，美不胜收。又有高达数十米的冰陡崖和步步陷阱的明暗冰裂隙，纵横交错，叹为观止。此外还有险象环生的冰崩、雪崩区。

绒布冰川

绒布寺

绒布寺全称"拉堆查绒布冬阿曲林寺"，属西藏宁玛派寺庙，是一个富有地方特色的僧尼混居寺。绒布寺始建于1899年，由红教喇嘛阿旺丹增罗布创建。它位于珠峰北麓的绒布冰川末端，海拔5154米，距珠峰峰顶约20千米。

绒布寺正门　　　　　　　　　　绒布寺远景

耳闻奇传

珠穆朗玛峰自古以来因为它的神秘与圣洁而为人们所向往与追求。而关于珠穆朗玛峰有许多口口相传的趣闻轶事也一代一代的流传下来，在此只是列举其中一二。

祥寿五仙女传说

相传很久以前，珠穆朗玛峰附近还是一片无边的大海，山脚下花草茂密、蜂蝶成群。一天，突然来了一个五头恶魔，想要霸占这片美丽的地方，它把大海搅得恶浪翻滚，并毁坏森林，摧残花木。一时间，一个富饶肥沃的地方变得乌烟瘴气，满目疮痍。正当鸟兽走投无路、坐以待毙时，从东方漂来一朵五彩祥云，变成五部空行母，她们施展无边法力，降伏了五头

珠穆朗玛峰（三）

恶魔。从此，大海变得风平浪静，生活在这里的众生都万分感激，对仙女顶礼膜拜。

众空行母本想功成后返回天庭，无奈众生苦苦哀求，希望她们能永远留下，降福人间，和众生共享太平。众神女终于同意，她们喝令大海退去，使东边变得森林茂密，西边出现良田万顷，南边草肥林茂，北边牧场无限。五位仙女也变成喜马拉雅山脉的五大高峰，驻扎于人间大地，其中排行第三的仙女长得最高、最俊俏——她就是珠穆朗玛峰。

降服魔龙救世的传说

在一个美丽的小村庄里，住着一群善良的人，珠穆朗玛峰姑娘就是其中的一个。她美丽、善良、正直，拥有人世间的一切美德。

一天晚上，天气忽然变冷，一条被困在地下3000年的魔龙冲破了地狱之门，

来到人世间残害百姓。它把村民的房子掀掉，又把所有的牲畜吃掉，还把村民变成了一座座石像。由于珠穆朗玛峰姑娘正好外出采茶，所以躲过了这一劫。当珠穆朗玛峰姑娘回来时，看到眼前这一惨景，悲愤欲绝。她忽然想起阿爸说过，山海关外的天山上有一座天池，天池中央有一朵圣洁的雪莲花，雪莲花中有清澈的圣水，而这圣水，便是降妖伏魔之神物，可以拯救众生。于是，珠穆朗玛峰姑娘便踏上了远去的路。

珠穆朗玛峰（四）

一路上，她机智地躲过老虎的追击，用美妙的歌声打动死神……一个又一个的困难终于被她闯过了。她将圣水装入头顶上的碗中，又将三碗神水顶到头上，轻盈的洒落于世间的每一个角落。奇迹发生了：村庄恢复了原来的容貌，恶龙消失了，世界变美丽了。珠穆朗玛峰姑娘兴奋地跳起了顶碗舞，那婀娜多姿的舞姿，净化了人们的心灵。突然，她像一朵鲜花掉落了似的，轻轻地倒在了地上，此时的她已是精疲力尽，慢慢地，她变成了一座高耸入云、巍峨挺拔的山峰。

她，就是世界上海拔最高的珠穆朗玛峰，因为她舍身救人的精神感动了天地，天赐予她比天还高，地赐予她比地还厚，所以，至今也没有一座山会超过她神圣的高度。

吟诗作赋

西藏地区古时候称呼不同，唐时称"吐蕃"，明为"乌斯藏"，清分为"卫""藏"等部，气候恶劣、道路艰险，自古汉人涉足较少，有所记录也常与政治、佛法有关，专门描写藏区风光的诗作不多。千百年来，珠穆朗玛峰因为其独特的地理位置以及神秘的异域风情为人们所向往。

吐蕃别馆和周十一郎中杨七录事望白水山作

（唐）吕温

纯精结奇状，皎皎天一涯。

玉嶂拥清气，莲峰开白花。

半岩晦云雪，高顶澄烟霞。

朝昏对宾馆，隐映如仙家。

夙闻蕴孤尚，终欲穷幽遐。

暂因行役暇，偶得志所嘉。

明时无外户，胜境即中华。

况今舅甥国，谁道隔流沙。

珠穆朗玛（歌词）

（词）李幼容　　（曲）臧云飞

你高耸在人心中

你屹立在蓝天下

你用爱的阳光抚育格桑花

你把美的月光洒满喜马拉雅

我多想弹起神奇的弦子

想你倾诉着不老的情话

我爱你珠穆朗玛

心中的珠穆朗玛

你走进亲人梦中

你笑在高原藏疆

你那堂堂正气闪着太阳的光华

你用阵阵清风温暖大地妈妈

我多想挑起热情的锅庄

为你献一条洁白的哈达

献给你珠穆朗玛

圣洁的珠穆朗玛

世界第二高峰——乔戈里峰

走近乔戈里峰

乔戈里峰，塔吉克语"高大雄伟"之意，海拔8611米，位于中国和巴基斯坦边界，坐落在喀喇昆仑山的中段，北纬35.53°，东经76.31°。属中国的一侧，位于新疆维吾尔自治区塔什库尔干塔吉克自治县境内。

乔戈里峰（一）

乔戈里峰是喀喇昆仑山脉的主峰，海拔仅次于珠穆朗玛峰的山峰，国外又称K2峰，在登山界被誉为"最凶险的山峰"，被公认为是最难攀登的8000米级山峰，由于攀登难度非常大，因此登顶乔戈里峰的人往往也能获得更多的尊敬，是登山者心目中最高的精神圣地。20世纪著名的登山家意大利人莱因德·梅斯纳尔（Reinhold Messner）在1979年攀登乔戈里峰以后，心怀敬畏的将其称为"山中之王"。

作为中国的第二高峰，整个20世纪，没有中国人成功登上乔戈里峰峰顶。直到2004年7月27日西藏登山探险队于当地时间6时50分（北京时间9时50分）登顶成功。

身临其境

乔戈里峰主要有6条山脊，西北—东南山脊为喀喇昆仑山脉主脊线，同时也是中国、巴基斯坦的国境线。此外还有北山脊、西山脊、西北山脊、西南山脊。

乔戈里峰（二）

乔戈里峰峰额呈金字塔形，山势险峻，冰崖峭立。在陡峭的坡壁上布满了雪崩的痕迹。北侧平均坡度达45°以上，如同刀削斧劈。从北侧大本营到顶峰，垂直高差竟达4700米，是世界上8000米以上高峰垂直高差最大的山峰。北侧的冰川叫乔戈里冰川，地形复杂多变，表面破碎，明暗冰裂缝纵横交错，西侧山谷为陡峭岩壁，冰崩、雪崩、滚石频繁。乔戈里峰两侧，就是中国最长的音苏盖提冰川，长达

44千米。

乔戈里峰地区不仅地形险恶，而且气候也十分恶劣。每年5月至9月，西南季风送来暖湿的气流，形成雨季，往往造成河谷水位猛涨。9月中旬以后至第二年4月中旬，强劲的西风带来严酷的寒冬。峰顶的最低气温可达零下50℃，最大风速25米／秒以上，是登山的气候禁区。

乔戈里峰进山路线是我国目前开放山峰中最长的路线，登山活动的最佳时机应安排在5月至6月初进山，此时河水虽涨，但不太严重。7月至9月，山顶气温稍高，好天气持续时间较长，是登顶的好时间。

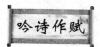

喀喇昆仑山不仅雄伟、壮观，而且每座山都有着美好的名字和神奇的传说。

乔格里峰，是举世无双的雪山王子；慕士塔格峰，是举世闻名的冰山公主；马尔洋达坂，在晨雾中像一峰卧着的白骆驼；布仑木沙达坂，在阳光下像一只被惊醒的雄狮；康达尔达坂，在夜幕里像一位全身镶嵌着金星的仙女。

乔戈里峰（三）

传说乔格里峰和慕士塔格峰原是连在一起的，乔格里峰上的雪山王子和慕士塔格峰上的冰山公主相恋了。凶恶的天王知道后，用神棍劈开了这两座相连的山峰，活活拆散了雪山王子和冰山公主这对真挚相爱的人。冰山公主思念雪山王子终日以泪洗面，于是眼泪流成了冰川。雪山王子历经千难万险想见冰山公主而不成，最后只好求助于太阳神。太阳神答应帮助雪山王子，但要求融化雪山王子洁白透明的身体，变成一片彩霞，王子欣然同意。于是，太阳神便在每年夏秋两季太阳落山后，悄悄把雪山王子变成的彩霞留在慕士塔格冰峰上，让公主和王子尽情地享受爱情的欢乐。

慕士塔格峰纯洁高雅，巍峨庄严。塔吉克族的青年把它看作纯洁爱情的化身。

吟诗作赋

我的灵魂走向乔戈里峰

梁北雁

只有一半经纬——

北纬35° 53′，东经76° 31′——不敢直视崇高。

生命在强烈思绪里摇摇欲坠。

裂变的形体，在苍穹如水的侵蚀过程中，
青桐树，微弱的喘息，仿佛历经千百年蹂躏的熔炼。
得道，领悟不了深邃，超越不了时间空间。
渗透着忧伤的月色，渐渐升华。
渐渐地，偏离人性救赎——

只是扭曲的呼喊，撕心裂肺。
伫立，凌冽风中，看不见尘埃姿容，听不懂世俗血液的画质。
缥缈的岩石，是我的灵魂，走向乔戈里峰。
走向躯体枯萎的季节。
质感的泪水，义无反顾地凝聚成直线的蓓蕾，像是暴戾的壁垒。
一直无法逾越。

这至高无上的精度。
这圣典里，赐予出上帝杰作。
就连虔诚的膜拜，猥亵的墓碑，和爱情的瞬息淹没——
歌舞清平，妖媚群欢。
河流另一半，冰川纪融入火鸟娇嫩的挣扎。
礼葬，在摇曳的星光焰火中，曾经的花朵，覆盖极地。

——我一直想爱。
沿着乔戈里峰边缘，有着草地一样温馨。
脆弱的蒙古包毡房，耸立在骨骼的激情信念里，让爱，一直的开花结果。
一直的繁衍灵魂的奇迹。
我本修行人。
生生世世，永不坍塌……

冈仁波齐峰

冈仁波齐峰，山顶高度海拔6656米，是中国冈底斯山脉主峰，也是冈底斯山脉第二高峰，是中国最美的、令人震撼的十大名山之一，位于西藏自治区西南部普兰县北部。藏语意为神灵之山。南侧断层降落到象泉河谷地和玛旁雍错及拉昂错湖盆地。海拔6000米以上冰雪覆盖，分布着28条现代冰川，以冰斗、冰川和悬冰川为主。南坡冰川多于北坡。

冈仁波齐峰（一）

冈底斯藏语称"冈仁波齐"或"岗仁波齐"，意义是雪山之宝。冈底斯圣山是八千万世界之中西方的俄摩隆仁或西方极乐世界之地，是曾诞生八千万贤能并传播佛法的圣地，是赡部洲的地理和文化中心，也是中国吐蕃和象雄地方土生土长的古象雄佛法——雍仲本波佛教的故乡。雍仲本波佛教是藏族的原始佛教，它是为了

冈仁波齐峰（二）

一切众生离苦遇乐、和平世界、救苦救难普度众生的如意宝。

身临其境

神山的神秘之处，在于山的向阳面不知为何终年积雪不化，白雪皑皑；而神山之背面，长年没雪，即使被白雪覆盖，太阳一出，随即融化，与大自然常规刚好相反。巍峨挺拔的神山既有气势雄峻之处，又有幽静肃穆之所，被众多的奇峰环抱，更有那奇妙的岩石、峡谷、灌木、古柏、洁泉、清流。冈仁波齐峰经常被白云缭绕，很难目睹其真容，峰顶终年积雪，威凛万峰之上，极具视觉和心灵震撼力。

玛旁雍错湖

玛旁雍错湖佛教称"圣湖"。每到夏秋季佛教徒扶老携幼来此"朝圣"，在"圣水"里"沐浴净身"以"延年益寿"。

玛旁雍错湖有"世界江河之母"的美誉，是唐朝高僧玄奘在《大唐西域记》中称为"西天瑶池"的地方。

玛旁雍错湖是中国目前实测透明度最大的湖。围绕玛旁雍错湖有8个寺庙，正好分布在湖的四面八方。东有直贡派的色瓦龙寺，东南有萨迦

玛旁雍错湖

派的聂过寺，南有格鲁派的楚古寺，西南有不丹噶举派的果足寺，西北是以五百罗汉修行的山洞为基础建立的迦吉寺，西有齐悟寺，北有不丹噶举派的朗那寺，东北有格鲁派的本日寺。

拉昂错湖

拉昂错湖

与淡水圣湖一路相隔的是咸水湖拉昂错湖。拉昂错湖湖水呈深蓝色，相当咸。周围没有植物、没有牛羊，死气沉沉，没有生机，人称"鬼湖"。一条狭长的小山丘把玛旁雍错湖和东侧的拉昂错湖分开，有一道水渠连接两湖，虽然一向都是干的，但是当地人相信总有一天会有水从玛旁雍错湖流进拉昂错湖，同时会有一条金色的和一条红色的鱼游进拉昂错湖，这样"鬼湖"的水以后就也会变得像玛旁雍错湖一样的清甜了。偶尔在特别特殊的年份，水大的时候，的确有水在水渠里流动。

纳木那尼峰

纳木那尼峰，藏民称之为"圣母之山"或"神女峰"。西面的山脊呈扇状由北向南排列，东面唯一的山脊被侵蚀成刃脊，十分陡峭，形成了高差近2000米的峭壁。相比而言，西面的坡度则较为和缓，峡谷间倾泻着五条巨大的冰川，冰面上布满了冰裂缝和冰陡崖。

纳木那尼峰（一）

纳木那尼峰（二）

耳闻奇传

　　冈仁波齐峰是世界公认的神山，同时被印度教、藏传佛教、古象雄佛法"雍仲本教"以及古耆那教认定为世界的中心。印度人也认为这里是世界的中心。印度教里三位主神中法力最大、地位最高的湿婆，就住在这里。而印度的印度河、恒河的上游都在此发源，所以，它的传说充满了神秘的色彩。

神山起源传说

　　相传，喜马拉雅山系和冈底斯山系是两个很有名望的家族，纳木那尼是喜马拉雅山系中一位美丽出众的女子。一天黄昏，纳木那尼在草原上赶着放牧的羊群回家，听到远处传来一阵悠扬的歌声，渐渐听出这是唱给她的情歌，她不知不觉地朝着歌声的方向走去，走到跟前一看，他就是冈仁波齐。

纳木那尼峰（三）

　　于是，她和他度过了一个美好甜蜜的夜晚。第二年，冈仁波齐带着重礼到了喜马拉雅家族求婚，迎娶纳木那尼为妻，结为幸福的姻缘。

　　这样过了不久，一年一度的赛马节开始了。参加赛马的有冈底斯山系、喜马拉雅山系、昆仑山系、唐古拉山系的数百名骑手。冈仁波齐以精湛的骑术夺得了桂冠，观众们一齐欢呼他的名字。就在他接受姑娘们献来的鲜花时，突然被一个姑娘那双美丽动人的眼睛迷住了，从此，他再也忘不了那双眼睛！为她朝思暮想，一天黄昏，冈仁波齐坐在湖边因思念而伤感的时候，这个女子出现了，原来这个美丽妖娆的女子叫玛旁雍，她是特提斯海龙王的女儿，她因为厌倦海里的生活，喜欢冈仁波齐魁梧英俊，对他施展了所有的魅力，后来他们常常在湖边幽会。纳木那尼始终对丈夫体贴入微，爱之深切、忠贞不贰，刚开始她不在意丈夫的每晚外出，可是这段时间，她发现冈仁波齐郁郁寡欢，脸色很难看。

直到有一天晚上，她去寻找一只丢失的羊来到湖边，发现冈仁波齐正和一位陌生的女子相拥相抱。刚开始她怎么也不相信眼前的事实，顿时觉得天旋地转，心如刀割。纳木那尼用自己的一片真心来感动他，可是冈仁波齐已无法控制住自己，纳木那尼无法挽回丈夫的心，但对他的爱恋丝毫也没有减少。纳木那尼在极其痛苦中产生了这样的念头：出走，回到娘家去，回到喜马拉雅山系的大家族中去。可是要通过巴嘎尔大草原必须在夜间，如果到了黎明还没有走出大草原，黎明神会施用点穴法，收去她的灵魂，使她变成一座山，还原成本样。就在她在巴嘎尔大草原上一步一回头，泪如泉涌，恋恋不舍时，天色渐亮。纳木那尼只觉四肢僵硬得不能动弹，胸脯开始被冰雪包围，全身都变成了石头，都凝固了，她又还原成了白雪覆盖的山峰，孤零零地屹立在天地之间，人们为纪念她，就把此山取名为纳木那尼峰。

冈仁波齐清早发现妻子不在身边，寻找纳木那尼时也被定化成了山形。与纳木那尼峰隔着巴嘎尔大草原遥遥相望，像是在召唤自己的妻子，又像是在诉说自己的悔恨。玛旁雍也没有逃脱厄运，变成了一个湖泊，即玛旁雍错湖。她就在纳木那尼峰和冈仁波齐大雪山之间，她很想把冈仁波齐峰的目光吸引过来，但醒悟过来的冈仁波齐，不再理她，只是目不转睛、聚精会神地目视着因为自己的过错而出走、离他而去的纳木那尼峰。

吟诗作赋

几个世纪以来，作为神山的冈仁波齐峰，其地位是世界性的。印度创世史诗《罗摩衍那》以及藏族史籍《往世书》《冈底斯山海志》等著述中均提及此山。从这些记载推测，人们对于冈仁波齐峰的崇拜可上溯至公元前1000年左右。每年络绎不绝的，来自印度、尼泊尔、不丹以及我国各大藏区的朝圣队伍们，使得这里的神圣地位不断得以体现并加深。

转山：致冈仁波齐峰

仓央嘉措

如果不能给我一生，
那就给我一年。
如果不能给我一年，
那就给我一天。
如果连一天都舍不得，
那就给我一瞬间，
别人结下四目相对三生缘，

我只祈求电闪雷鸣一眨眼。

如果不能给我青藏高原，
那就给我一座雪山，
如果不能给我一座雪山，
那就给我雪花一片，
掌心的雪花，呵口气就化了。
请允许我绕着空山转一圈，
什么也不带走，
却留下思绪万千。

如果不能给我天堂，
那就给我一座宫殿，
如果不能给我冰清玉洁的圣诞，
那就给我红尘滚滚的人间，
想不到，在人间也有无法挣脱的戒律，
让我度日如年。
其实我的要求并不多呀，
只想你看我一眼，我看你一眼。

南迦巴瓦峰

南迦巴瓦峰，是中国西藏林芝地区最高的山，海拔7782米。为西藏最古老的佛教"雍仲本教"的圣地，有"西藏众山之父"之称。同时，紧邻着的雅鲁藏布大峡谷绕着它转了一个马蹄形的弯，随后向印度洋延伸出去。

南迦巴瓦峰（一）

南迦巴瓦峰还有另一个名字"木卓巴尔山"，其巨大的三角形峰体终年积雪，云雾缭绕，从不轻易露出真面目，所以它也被称为"羞女峰"。南迦巴瓦在藏语中有多种解释，一为"雷电如火燃烧"，一为"直刺天空的长矛"，还有一为"天山掉下来的石头"。后一个名字来源于《格萨尔王传》中的"门岭一战"，在这段中将南迦巴瓦峰描绘成状若"长矛直刺苍穹"。

南迦巴瓦峰地区是一个地跨热带和寒带，不可多得的"自然博物馆"。然而，对于登山家们来说，南迦巴瓦峰又是那样的暴虐。南迦巴瓦峰，语意为"雪电如火燃烧"。

南迦巴瓦峰（二）

南迦巴瓦峰是复式褶皱中一个向北倾斜的短轴向斜构造，山体以片麻岩为主，它主要有三条山脊：西北山脊、东北山脊和南山脊。东北山脊蜿蜒约30千米，直抵雅鲁藏布江岸，脊线上有6个海拔6000米以上的山头凹凸起伏；南山脊2000米处的乃彭峰，海拔7043米，它们之间的山口称之为"南坳"。从乃彭峰分别向东南、西南伸出两条人字形山脊；西北山脊线突出着6936米、7146米两座雪峰。南迦巴瓦峰的三大坡壁大都被冰雪切割成风化剥蚀的陡岩峭壁，以西坡为最。坡壁上基岩裸露，残留着道道雪崩留下的沟溜槽，峡谷之中又布满了巨大的冰川。

直白村

直白村位于雅鲁藏布大峡谷景区深处，是景区内游客乘车可到的最深地点。村庄不大，只有二十多户人家，但却是观看南迦巴瓦雪峰最佳的角度之一，受到众多游客的钟爱。前往直白村，从雅鲁藏布大峡谷乘坐景区区间车即可，村内有一些当地人开设的藏家客栈，可以留宿。如果是徒步爱好者，还可以徒步到大峡谷深处的加拉村，之后原路返回，往返约40千

直白村

米，需两天左右，中间可在加拉村住宿一晚。徒步行程中可以看到峡谷大拐弯，有更好的观赏南迦巴瓦雪峰的视角，更为淳朴原始的藏族村落，还可以远望加拉白垒雪山，体验一般游客看不到的美丽景色。

色季拉山

色季拉山

色季拉山位于八一镇的东南侧，走川藏线时，波密到八一路上即会经过，是川藏线上著名的地标。色季拉山山口海拔4728米，视野开阔，可以远眺到鲁朗林海和背后的南迦巴瓦峰，是拍照的好地方。山间遍布的杜鹃花也是色季拉山的著名景观，每年4~6月，从山脚到山腰，多达二十几种杜鹃花在山间渐次开放，颜色、形状都多种多样，鲜艳夺目，结合着山口飘扬的五彩经幡，景色绚丽。游人经过时，都不免会驻足观赏。

索松村

位于林芝市米林县境内的索松村，位于雅鲁藏布江大峡谷的北岸，是一个游客比较少去的村落，这里还是观看南迦巴瓦峰日落的最佳地方。

索松村

与热闹的直白村相比，这里非常的安静，一派田园景色，村子旁就是雅鲁藏布江，还有一片茂盛的桃林，每年的春季，桃花盛开，融合周边的江水、雪山，简直是美不胜收。

耳闻奇传

神山起源传说

南迦巴瓦峰充满了神奇的传说，因为其主峰高耸入云，当地相传天上的众神时常降临其上聚会和煨桑，那高空风造成的旗云就是他们燃起的桑烟，据说山顶上还有神宫和通天之路，因此居住在峡谷地区的人们对这座陡峭险峻的山峰都有着无比的推崇和敬畏。

南迦巴瓦峰

关于南迦巴瓦峰另外还有一个广为外界所知的传说。相传很久以前，上天派南迦巴瓦和加拉白垒镇守东南。弟弟加拉白垒勤奋好学、武功高强，个子也是越长越高，哥哥南迦巴瓦十分嫉妒。于是在一个月黑风高之夜将弟弟杀害，将他的头颅丢到了米林县境内，化成了德拉山。上天为惩罚南迦巴瓦的罪过，于是罚他永远驻守雅鲁藏布江边，永远陪伴着被他杀害的弟弟。因此我们现在看到的加拉白垒峰顶永远都是圆圆的形状，那是因为它是一座无头山；南迦巴瓦则大概自知罪孽深重，所以常年云遮雾罩不让外人一窥。

吟诗作赋

"在世界最大的峡谷，看中国最美的山峰。"这句写于景区内的标语就足以让人振奋不已。而南迦巴瓦峰的与众不同也在于它总是藏在云中难以看见，只有心诚的人才能一睹风采。它的美轮美奂让无数人倾倒在其独特的美景之下。

雅鲁藏布大峡谷

高山深谷水流长，
江曲峡青气势皇。
桃树千年宣挚爱，
雪峰万载证沧桑。

南伊古木原生态，
巴瓦英姿处女妆。
又是石锅鱼煮汁，
举杯祝酒且称觞。

藏地神山之一——阿尼玛卿山

走近阿尼玛卿山

阿尼玛卿山亦称玛积雪山，位于中国青海省东南部，果洛藏族自治州境内，系东昆仑山支尾段，海拔5000～6000米，山顶起伏不大，主峰玛卿岗日，海拔6282米，位于东经99.4°，北纬34.8°。阿尼玛卿山是黄河源头最大的山，长约28千米，宽10千米。黄河在玛积雪山来了个180°大拐弯后向东南流去，主峰玛卿岗日正在大拐弯中央。

阿尼玛卿山

阿尼玛卿山大藏文书中意为活佛座前的最高侍者，被藏族同胞视为神山。传说在阿尼玛雪山，有许多山神，他们居住在极其富丽堂皇的九层白玉楼阁宝殿之中，其中阿尼玛卿峰是最大的山神，藏族同胞对阿尼玛卿神山的传说深信不疑。每年都有大批朝圣者跋山涉水、风餐露宿前去虔诚朝拜。每逢朝拜时季，信徒络绎不绝，尤其藏历"马年"转山达几十万人，因为马年转山1圈等于平时的12圈。

身临其境

阿尼玛卿山，山势巍峨磅礴。山体由砂岩、石灰岩及花岗岩构成，由13座山峰组成。地势高峻，气候多变，冰川面积约126平方千米，有冰川57条，其中位于东北坡的哈龙冰川长7.7千米，面积24平方千米垂直高差达1800米，是黄河流域最长最大的冰川。奇异的冰川世界，千姿百态，晶莹夺目。

夜幕下的阿尼玛卿山

从阿尼玛卿藏族文化中心门口往南边朝拜的路上，有几十处看上去很简陋的山洞，洞里洞外挂满了各式各样的哈达、风马棋等。这些闭关洞群，每年有很多修行人不远千里来此闭关修行，闭观时间最长达十几年，短的也有几个月。

对于户外爱好者来说，转山也是亲近阿尼玛卿山的最佳方式。环山一周会遇到许多神奇的自然景象。阿尼玛卿雪山主峰玛卿岗日峰随着角度的变化，一步一景。晨光中雪山被金光照耀，白里见红，红中见白，雄浑壮丽，庄重宁静，神奇动人。人们只有站在山旁，用心灵去感悟，才会有情景交融之感。等到明媚的阳光照耀大地，冰川融化，汇成的溪流从山脚下流过，荒山、绿地、雪峰在阳光下又显得充满了粗犷的生机与活力。夕阳西下之时，余晖将雪山映得金光灿灿，立刻变成了一座"金山"，傲立于世。夜幕下，阿尼玛卿山黑黑的巨影映在繁星之下，人与自然是那样的和谐。

阿尼玛卿雪山地区处处都有宝，动、植物资源十分丰富，是野生动、植物的天堂。这里有成片的杉、黑刺、松、柏等林木，林间有白唇鹿、黄羊、岩羊、雪豹、雪鸡等数十种珍稀野生动物，盛产冬虫夏草、雪莲、大黄等几十种珍贵药材。许多国外的科学家同我国科学家合作，将这里作为雪豹生态研究基地。

耳闻奇传

阿尼玛卿山和西藏的冈仁波齐山、云南的梅里雪山和玉树的尕朵觉沃山并称为藏传佛教四大神山。被藏族人民奉为开天辟地的九大造化神之一，在藏族传统文化中具有举足轻重的地位。每年都有大批信徒不远万里叩着长头来朝拜神山，祭祀山神。

传说阿尼玛卿山神是活山神沃德的第四个儿子，沃德为了拯救藏区百姓，派老四到安多消灭妖魔，降伏猛兽，惩办坏

藏传佛教

人，使百姓脱离了苦海，安居乐业。《格萨尔王传》史诗称阿尼玛卿山神是"战神大王"。为求其保佑，安多藏区百姓至今还对其虔心供奉，顶礼膜拜。在青海藏区，经常可以看到阿尼玛卿山神的画像，白盔、白甲、白袍，胯下白马，手执银枪，他武艺超群，智慧无穷。

阿尼玛卿山神有如此大的威力，自然成为信徒朝拜之地。遇到灾难，信徒们总盼望法力无边的阿尼玛卿山神伸出援手。每逢藏历的"羊年"或者神门（尼果）、雪门（岗果）隔开之年，朝拜的人们顶风冒雪、跋山涉水、风餐露宿，绕山朝拜一周，才算尽了虔诚膜拜之意，达到消除罪孽，灵魂升天的目的。

阿尼玛卿雪山

查干

匍匐于风雪中的长磕者
独守于山脚下的牧羚人
都会轻声细语地告诉你
阿尼玛卿他是我们的
雪山爷爷

假若长磕是心灵的哲学
经筒就是圣化的血液
那些岭树或者涧草
那些猛禽或者怪兽
都为此信守不渝
这里不生长
邪恶

君不见慈祥的阿尼玛卿
怀一轮明月禅坐于天际时
三江源头的晚钟
使那一只雪山苍鹰
纯净如美学

冰山之父——慕士塔格峰

走近慕士塔格峰

　　慕士塔格峰，位于新疆阿克陶县与塔什库尔干的交界线上，属西昆仑山脉，北纬38～38.40°，东经74.40～75.40°，海拔7509米。

慕士塔格峰

　　慕士塔格峰山体面积达275平方千米，峰顶一年四季冰雪皑皑，十余条冰川镶嵌在峰体下的峡谷中，像一位须眉斑白的寿星，端坐在群山之巅，由此获得了"冰山之父"的美称。

　　慕士塔格峰与周边的公格尔峰和公格尔九别峰，如同擎天玉柱，屹立在美丽的帕米尔高原上，成为帕米尔高原的标志和代表。它与山下的喀拉库勒湖相映成趣，湖光山色，美轮美奂。许多年以来，顶礼膜拜者纷至沓来，一些国内外登山探险队，络绎不绝。

身临其境

　　慕士塔格峰雄伟高大的身躯巍然屹立于帕米尔高原上，倒挂的冰川，犹如胸前飘动的银须，构成了大自然中昆仑山脉"万山之祖"的威武画面，被当地人视为神山。

冰　川

　　这里气候寒冷，终年以固体降水为主，非常利于冰川的发育。数百平方千米冰体从7000米以上的山顶一直覆盖到5100米、5500米的高度，成为特殊的峡谷式溢出山谷冰川。围绕主峰两侧发育了许多规模较大的山地冰川，最大的栖力冰川和克麻土勒冰川将山体横切为两半，冰川末端到达海拔4300米。慕士塔格峰山顶冰层厚100～200米，有"冰川之父"之称。

　　慕士塔格冰川公园，方圆20平方千米，平均海拔5000米。在这里可以欣赏到高原冰山120多种植被和动物，如棕熊、雪豹、雪鸡等动物；高原雪莲、青兰草等植物；还可以领略到形状各异的冰瀑、冰塔、冰石、冰川。

登山滑雪爱好者

与慕士塔格峰遥遥相望的是公格尔峰和公格尔九别峰，海拔分别为7649米和7530米，是昆仑山最高峰和次高峰，它们的山顶常年积雪，山间悬挂着条条冰川，犹如飞流直下的瀑布。在此可以登山览胜、攀高探险。

目前，在世界登山领域，慕士塔格冰川是全世界登山滑雪爱好者心中的圣地，也是初涉7000米级山峰的最佳选择，有着世界最容易登顶和登山训练大本营的美称，每年迎来30多个国家和地区的登山团队来此驻扎、训练和攀登。

耳闻奇传

关于慕士塔格峰当地流传着许多美丽动人的传说。

慕士塔格峰传说

相传很久以前，东帕米尔高原上并没有慕士塔格峰、公格尔峰、公格尔九别峰和喀拉库勒湖，而是平坦的大牧场。

牧场上住着一对柯尔克孜族夫妇，贤淑的妻子为老牧人生下两个美丽可爱的女儿，不久就离开了人世。老牧人含辛茹苦抚养着心爱的女儿。小姐妹聪明伶俐，但却体弱多病，老牧人为此日夜寝食难安。

一天夜里，老牧人做了一个梦，一个神人告诉他，东方日出的地方有一座日月仙山，山上有一块日月宝镜，只要得到这块宝镜，让女儿照一照，就会祛除百病，身体健康。

为了治好女儿的病，第二天，老牧人就告别了两个女儿，向日出方向走去。老牧人走后，两个女儿每天牧放着羊群，眺望着东方的小路，祈盼父亲早日归来。一年又一年，两个女儿头发变白了，眼泪哭干了，变成了两座大山，这就是姐妹峰。山顶的皑皑白雪，是她们的白发，山腰的条条冰川，是她们的道道泪水，那一座座小雪峰，是她们牧放的绵羊。

老牧人历尽千难万险，终于取回了日月宝镜，当看到心爱的女儿变成了两座雪山时，捧在手里的宝镜掉在地上，摔成两半，变成了两泓相连的湖水，这就是喀拉库勒湖。老人静静地站在女儿们面前，也变成了一座雪山，这就是被称作"冰山之父"的慕士塔格峰。

吟诗作赋

积雪的慕士塔格

周涛

无数被雪擦得发亮的山峰
如想象中巨人的头颅
沉思在冬日的柔光里
钢蓝色的微笑
藏着永恒的神秘

即使一万年无人造访
也决不会变成风景区
严峻和沉默
只等待
探险者的足迹

它并不疏远谁
疏远它的是人们自己

看起来似乎很近
攀登它却需要勇气
赞美它的崇高很容易
然而只有用生命
才能作它的阶梯

是雪千载统治的城堡
是冰万古不化的墓地
在生命不容易到达的地方
同时居住着
死亡和真理

贡嘎山

走近贡嘎山

贡嘎山位于四川省康定以南，是大雪山的主峰。周围有海拔6000米以上的山峰45座，主峰更是耸立于群峰之巅，海拔7556米。海拔高出其东侧的大渡河6000米，被喻为"蜀山之王"。主峰由花岗闪长岩组成，受海洋季风影响，雪线海拔4600~4700米，冰川发育规模较大。东坡最大的海螺沟冰川长14.2千米，末端下达2850米，已进入森林带内，在长期冰川作用下，

贡嘎山

山峰发育为锥状大角峰，周围绕着60°~70°的峭壁，攀登困难。1932年，美国探险队攀登成功。中国大陆登山队于1957年6月到达峰顶。

身临其境

贡嘎雪山位于甘孜藏族自治州泸定、康定、石棉三市县境内，以贡嘎山为中心，贡嘎主峰周围林立着145座海拔五六千米的冰峰，形成了群峰簇拥、雪山相接的雄伟景象。贡嘎山景区内有10多个高原湖泊，著名的有木格错、五须海、仁宗海（也叫人中海）、巴旺海（也称巴王海）等，有的在冰川脚下，有的在森林环抱之中，湖水清澈透明，保持着原始、秀丽的

贡嘎雪山

自然风貌。景区内垂直带谱十分明显，植被完整，生态环境原始，植物区系复杂，已查明的植物有4880种。属国家一、二、三类保护的动物有20多种。景区内温泉点有数十处，水温介于40~80℃之间，有的达到90℃以上，著名的有康定二道桥温泉和海螺沟温泉游泳池。景区内有跑马山，有贡嘎寺、塔公寺等藏传佛教寺庙，有藏族、彝族等丰富多彩的民族风情。贡嘎山周围著名山峰有：中山峰海拔6886米，爱

德嘉峰6618米，热德卖峰6549米，笔架山5880米，蛇海子山5878米，白海子山5924米，田海子山6070米。贡嘎山为国家级风景名胜区。

耳闻奇传

贡嘎山冰川有"三怪"。

一怪：不冷，冰川之上气候暖和，夏秋季节，你可身着薄衫，脚踏冰川徜徉在这光怪陆离的神奇冰川世界，完全不用担心"冰上不胜寒"。

二怪：冰崩。大冰瀑布常年"活动不息"，发生着规模不等的冰崩。一次崩塌量可达数百万立方米，此时冰雪飞舞，隆隆响声震彻峡谷，一两千米之外也可听到，场面蔚为壮观。

贡嘎山冰川

三怪：构造千奇百怪。冰川表面有数不胜数，绚丽多姿的美妙奇景。冰桌、冰椅、冰面湖、冰窟窿、冰蘑菇、冰川城门洞，等等，太多的奇景让人目不暇接，不断会有新的发现，新的惊奇。

旅游景观

贡嘎山景区以贡嘎山为中心，由海螺沟、木格错、五须海、贡嘎南坡等景区组成，面积1万平方千米，为国家级风景名胜区。贡嘎山地区为少数民族地区，区内有贡嘎寺、塔公寺等藏传佛教寺庙，游客更可领略到藏族、彝族等丰富多彩的民族风情。

贡嘎山登山旅游最佳季节一般多在每年5~6月的旱季和雨季交替期，因这段时间既有较高的温度但又无太大的雨量，适合旅游。旱季里天气晴朗比同纬度其他地区还要温和，一年里气温最高是4月、5月份。登山活动多选择在旱季和雨季交替期。

到贡嘎山登山旅游的人，需要特别注意的是：仔细研究、认真选择登山季节和登山路线，做好充分的物资准备。

登山一般多在每年5~6月的旱季和雨季交替期，因其既有较高的温度又无太大的雨量。并最好在保障措施严密周到的条件下，沿前人精心选择的西北山脊路线登顶。贡嘎山峰的高峻挺拔，秀出群山，远非一般内地名山可比。登临其上，那种一览无余，众山皆小的境界极为壮美。但因登顶难度极大，一般不适于业余人员尝试。

到达上木居后一定要住1晚。一是要找好马匹；二是要适应适应高山缺氧环境，特别是内地的驴友。在上木居找马，一定要找强壮的公马，并且让上木居的藏民送到上子梅村，事前须讲好不管回程。

你可以向藏民学习早中晚问候的话，或者见人就说"扎西德勒"。

夜幕下的贡嘎雪山

鹧鸪天·走近贡嘎山

渔夫

两地相约共暑游，云蒸霞蔚海螺沟。

滑坡阻断登山路，悬索飞舟鬼见愁。

冰裂谷，水潜流，藻红织染褐滩头。

岚台鹤影翩跹舞，沐日临风送远眸。

四姑娘山

四姑娘山位于四川省阿坝藏族羌族自治州小金县与汶川县交界处，地处邛崃山脉中段，毗邻卧龙国家级自然保护区，先后于1994年、1996年被国务院批准建立"四姑娘山国家重点风景名胜区"和"小金四姑娘山国家级自然保护区"，属世界自然遗产"四川大熊猫栖息地"的重要组成部分。

四姑娘山（一）

山脉由四座连绵不断的山峰组成，它们从北到南，在3~5千米范围内一字排开，其海拔高度分别为6250米、5355米、5279米、5038米。四座山峰长年冰雪覆盖，犹如头披白纱、姿容俊俏的四位少女，依次屹立在长坪沟和海子沟两道银河之上，其中最高最美的雪峰就是幺妹"四姑娘"。群峰巍峨，风光旖旎，是登山、旅游的好去处。

在群山如云的川西，四姑娘山被誉为"蜀山皇后"。从成都出发，乘车向西北行经都江堰、卧龙到日隆，全程245千米。四姑娘山以雄峻挺拔闻名，山体陡峭，直指蓝天，冰雪覆盖，银光照人。山麓森林茂密，绿草如茵，清澈的溪流潺潺不绝，宛如一派秀美的南欧风光，人称"东方的阿尔卑斯"。

四姑娘山由海拔6250米、5355米、5279米、5038米的四座毗连的山峰组成，坐落在横断山脉的东北部，邛崃山脉的中段，四川省小金县和汶川县的交界处主峰幺妹峰，海拔6250米，位于东经102.90°，北纬31.1°，是邛崃山脉的最高峰。

四姑娘山（二）

主峰南坡飞挂数条冰川，冰川直指山脚。西坡和北坡是令人望而生畏的数百米高的陡岩，然而，陡岩之下则是绿草如茵、森林繁茂、谷溪清澈的高山植被带。四姑娘山地处川西高原向东急速过渡到成都平原的交接带。自中生代以来，以三叠纪的印支运动为主，经历了多次构造变动。山区内褶皱强烈，山体抬升，地层变质，老断裂复活，河流下切。这一切内外力的作用，造成了四姑娘山岭谷高差悬殊的复杂地形特征。

山区气候变化无常，昼夜温差较大，是中亚热带季风气候向大陆性高原气候过渡地区。四姑娘山特殊的地理位置、气候条件、显著的垂直高差，为各类动植物提供了理想的生存环境。

四姑娘山被当地藏民崇敬为神山。相传四姑娘山为四位美丽善良的姑娘，为了消灭杀害父母和残害村民的恶魔墨尔多拉，保护人民难得的和平，她们与凶猛的妖魔英勇斗争，最后变成了四座挺拔秀美的山峰，即四姑娘山。

四姑娘山下的草原

旅游景观

大姑娘山

大姑娘山（当地人称大峰）位于四川省小金县四姑娘山风景区，是蜀山之后四姑娘山的姐妹山，海拔5038米，4000米以下多为高山草甸，低处有灌木森林，野花遍地，随处可见牧民放养的牦牛与马，山上有大如碗盆的野生菌但不易找到，味鲜无比。

二姑娘山

二姑娘山，位于四川阿坝小金县东距成都230千米。地处三姑娘山和大姑娘山之间，海拔5279米。地区由四山三沟组成，坐落在阿坝藏族自治州小金县和汶川县交界处，是横断山区邛崃山脉的高峰。

二姑娘山有一种火热挚诚的美。每到夏季，满山遍野的绿树翠草将它装点得风姿秀丽，在山上，能看见生活在青藏高原峡谷地带的珍稀动物，还能找到许多产于藏区的珍贵中药材。二姑娘山山尖如削般险峭，峰顶狭窄如城堡，且终年积雪，更显得特别的险峻。

三姑娘山

　　三姑娘山，坐落于四川省成都西北的阿坝藏族自治州的金县与汶川交界处，属于横断山区邛崃山脉，海拔5355米，东距成都约200千米。

　　三姑娘山风景区风景秀丽，地貌复杂，动植物资源丰富，其中以大熊猫最为著名，另外还有藏、羌民族文化。三姑娘山山峰如削般险峭，峰顶窄狭如城堡，且终年积雪，由于它特别的险峻，有幸登顶者寥若晨星。到三姑娘山登山或旅游，要路经世界保护大熊猫研究中心——卧龙自然保护区。这里群山环抱、奇峰连绵、林高草茂，是大熊猫的天然乐园。

幺妹峰

　　幺妹峰海拔6250米，仅次于被誉为"蜀山之王"的贡嘎山，人称"蜀山皇后""东方圣山"。1982年，四姑娘山被列为我国十大登山名山之一，1994年被列为国家重点风景名胜区，1996年被载入国家级自然保护区名录，2000年成为国家首批4A级旅游区，2005年被批准为国家级地质公园，2006年被列为四川大熊猫栖息地

幺妹峰

世界遗产。迄今为止，已经有美、日、意、英等十多个国家和地区的登山队登顶。

四姑娘山韵纪

刘文川

横断山脉东北域，邛崃山系最高区；
四姑娘峰一字排，峰峰中距三里开；
一二三四逐次高，蜀山皇后幺妹骄。
头披白纱姿容俏，体态婀娜身苗条；
四姑娘山常指幺，最高最美雪峰饶。
山体陡峻雄挺拔，悬崖壁立刃脊峭；
冰雪覆盖耸蓝天，风光旖旎巍峨娇。
主峰南坡冰川挂，冰川舌直山脚坳；
西坡北坡陡崖造，望而生畏千米高。
陡岩之下草茵茵，森林繁茂溪清清；

美哉山峰东方娇，美哉行云山峦飘；
美哉沟壑绿荫翠，美哉流水碧潋娆。
东蕴十余海子沟，探险登山攀冰游；
西蕴生态长坪沟，户外运动天堂悠。
四姑娘峰魅复媚，观光登山探险幽；
休闲旅游复穿越，景区型态全方构。

梅里雪山

走近梅里雪山

梅里雪山在藏区称"卡瓦格博雪山"，当地的藏族人民为它命名，赋予它神性，又与它世世代代保持着血肉联系。"梅里"一词为德钦藏语"mainri"汉译，意思是"药山"，因盛产各种名贵药材而得名。梅里雪山公园于2009年7月份建立，并于同年10月份正式开园。公园总面积为960平方千米，地处滇、川、藏三省接合

梅里雪山

部，是大香格里拉旅游区和三江并流世界自然遗产地，是国家4A级景区。位于云南省迪庆藏族自治州德钦县西边约20千米的横断山脉中段怒江与澜沧江之间，平均海拔在6000米以上，称为"太子十三峰"，主峰海拔高达6740米，是云南的第一高峰。主峰至今仍是人类未能征服的"处女峰"，也是唯一一座因文化保护而禁止攀登的高峰。

身临其境

梅里雪山以其巍峨壮丽、神秘莫测而闻名于世，早在20世纪30年代美国学者就称赞卡瓦格博峰是"世界最美之山"。卡瓦格博峰下冰斗、冰川连绵，犹如玉龙伸延，冰雪耀眼夺目，是世界稀有的海洋性现代冰川。山下的取登贡寺、衮玛顶寺是藏民朝拜神山的寺宇。每年云南、西藏、四川、青海、甘肃的藏民都要前来朝拜，

梅里雪山脚下的村落

有浓郁的藏族习俗，是人们登临探险的旅游胜地。

梅里雪山是云南最壮观的雪山山群，数百里冗立绵延的雪岭雪峰，占去德钦县34.5%的面积。迪庆藏族人民在梅里雪山脚下留下了世世代代的生存痕迹，也将深厚的文化意蕴赋予了梅里雪山。梅里雪山有雪山群所特有的各种雪域奇观。

卡瓦格博峰下（属于梅里雪山）冰川、冰碛遍布，其中的明永冰川可谓是最壮观的冰川。明永冰川发源于卡瓦格博峰东坡，长11.7千米，平均宽约500米，面积约13平方千米。梅里雪山的雪线位于海拔4800～5200米。在粒雪盆以下，明永冰川形成多级瀑布和冰台阶，好似身披银鳞甲的长龙，绕行于莽莽的温带、亚热带原始

梅里雪山（一）

森林之中，末端海拔2660米。此冰川号称世界上少有的低纬度海拔季风海洋性现代冰川。梅里雪山脚下的雨崩村落更是保存完好的原始藏族村落，值得一去。

卡瓦格博峰的南侧，还有从千米悬崖倾泻而下的雨崩瀑布，在夏季尤为神奇壮观。因其为雪水，从雪峰中倾泻，故而色纯气清；在阳光照射下，水蒸腾若云雾，水雾又将阳光映衬为彩虹。雨崩瀑布的水，在朝山者心中也是神圣的，他们潜心受其淋洒，求得吉祥之意。雪山的高山湖泊、茂密森林、奇花异木和各种野生动物也是雪域特有的自然之宝。高山湖泊清澄明静，在各个雪峰之间的山涧、凹地、林海中星罗棋布，且神秘莫测，若有人高呼，就有"呼风唤雨"的效应，故而路过的人几乎都敛声静气，不愿触怒神灵，完好、丰富的森林则是藏民们以佛心护持而未遭破坏的佛境。

梅里雪山共有明永、斯农、纽巴和浓松四条大冰川，属世界稀有的低纬、低温（零下5℃）、低海拔（2700米）的现代冰川，其中最长最大的冰川是明永冰川。明永冰川从海拔6740米的梅里雪山往下呈弧形一直铺展到2600米的原始森林地带，绵延11.7千米，平均宽度500米，面积为13平方千米，年融水量2.32亿立方米，是我国纬度最南、冰舌下延最低的现代冰川。每当骄阳当空，雪山温度上升，冰川受热融化，成百上千巨大的冰体轰然崩塌下移，响声如雷，地震山摇，令人心惊动魄。

然而21世纪初，由于全球变暖和游客过多，明永冰川融化速度加剧，正在以每年50米左右的速度后退。这种状况令当地居民及专家们担忧。

耳闻奇传

梅里雪山主峰卡瓦格博，藏语"白色雪山"之意，俗称"雪山之神"。卡瓦格博神像常常被供奉在神坛之上，他身骑白马，手持长剑，威风凛凛，俨然一位保护神。

在松赞干布时期，相传卡瓦格博曾是当地一座无恶不作的妖山，密宗祖师莲花

梅里雪山（二）

生大师历经八大劫难，驱除各般苦痛，最终收服了卡瓦格博山神。他从此受居士戒，改邪归正，皈依佛门，做了千佛之子格萨尔麾下一员剽悍的神将，也成了千佛之子岭尕制敌宝珠雄狮大王格萨尔的守护神，称为胜乐宝轮圣山极乐世界的象征，多、康、岭（青海、甘肃、西藏及川滇藏区）众生绕匝朝拜的胜地。

在藏文经卷中，太子雪山的13座将近6000米或以上的高峰均被奉为"修行于太子宫殿的神仙"，特别是主峰卡瓦格博，被尊奉为"藏传佛教的八大神山之首"。

藏区流传的指南经引人入佛境："卡瓦格博外形如八座佛光赫弈的佛塔，内似千佛簇拥集会诵经……。具佛缘的千佛聚于顶上，成千上万个勇猛空行盘旋于四方。这神奇而令人向往的吉祥圣地，有缘人拜祭时，会出现无限奇迹。带罪身朝拜，则殊难酬己愿……。"

在指南经中，对外转路线沿途所有景物，皆依佛教的内容做指引和解说，因此，所有景物都成了佛的印迹灵物。据佛教之说法，佛性的有缘之人都可在转经时得如意妙果，护佑今生来世。转经路上可见诸多玛尼堆群，刻写堆集了朝拜者的朝佛心愿。

在拉萨甚至有这样的传说：登上布达拉宫便可在东南方向的五彩云层之中看到卡瓦格博的身影，可见其巅之高，其辉之远。

梅里雪山
月上西坡

梅里亭亭如待嫁，莹莹冰雪作婚纱。
高原有意来相送，一夜开出万朵花。

浣溪沙·梅里雪山
玉菡

五色旌幡拂雪肌，一簾飛瀑滌塵泥。泠泠風鐸夢相依。
爍日浮金開聖境，焚香守白識禪機。心安處處即菩提。

玉龙雪山

走近玉龙雪山

　　玉龙雪山位于东经100°4′2″～100°16′30″、北纬27°3′2″～27°18′57″之间，景区面积为415平方千米。主峰扇子陡海拔5596米，终年积雪，有亚欧大陆距离赤道最近的温带海洋性冰川。

玉龙雪山（一）

　　玉龙雪山在纳西语中被称为"欧鲁"，意为银色的山岩。其银装素裹，十三座雪峰连绵不绝，宛若一条"巨龙"腾越飞舞，故称为"玉龙"。又因玉龙雪山的岩性主要为石灰岩与玄武岩，黑白分明，所以，又称为"黑白雪山"。玉龙雪山是纳西人民心中的神山，传说是纳西族保护神"三多"的化身。

身临其境

　　玉龙雪山以险、奇、美、秀著称。其气势磅礴，造型玲珑秀丽。随着节令和气候变化，有时云蒸霞蔚，玉龙雪山时隐时现；有时碧空万里无云，群峰晶莹耀眼。清代纳西族学者木正源曾形象地归纳出玉龙十二景，即：三春烟笼、六月云带、晓前曙色、暝后夕阳、晴霞五色、夜月双辉、绿雪奇峰、银灯炫焰、玉湖倒影、龙

玉龙雪山（二）

早生云、金水壁流、白泉玉液。玉龙雪山景观大致可分为高山雪域风景、泉潭水域风景、森林风景、草甸风景等，主要景点有玉柱擎天、云杉坪、雪山索道、黑水河、白水河及宝山石头城等。

　　玉龙雪山主峰扇子陡是世界上北纬最低且海拔最高的山峰。它位于中国云南省丽江西北，呈南北走向，东西宽约13千米，南北长约35千米，与哈巴雪山对峙，汹涌澎湃的金沙江奔腾其间。整座雪山由十三座雪峰组成，由北向南呈纵向排列，

延绵近50千米，东西宽约13千米。玉龙雪山不仅气势磅礴，而且秀丽挺拔，造型玲珑，皎洁如晶莹的玉石，灿烂如十三把利剑，在碧蓝天幕的映衬下，像一条银色的玉龙在做永恒的飞舞。

耳闻奇传

纳西族民间流传着一个神奇的故事：玉龙雪山和哈巴雪山是一对孪生兄弟，他们相依为命，在金沙江淘金度日。一天，突然从北方来了一个凶恶的魔王，他霸占了金沙江，不准人们淘金。玉龙、哈巴兄弟俩大怒，挥动宝剑与魔王拼杀，哈巴弟弟力气不支，不幸被恶魔砍断了头，玉龙哥哥则与魔王大战三天二夜，一连砍缺了十三把宝剑，终于把魔王赶走了。从此，哈巴弟弟变成了无头的哈巴雪山，玉龙哥哥为了防止恶魔再次侵扰，日夜高举着十三把宝剑，后来也变成了十三座雪峰。而他那战斗的汗水化为了黑水、白水。玉龙雪山常被当作纳西族的外在象征，而这个传说中的玉龙英雄，则成为纳西人民内在精神的象征。纳西族的保护神"三朵"，就是玉龙雪山的化身。

另一则传说是：金沙江、怒江、澜沧江和玉龙山、哈巴山，原是五兄妹。三姐妹长大了，相约外出择婿，父母又急又气，命玉龙、哈巴去追赶。玉龙带十三柄剑，哈巴挎十二张弓，抄小路来到丽江，面对面坐着轮流守候，并约下法章：谁放过三姐妹，要被砍头。轮到哈巴看守时，玉龙刚睡着，金沙江姑娘就来了。她见两个哥哥挡住去路，便低头细想，把脚步放得很轻很轻。她忽然心头一亮，唱起了婉转动人的歌，唱得守关的哈巴神魂迷醉，渐渐睡着了。她边唱边走，一连唱了十八支，终于从两个哥哥的肢体边穿过去，一出关口，便高兴得大声欢笑着奔跑而去。玉龙醒来见这情景，又气又悲，气的是金沙姑娘已经走远，悲的是哈巴兄弟要被砍头。但是他不能违反约法，慢慢抽出长剑砍下熟睡中的哈巴的头，随即转过背痛哭，两股泪水化成了白水和黑水，哈巴的十二张弓变成了虎跳峡两岸的二十四道弯，哈巴的头落到江中变成了虎跳石。

吟诗作赋

《印象·丽江》是继《印象·刘三姐》之后推出的又一部大型实景演出，总投资达2.5亿元，上篇为"雪山印象"，下篇为"古城印象"，主创人员由《印象·刘三姐》的原班人马组成。《印象·丽江》以玉龙雪山为背景，汲天地之灵气，取自然之大成，以民俗文化为载体，用大手笔的写意在海拔3100米的世界上最高的演出场地，让生命的真实与震撼如此贴近每一个人。

2008年7月23日，大型实景演出《印象·丽江》雪山篇终于在实景演出剧场——云南丽江玉龙雪山的甘海子蓝月谷剧场正式公演。当日，实景演出的总导演张艺谋、王潮歌、樊跃及导演组全体成员，云南省、丽江市的领导及全球100多家媒体齐聚这里，共同见证《印象·丽江》雪山篇的正式公演的壮丽景象。

印象·丽江

满庭芳·玉龙雪山（新韵）

积玉堆琼，山巅横卧，似娇健玉飞龙。

巍峨奇美，直入上苍穹。

随雨晴时变幻，晨曦里、晖映山峰。

夕阳下、婷婷少女，玉立彩霞中。

山峰、云雾绕，琵琶遮半，娇面朦胧。

雪融成溪水，清澈淙淙。

峭峻陡崖瀑布，落千丈、奔涌汹汹。

凝遐想、迷蒙沉醉，似百态嫣红。

七律·中国名山玉龙雪山

玉龙飞舞云缠绕，万仞冰川直耸天。

绿雪奇峰披彩带，碧湖倒影映山巅。

晴霞五色争相熠，夜月双辉染昼眠。

原始森林苍郁翠，高原草甸百花鲜。

七律·玉龙雪山

亘古冰峰高域情，玉龙持护纳西擎。

白绫炫射扇山陡，绿雪移形甘海晴。

半岭皑皑花缀景，一潭冽冽水飞琼。

沧桑演绎轮回转，我自肖然任尔横。

地质神山

关东第一山——长白山

走近长白山

长白山脉

长白头山是朝鲜对长白山的称呼，是位于中国东北和朝鲜边境的界山。长白山脉是欧亚大陆东缘的最高山系，地处白山市东南部，位邻中国与朝鲜边界。长白山脉，是松花江、图们江和鸭绿江的发源地，其中松花江发源于长白山天池。1961年建立了2150平方千米的长白山国家自然保护区。

长白山，是中朝两国的界山、中华十大名山之一、国家5A级风景区、关东第一山。因其主峰多白色浮石与积雪而得名，素有"千年积雪为年松，直上人间第一峰"的美誉。中国境内的白云峰海拔高度2691米，是东北第一高峰，而长白山最高峰是位于朝鲜境内的将军峰。长白山是中国东北境内海拔最高、喷口最大的火山

长白山（一）

长白山（二）

体。长白山还有一个美好的寓意"长相守、到白头"。

广义的长白山是指长白山脉，中国辽宁、吉林、黑龙江三省东部山地的总称，狭义的长白山是指长白山主峰附近的山脉。一般多指狭义的长白山，即长白山脉的主峰。

身临其境

长白山景区位于吉林省的东南部延边朝鲜族自治州安图县二道白河镇池北区，地图上位于E127°42′55″至E128°16′48″，N41°41′49″至N42°51′18″。

长白山主要景点有：天池、长白瀑布群、聚龙泉、黑风口、鸭绿江大峡谷等。

天 池

长白山天池位于长白山主峰火山锥体的顶部，像一颗璀璨的明珠，镶嵌在雄伟壮丽的长白山主峰的群峰之中，它形似落叶，略呈椭圆形，是火山喷发后自然形成的火山口湖；它南北长约4400米，东西宽约3370米，最深处为373米，平均204米，水面面积9.82平方千米，周长13.1千米，天池水面海拔高度为2189.1米，总蓄水量为20.4亿立方米，天池水温为0.7～11℃，年平均气温7.3°C。2000年荣获"海拔最高的火山湖"世界基尼斯之最，而且还可以满足游客"双足踏两国，跨国一步游"的梦想；站在悬崖上还可以看到7峰16景，因而观日出成为很多旅游爱好者的"最爱"之一。

天池（一）

天池（二）

天池是中国最高最大的高山湖泊，是东北三条大江——松花江、鸭绿江、图们江的发源地。

长白瀑布群

长白山天池四周奇峰环绕，北侧天文峰与龙门峰之间有一缺口，池水由此缺口

长白瀑布群

溢出，向北流经1250米处的断崖流下，形成落差68米高的瀑布群，这就是长白瀑布群，它是长白山的第一名胜，是中国东北最大的瀑布群。它上与天池相接，下通二道白河，是松花江的正源。

聚龙泉

聚龙泉

聚龙泉是温泉群中水量最大、分布最广、水温最高的温泉，堪称长白山第一泉。它位于长白瀑布北约900米，在落笔峰北倒石堆下侧。分布面积达1000多平方米，二道白河从温泉群中间穿过。在河流方向的右方，泉口比较集中，有数十处之多，较大泉眼有7处。无数条热流从地底涌出，似群龙喷水，故名聚龙泉，在聚龙泉下部建有"怡神浴"浴池，是长白山特有的一道奇特风光。

黑风口

黑风口

沿北坡登山去天池，在岳桦林带与高山冻原的交界处，不老峰东侧尾端和观景台交汇处天然形成一豁口，就是闻名长白山的黑风口。在黑风口可以饱览长白瀑布的全貌，在这里居高临下，U形谷尽收眼底。从U形谷底仰视黑风口，黑风口成了城堡的大门，洞开在两座碉堡之间，人称"南天门"。黑风口上常有成群的白腰雨燕出没，断崖绝壁正好是雨燕的巢穴。

鸭绿江大峡谷

鸭绿江大峡谷

鸭绿江大峡谷位于长白山南景区，是登临天池的必经之路。峡谷是火山喷发时形成的巨大断裂地沟，历经300年来的雨水冲刷、切割和风蚀生成的自然景观。峡谷南北长10千米，东西宽200米，深170米，两侧悬崖绝壁如削，中间奇峰异石林立，两边谷壁的巨大石峰、石柱、石笋、石墙，如古堡耸立、石笋破土。两壁火山岩和火山碎屑经数百年的风雨剥蚀，形成千姿百态的图案，向人间展示鸭绿江大峡谷壮丽景观。

长白十六峰

白云峰：白云峰是长白山脉的主峰，耸立于天池西侧，海拔2691米，是东北第一高峰，又叫"层岩"。

天文峰：天文峰俗名鹰嘴峰，位于天池北偏东。因1958年于峰顶东侧建有长白山天池气象站，故改称天文峰。天文峰高出水面476米，海拔2670米，是长白山东侧最高峰，长白山脉的第三高峰。

玉柱峰：玉柱峰在天池以西，东北距白云峰1000米，又名青石峰，此峰海拔2664米。

梯云峰：梯云峰长白山脉西南侧有座海拔2543米的山峰，岩石裸露，形状如梯。此峰北距玉柱峰1500米，由天池边至此峰顶400米，峰顶流淌出梯子河瀑布。传说此峰直通天宫，是天庭和人间相连的天梯，因此叫梯云峰。

玉柱峰

冠冕峰：冠冕峰又名玉雪峰。海拔2525.8米，从天池至峰顶370.8米，位于天池正南与天豁峰、天池瀑布相望。

鹿鸣峰：鹿鸣峰，又叫芝盘峰，在天池西北方，海拔2603米。峰顶有一草甸子，圆形如盘，每天严冬的季节，其他各峰已是积雪覆盖，唯有此峰还露在白雪之外。

华盖峰：华盖峰又名黄岩峰，海拔2640米，从天池至峰顶有446米，南连紫霞峰，距天文峰东南350米。

鹿鸣峰

龙门峰：龙门峰为长白十六峰之一，海拔2595米，在乘槎河两岸，与天豁峰相对，因形状如门，又名龙门。所传，大禹治水曾到过这里，旁边有蝌蚪形柱，名为神碑。

卧虎峰：卧虎峰，海拔2660米，从天池至峰顶411米，位于天池偏西。南临冠冕峰，北侧水平相距梯云峰1925米，为中朝两国界峰。

天豁峰：天豁峰，海拔2620米。在二道白河东岸，与龙门峰对峙。因"长白山日出峰起双尖，中辟一线，有豁然开朗，令人不可思议之趣"，故名天豁峰，天豁峰一线缝隙相传为大禹治水所劈。峰石多赤色，看去如二龙盘踞。天豁峰下有两燕观天、驼峰石、黑熊朝天等湖畔景观。

紫霞峰：紫霞峰，海拔2618米。位于天池东侧，西北与华盖峰相对；南隔鸡冠峰与孤隼峰相望。

锦屏峰：锦屏峰，海拔2590米，位于天池西。锦屏峰在芝盘、观日峰中间，其东起龙门，西经观日、芝盘，南至白云峰之大马蹄形内壁（俗称大簸箕）之正中。峰顶南北各起一峰，五色的翡翠石装点峰巅；峰前峰后立陡悬崖，故而得名。

紫霞峰

铁壁峰：铁壁峰，海拔2560米。位于天池中心北侧。东与天文峰相连；西隔织女峰与天豁峰相望。铁壁峰怪石嶙峋，石色亦黑，观若铁壁，故名。沿铁壁峰西侧攀援而上为从北坡登山观天池的第二最佳揽胜处。

观日峰：观日峰，海拔2670米。位于天池东南。西连孤隼峰，东靠白头峰。三奇峰峰顶有洞直通天池。

孤隼峰：孤隼峰，海拔2611米。位于天池东南之紫霞、三奇峰之间。下有鸡冠岩、仙人岛等名胜。孤隼峰峰顶尖削峻峭，向西斜出，形似一只孤傲的鹰隼。

织女峰：织女峰，海拔2558米，东隔铁壁峰。传说牛郎织女在每年七月初七相会时，会在此观览湖光月影，因得名织女峰。织女峰也是环池群峰的一座，站在峰顶，乘槎河、牛郎渡尽入眼底。

耳闻奇传

十六奇峰的传说

相传在很久以前，东海龙王的三太子从小娇生惯养，不务正业。一日，玉皇大帝大宴群臣，东海龙王携三太子前去天庭参加圣宴。席间，三太子偷偷溜了出来，胆大包天地盗出了王母娘娘珍藏的一颗价值连城的宝珠，仓皇逃走。

王母娘娘立即禀告玉帝。玉帝得知，勃然大怒，即刻命16位天将火速前去捉拿窃贼，追回宝珠，不得有误。16位天将领旨后腾云驾雾追赶来，终于在长白山上空追上三太子并将他团团围住。打斗中，三太子寡不敌众，渐渐有些招架不住，只听咔嚓一声，竟被打掉一只龙角。他疼痛难忍，一失手，宝珠落到长白山顶，只听一声巨响，宝珠化作一潭池水，这就是天池。三太子则变成了一只独角龙藏匿池中。

天池上空时而飞沙走石，时而狂风暴雨，就是这只独角龙在作怪。这16位天将也化作16座美丽的山峰，卫士般日夜守卫着这颗神圣宝珠化成的天池。

天女浴躬池的传说

天女浴躬池位于长白山北坡天文峰东侧30千米处，为火山的积水成湖，池圆而深，形如荷叶，故名圆池。圆池立有天女浴躬处碑。传说很久以前，天宫的三位仙女到圆池沐浴，树林里飞出一群神鹊口中叼着朱果，小妹佛古伦误食仙果怀孕生下一男孩，这男孩一出生就会行走和讲话，相貌非凡，这就是满族的祖先努尔哈赤。

天女浴躬池

吟诗作赋

千百年来，长白山以它独有的魅力吸引了一批又一批文人骚客前来一览它的风姿，并留下为人传唱不绝的诗文。

注：长白山唐代称太白山。

登太白峰

（唐）李白

西上太白峰，夕阳穷登攀。

太白与我语，为我开天关。

愿乘泠风去，直出浮云间。

举手可近月，前行若无山。

一别武功去，何时复见还。

梦太白西峰

（唐）常建

梦寐升九崖，杳霭逢元君。

遣我太白峰（岑），寥寥辞垢氛。

结宇在星汉，宴林闭氤氲。

檐楹覆余翠，巾舄生片云。

时往溪水（谷）间，孤亭昼仍曛。

松峰引天影，石濑青霞文。

恬目缓舟趣，霁心投鸟群。

春风又摇棹，潭岛花纷纷。

送僧归太白山

（唐）贾岛

坚冰连夏处，太白接青天。

云塞石房路，峰明雨外巅。

夜禅临虎穴，寒漱撇龙泉。

后会不期日，相逢应信缘。

北方桂林——天桂山

天桂山位于河北省石家庄平山县，是我国北方著名的山岳古刹型风景名胜区，国家4A级旅游区。境内奇峰突兀，怪石林立，洞泉遍布，林繁花茂，既有雄秀交融的天然风光，又有皇家园林的高贵气韵和道家仙山的庄严气势及神秘色彩，俗有"皇家道院"之称，"北方桂林"之誉，是我国名山大川中一朵瑰丽的奇葩。

天桂山

山体景观雄伟壮观

天桂山东出太行山脉，东西绵延数十千米，如一条长龙凌空起舞。远观之，万山嵯峨起伏，群峰乱插入云，层峦叠嶂，争奇斗险，犹如浩浩大海，波腾浪奔。座座山峰，或岿然独峙，雄瞰周遭；或相揖相拱，环列如屏；或刀劈斧削，壁立千仞。有的形如蹲虎，有的状若睡狮，有的山骨嶙峋。山间鸟道羊肠，蜿蜒而

山体景观

上。登临山顶，俯视悬崖，惊心动魄；远眺众山，如螺如簪；瞭望天际，数十千米远的岗南水库波光依稀，一片泛白。

崖栈地貌奇险诡谲

风景区山体由于阶段性抬升和相对稳定遭受剥蚀，又因岩层多近于水平，在内外力共同作用下，形成了典型的崖栈地貌，即陡壁成崖，崖顶盘山狭阶为栈。天桂

山之险，即由这种独特的崖栈地貌所成。道路常常沿崖间节理开凿而成"天梯"，如青龙观白毛仙姑洞西侧崖间的"天梯"等，都是以险为特色的景点。

崖栈天梯

天桥景观叹为观止

大天桥

天桂山黄龙洞与银河洞之间的绝壁上有两处喀斯特地貌发育晚期的天桥景观，称为大天桥、小天桥。其中大天桥高120米，宽5米，厚9米，跨度160余米，横跨于绝壁之上，下临万丈深渊，远望如天际飞虹，观之又如云托桥、桥载云，惊心动魄，异常壮观。其规模，堪称北方第一天桥。

奇峰怪石造型奇特

喀斯特奇峰主要展现在山顶形态上，如黑狗尖（1426米）、杀九垞（1396.7米）、猴崖尖（1231米）、小木口尖（1142米）等。还有一些奇峰如兽似物，十分逼真。如骆驼岩、鸡冠峰、阎王鼻子等。

怪石，是风景区喀斯特地貌另一奇观。怪石多位于山崖边缘或石墙顶端，其造型形态有的如人似物，有的像兽似禽，

笔架峰

如翠屏山的棒槌峰，上粗下细，立于危崖，十分逼真，可以与承德棒槌山媲美。棒槌峰西北侧还有笔架峰，其一峰顶有棵伞形小树，如同黄山的"妙笔生花"景观。

溶洞景观千姿百态

风景区内喀斯特地貌类型多种多样，发育典型，具有较高美学观赏和科学研究价值。地表喀斯特地貌类型有石芽（小石林）、溶坑、小溶沟、孤峰、石墩、

石墙、石柱、峰丛、天生桥、豁口等。地下喀斯特地貌主要是溶洞，有上千米的大型溶洞，如银河洞。但多数为数十米深的中小型溶洞，如青龙观下方的真武洞。也有下凹坑状的泉洞，还有发育到晚期的穿洞。这里溶洞分布高度有上、下两层，下层发育在二栈与三栈山崖之间，如银河洞、仙人洞、悬棺洞、真武洞等。上层位于三栈与顶栈之间，如白毛女洞、三畜洞等。

白毛女洞

历史文化

青龙观

青龙观的传说：天桂山的青龙观，原是为明朝末代崇祯皇帝修建的归隐行宫。明朝末年，李自成起义严重动摇了明朝皇权。崇祯皇帝朱由俭在义军纷起逼近北京的情况下，预感江山不稳，便密派心腹太监林重莘出京选隐地修建行宫，以防不测。

林重莘遍访半个中国，慧眼独具，选中了钟灵毓秀、易守难攻的天桂山。当林重莘依皇家园林格局创建行宫即将竣工时，李自成逼近北京，崇祯皇帝未及出逃，便吊死在景山的煤山。

林重莘为尽忠其主，出家皈依道教，法号清德，将行宫改名为青龙观道院，并依崇祯相貌铸成真武铜像，日夜香火供奉。所以，在供奉真武铜像的真武殿的廊柱上，镌刻着这样一副对联："出三宫别六院修成玉体，入武当归正道炼就金身。"于无奈中透出一丝最后归宿的欣慰。

青龙观属道教秋祖龙门派，与龙门派的祖庭北京白云观有着深厚的渊源。林清德主持青龙观30多年，从林清德起，到1937年"七七事变"，青龙观先后经历了十三代传人。

清初100年间，青龙观屡有增设和修葺，拥有大小建筑12处之多。其中真武殿、苍岩殿和大光明殿共为青龙观的3大建筑。在这座集皇家园林、道教宫观和大自然秀丽景观于一体的风景名胜区内，青龙观的庞大建筑群依山就势，随崖而建，真可谓陡崖镶金，绝壁嵌珠，巧夺天工。

吟诗作赋

天桂山风光秀丽，别具一格，历来为文人骚客所称道，今人游玩所作诗词亦数不胜数。

畅游天桂酬云君

张文书

柳语殷殷春信传，翠鸟呼我上仙山。

幽幽青崖鸣白鹿，灼灼桃花浴兰烟。

三山隐约楼台远，梵音缥缈白云闲。

日暮刘郎怅欲去，洞府银河笑语喧。

天桂山金顶

白山子

清幽福地绝尘纤，草木葳蕤甘露沾。

日月升沉辉玉宇，烟霞来往拂朱檐。

三尊列坐千秋仰，一殿巍峨万世瞻。

揽胜九霄情忘我，人仙两界隔珠帘。

福建第一名山——武夷山

走近武夷山

武夷山位于福建省武夷山市南郊，处于福建和江西的交界。武夷山脉北段东南麓总面积999.75平方千米，是中国著名的风景旅游区和避暑胜地。武夷山通常指位于福建省武夷山市西南15千米的小武夷山，被称为福建第一名山，是典型的丹霞地貌，被列为首批国家级重点风景名胜区之一。

武夷山自然保护区

武夷山是三教名山。自秦汉以来，武夷山就为羽流禅家栖息之地，留下了不少宫观、道院和庵堂故址。武夷山还曾是儒家学者倡道讲学之地。

武夷山自然保护区是地球同纬度地区保护最好、物种最丰富、面积最大的中亚热带原生性森林生态系统，发育有明显的植被垂直带谱，几乎囊括了中国亚热带所有的亚热带原生性常绿阔叶林和岩生性植被群落。拥有2527种植物物种，近5000种野生动物。

武夷山地处中亚热带，四季分明、温和湿润，年平均气温约12～13℃，年降水量在2000毫米以上，是福建省降水量最多的地区。年相对湿度高达85%，雾日在100天以上。

身临其境

武夷宫

武夷宫又名会仙观、冲佑观、万年宫，坐落在大王峰的南麓，前临九曲溪口，是历代帝王祭祀武夷君的地方，也是宋代全国六大名观之一。据《武夷山志》记载：武夷宫始建于唐天宝年间（742—755年），是武夷山最古老的一座宫殿，迄今已有1000多年的历史。历史悠久的武夷宫，虽历代都曾加以修葺，但经不住数次火焚和兵燹，后仅留下几间空房。2006—2008年这几年间，在旅游、文化部门支持下，武夷宫主殿又重新修复，庭院里的两株桂树，则是宋代遗存下来的，是800—

900年的古树。

武夷宫（一）

武夷宫（二）

水帘洞

武夷山水帘洞为武夷山著名的七十二洞之一，位于章堂洞之北。进入景点处，有一线小飞瀑自霞滨岩顶飞泻而下，称为小水帘洞，拾级而上，即抵水帘洞。洞顶危岩斜覆，洞穴深藏于收敛的岩腰之内。洞口斜向大敞，洞顶凉爽遮阳。两股飞泉倾泻自百余米的斜覆岩顶，宛若两条游龙喷射龙涎，飘洒山间，又像两道珠帘，从长空垂向人间，故又称珠帘洞。

水帘洞掩映着题刻纵横的丹崖。其中有撷取朱熹七绝的名句"问渠那得清如许，为有源头活水来"的篆体字。有明代景点题刻"水帘洞"以及楹联石刻"古今晴檐终日雨，春秋花月一联珠"。

水帘洞（一）

水帘洞（二）

天游峰

武夷山有三十六峰，而天游峰是武夷山的主峰，也是武夷山的第一旅游胜地。位于武夷山景区中部的五曲隐屏峰后，海拔408.8米，它独出群峰，云雾弥漫，山巅四周有诸名峰拱卫，三面有九曲溪环绕，武夷全景尽收眼底。每当雨后乍晴，晨曦初露之时，白茫茫的烟云，弥山漫谷，风吹云荡，起伏不定，犹如大海的波涛，汹涌澎湃。登峰巅，望云海变幻莫测，宛如置身于蓬莱仙境，遨游于天宫琼阁，故名天游峰。

天游峰（一）　　　　　　　　天游峰（二）

龙川大峡谷

龙川大峡谷坐落在武夷山自然保护区内，这里峰峦叠翠，繁花掩映，珍禽异兽，叠泉流瀑。诸多景致融为一体，耳闻鸟鸣泉吟，目染峻山清涧。这里古木参天，藤萝盘绕，集千年的灵气而形神兼具，美轮美奂的瀑布顺着怪石嶙峋的山体银链垂空，飞花溅玉，在阳光的照射下衬着丹霞的山体折射出迷人的七彩光晕，美不胜收，宛如仙境。

龙川大峡谷

青龙瀑布

青龙大瀑布

武夷山青龙瀑布景区位于大峡谷漂流区上游，与之相距1000米。瀑布由三级大瀑布群组合而成，全长200余米，落差120米，最宽处40余米。步入瀑布群，沿途灌木苍荫，飞虫鸟语，山花浪漫，珍禽动物隐现山中。武夷山青龙大瀑布不仅气势恢宏，而且周边峡谷幽静，林木茂密，植被繁茂，每一处都是极致的自然。

下梅古民居

下梅古民居，是武夷山世界文化遗产地的组成部分，也是武夷山茶叶文化鼎盛时期的记载。整个下梅古民居现在还保持着明清时期的建筑，历史悠久，人文荟萃，明清风格的古民居集砖雕、石雕、木雕艺术为一体，外观古朴，乡土气息浓郁，形成别具特色的建筑群，900多米的人工运河穿村而过，沿河两岸建有凉亭，亭外有栏杆美人靠，古街、古井、古码头、古建筑、古民居、古集市、加上古风淳朴的民情风俗，造就了典型的江南水乡风貌。

下梅古民居（一）

下梅古民居（二）

耳闻奇传

面对武夷山的山山石石，敬畏天地又渴望美好感情的人们编织出了许多美丽的传说，关于武夷山的众多故事也被人们口耳相传，在此列举其中一二。

大王峰与玉女峰的爱情故事

很久以前，武夷山是一个洪水泛滥，野兽出没的地方。有一年春天，洪水又爆发了，洪水卷走房屋、冲毁农田，男女老少乱作一团，纷纷逃命。在逃难的人群中有一个叫大王的年轻人，意识到只有彻底治理河水，才能解除百姓厄难，没想到他的这一想法得到了大家的一致支持。

大王峰和玉女峰

于是，大王带领乡亲们劈山凿石，削岭填沟，没日没夜地干，手上磨出了厚厚的老茧，汗水汇成了淙淙的溪流，终于绕过了九曲十八弯开出了一条蜿蜒的九曲溪。大王又带领人们劈掉荆棘，开垦良田，种下了一片片茶树、一垄垄水稻、一丛丛果树。曾经荒凉的武夷山变成了人间仙境，人们过上了幸福的生活。他们愉快地唱道：清清九曲茶香飘，三十六峰奇峻峭，莫道天宫花月美，更有武夷风光妙。

在那云海深处的天宫里，玉帝的女儿玉女正倚窗哀叹天宫的凄冷寂寞。忽然，阵阵歌声卷着茶香飘上九重天。她拨开云雾往下一看，陶醉在武夷山的美景里，也被男耕女织的生活所吸引，于是玉女决定去人间走一走。

玉女变化成村姑来到武夷山后，被大王的勤劳和朴实深深地吸引了，大王也被美丽的玉女所吸引。大王和玉女一起外出劳作，在一年的劳动中他们认清了自己的内心，决定结为夫妇，乡亲们都说大王和玉女是天生的一对。

但是好景不长，有一个铁板怪把他们的爱情故事捅到玉皇大帝那，玉皇大帝一怒之下就把他们都点成石头，也就是现在大家看到的大王峰和玉女峰。

一线天的传说

在远古时候，有一位叫伏羲的神祇，他生性善良、聪慧勇敢，不仅善于采麻搓绳、织网捕鱼还关心民间百姓疾苦，所以他长年住在凡间，向乡民传授谋生本领。

有一年，伏羲来到武夷山，见九曲两岸的黎民守着碧水丹山却生活凄苦，于是便留在武夷山。伏羲在一个岩洞住下来后，白天教百姓采野麻、搓麻绳，晚上又教他们织网、捕鱼、捉鸟。但是当夜幕降临时，岩洞里黑漆漆的，洞外又是寒风怒吼、群兽出没。他想若是能在山崖上凿出一扇窗让月光透射进来就可以织网了。何不到天宫去借把玉斧呢？

一线天

伏羲主意已定，便驾云上天宫去了。他来到天庭，向玉帝说明了来意。玉帝大喜，嘱伏羲到武库去取玉斧。

伏羲借到玉斧后，不敢久留，匆忙返回武夷山。他上了山顶，高举玉斧猛劈而下，只听得一声轰响，就将这座山崖劈作两半。从此，伏羲就借助从裂缝漏进的月光，长年累月教百姓谋生之艺。

不知过了多久，九曲溪两岸百姓的生活渐见好转。人们没有忘却伏羲的恩德，聚集起来挑着捕捉来的猎物来感谢伏羲。伏羲觉得夙愿已还，对众乡民说："好日子全靠你们自己勤劳的双手去获得。"说完，伏羲就幻化作一缕青烟，袅袅升空而去。

为铭记伏羲的恩情，后人便把伏羲当年住过的岩洞叫作"伏羲洞"，那座断成两半的山崖叫作"一线天"。一线天的传说后来被人们写成了诗歌：

神工自天来，手持白玉斧。

劈破两山崖，化作千丈堵。

吟诗作赋

武夷山茶歌

（宋）范仲淹

年年春自东南来，建溪先暖冰微开。

溪边奇茗冠天下，武夷仙人从古栽。

九曲溪

（宋）李纲

一溪贯群山，清浅萦九曲。

溪边列岩岫，倒影浸寒绿。

大王峰

谢 瑜

横空出世柱苍穹，坐镇江山王者风。

霸业悠悠成旧梦，长留韵事自英雄。

玉女峰

谢 瑜

花容分外靓，照影惹人怜。

四海同瞻仰，清钟不夜天。

中国红石公园——丹霞山

丹霞山

丹霞山是世界"丹霞地貌"命名地，被誉为中国的红石公园。丹霞山位于广东省韶关市仁化县境内，面积292平方千米，是广东省面积最大的、以丹霞地貌景观为主的风景区和自然遗产地。在世界已发现的1200多处丹霞地貌中，韶关丹霞山是发育最典型、类型最齐全、造型最丰富的丹霞地貌集中分布区。

丹霞山风景区内有大小石峰、石墙、石柱等680多座，由顶平、身陡、麓缓的红色沙砾岩石构成，"色如渥丹，灿若明霞"，以赤壁丹崖为特色。群峰如林，疏密相生，高下参差，错落有序；山间高峡幽谷，古木葱郁，淡雅清静，风尘不染。锦江秀水纵贯南北，沿途丹山碧水，竹树婆娑，满江风物，一脉柔情。

韶关丹霞山在地层、构造、地貌表现、发育过程以及自然环境、生态演化等方面的研究在全国丹霞地貌区最为详细和深入，已经成为全国乃至世界丹霞地貌的研究基地以及科普教育和教学实习基地。

丹霞山历史悠久，风光秀丽，具有雄、险、奇、秀、幽、古、旷七大特点，素有"万古丹霞冠岭南"的美誉。我们不妨身临其境地去感受一番。

巴寨

巴寨

巴寨景区由锦水、田园、村落及仙山琼阁群山组成，地域深广、山势高峻。其最高峰巴寨海拔619米，是丹霞山的"珠穆朗玛"。这里山水交融的组合景观及地貌特征，是丹霞地貌最典型、最壮观、最精粹、最完美的代表。

长老峰

长老峰是由长老峰、海螺峰、宝珠峰三峰构成的连体山，由三级绝壁和三级崖坎构成三个最典型的赤壁丹霞景观层次。有锦石岩寺、千圣岩、祖师岩、伏虎岩、龙王岩、梦觉关、幽洞通天、龙鳞片石、马尾飞泉瀑布景观。

长老峰

阳元石

阳元石

阳元石与长老峰游览区隔江相望，因有天下第一奇石"阳元石"而得名。该区以地质遗迹和生态环境保存完好以及发育最典型的丹霞石墙、石柱和石拱地貌为特色，主要景点有阳元石、九九天梯、双乳石、睡美人等景观。

翔龙湖

翔龙湖位于长老峰南侧，因其湖面轮廓酷似一条腾飞的龙而得名，龙首、龙角、龙身、龙爪、龙尾一应俱全，故取名翔龙湖。自然景观有三涧、六峡、九洞、十八峰。沿湖有龙角山、龙须涧、雾隐岩、祈龙台等景点，山崖上古今龙文化石刻比比皆是。

翔龙湖

阴元石

阴元石

沿汇龙溪上玉女台，在这高山竞秀，巍峨起伏，密林修竹，莽莽苍苍树林里，可目睹著名的天下第一绝景——阴元石。它形象逼真，山体呈粉红色，周围灌木丛生，苔藓遍布、杂草点缀得恰到好处，修饰浑然天成，使人不得不感慨大自然之鬼斧神工。

锦 江

丹霞之秀，秀在锦江。一江碧绿的玉液，出自万顷林海，在丹霞山群峰中迂回南流。锦江两边，翠竹夹岸，树木婆娑；近石倒映，远山迤逦，富有岭南风情的山村田园风光掩映其间。诗云："一水浮青碧，千峰竞翠微"，景色并不逊于桂林山水。

锦江

耳闻奇传

丹霞山以其奇特的丹霞地貌而闻名于世，它不仅在构造、地貌上有着悠久的历史，其人文历史文化也是源远流长。

丹霞人文

北宋徽宗崇宁年（1102—1106年），法云居士云游至丹霞山梦觉关，见奇洞胜景，山石"色如渥丹、灿若明霞"，顿觉醒悟，发出"半生都在梦中，今日始觉清虚"的感叹，遂题"梦觉关"，并在此建庵宇18间，供奉观音菩萨。

明代崇祯末年（1644年），江西赣州巡抚李永茂抗清未遂，携家眷隐居于丹霞山"长老寨"，筑舍开田，邀朋聚友。其弟李充茂于后将此山施予寺庙。

清康熙元年（1662年），广州海幢寺澹归禅师，来丹霞山开辟道场，营建别传寺。先后修建大雄宝殿、弥勒殿、观音阁、藏经阁、方丈楼、禅房、客堂等，建成一座颇具规模的半山寺院，取佛教禅宗"不立文字，教外别传，直指人心，见性成佛"的教义中"别传"二字为寺名，称"别传禅寺"。

清乾隆四十一年（1776年），南韶雇员李璜游览丹霞山，在别传寺藏经楼发现澹归禅师文稿《偏行堂集》，有反清之嫌，便上呈高宗，僧徒遭大肆杀戮，别传寺首遭大劫。

"民国"十四年（1925年），国民党军队隔锦江炮击黄耀祥等百余土匪，别传寺所有珍贵法器被遁逃顽匪横扫一空，使别传寺遭到第二次劫难。

"民国"十五年（1926年），国内战乱频繁，地方秩序异常混乱，仁化县立中学移至别传寺避劫难，不慎失火烧山，大雄宝殿、韦驮殿等大型建筑物皆化为灰烬。别传寺遭第三次浩劫。

"民国"二十三年（1934年），广东西北区绥靖委员李汉魂率军驻扎韶关，重修丹霞精舍、丹霞下院等，并作《重修丹霞记》。

1984年，别传寺佛像开光，国内外佛教徒千余人前来祝贺，盛况空前。从此，别传寺和锦石岩以其繁盛的宗教活动吸引着成千上万的佛门弟子和海内外游客络绎不绝前来进香游览观光。

吟诗作赋

千百年来，丹霞山以它独有的魅力吸引了一批又一批文人骚客前来一览风姿，并留下了千古传唱的诗文。

忆丹霞山居

（明）李永茂

其一

云半结庐夜授经，流泉细细晓来听。

天空但立千群竹，月落犹余数点星。

雁阵南飞悲故国，螺川西望恨街亭。

三岩一出秋容老，惭愧闲身泛水萍。

其二

倚杖锄茶续陆经，喈喈野鸟傍林听。

客来共踏花间露，老去徒怜鬓上星。

未辟入州开幕府，空劳午梦泣新亭。

曾缘多病觅新药，却热应须瀚海萍。

其三

花卸花开逐岁经，松风松雨四时听。

长闲独赋关山月，小集俄占太史星。

丹诏一阳瞻凤辇，捷书万里发虢亭。

孤臣强揾昏朝泪，高要峡边诵野萍。

中国丹霞之魂——崀山

走近崀山

　　崀山风景名胜区位于湖南省邵阳市新宁县境内，与广西资源县八角寨景区连为一体（八角寨是一边属新宁县，一边属资源县），包括天一巷、辣椒峰、夫夷江、八角寨、紫霞峒、天生桥6大景区，18处风景小区，已发现和命名的重要景点有500余处，有三大溶洞和一个原始森林，总面积108平方千米，属典型的丹霞地貌，是难得的环保型山水自然风景区。

崀山

　　2010年6月，在世界遗产中心关于中国丹霞的评估报告中指出："崀山和丹霞山最清楚地演示了中国丹霞的典型特征。"

身临其境

　　崀山境内地质结构奇特，山、水、林、洞要素齐全，是典型的丹霞峰林地貌，在国内风景区中独树一帜。景区内丹霞地貌类型多样，集高、陡、深、长、窄于一体，会雄、奇、险、幽、秀于一身。据专家考证，崀山是现今全国乃至世界稀有的大面积丹霞地貌景区。其中著名的景观有"崀山六绝"，更是堪称世界奇观。

天一巷

　　天一巷位于天一巷景区，全长238.8米，两侧石壁高120～180余米，最宽处0.8米，最窄处0.33米，可谓世界一线天绝景。2009年，崀山天一巷入选世界纪录协会世界第一巷，创造了世界之最。

天一巷

鲸鱼闹海

鲸鱼闹海位于八角寨景区，俯视峡谷，浮云缥缈，奇峰异石，时而露出头尾，恰似千万条鲸鱼在海中嬉戏。

鲸鱼闹海

将军石

将军石

将军石位于夫夷江景区，海拔399.5米，石柱净高75米，周长40米，沿夫夷江漂流而下，只见将军石背负青天，下临夫夷江，昂首挺胸，披星执锐，虎虎生威。

骆驼峰

骆驼峰位于辣椒峰景区，峰高187.8米，长273米，有两处凹陷，分成骆驼头，骆驼背和骆驼尾，形象逼真，惟妙惟肖。

骆驼峰

天生桥

天生桥

天生桥的桥墩长64米，宽14米，高20米，桥面厚度5米，全桥呈圆拱形，划天而过，气势磅礴，被誉为亚洲第一桥。

辣椒峰

辣椒峰由一块巨石构成，高180米，上大下小，石顶周长约100米，呈赤红色，多棱柱形，倒立于平地，其犹如擎天大柱，雄奇、险峻，远观就像一个硕大无比的红辣椒，秀美、神奇。

辣椒峰

耳闻奇传

艾青命笔

当地人把"桂林山水甲天下，崀山风景赛桂林"这句话挂在嘴边。这句话是现代著名诗人艾青说的。1938年10月，艾青写了著名的《大堰河，我的保姆》之后不久，即随湖南省立乡村师范学校避战乱迁来新宁，他在这里又写下了著名的《我爱这土地》一诗："为什么我的眼里常含泪水？因为我对这土地爱得深沉。"

在诗人的眼里，山已经成了劫难中祖国大好河山的缩影。无疑，山的美质启迪了诗人深沉的感情。艾青当时曾对他的学生说过，崀山有多么多么好，这是毫无疑问的。但艾青这些也许无心的口吟却被当时几个有心的学生记住了，虽然没有白纸黑字记载。

史上将军县

历史上，除了文人骚客，新宁人对家门前这一片浪漫的山水并没有过多地留意，这里多的是揭竿而起、除暴安良的绿林豪杰。新宁民风剽悍，练武之风盛行。晚清时期，对新宁人来说，山留下的苦难记忆太多太深，而这一切都源于山那边出了个洪秀全，山这边出了个曾国藩。

因为地缘，山成了"楚勇湘军"阻击"太平军"的前线和战场。也因此，这里诞生了"湘军"中的翘楚——楚勇。在镇压太平天国运动的过程中，新宁"楚勇"中出现了如著名悍将江忠源、两江总督刘坤一等200多个文武将官。新宁成了晚清名副其实的"将军县"。当地人对外地的游客说，这是因为山脚下夫夷江畔那块"将军石"的风水所致。

吟诗作赋

仰望崀山

据说你起源于海里的一座城
因倾慕山的海拔
穿越潮起潮落，海枯石烂的光年
终于以俯视的姿态
笑看红尘熙攘，世态炎凉

仰望你的高度
我必须是一名最最谦卑的攀登者
山间的一粒石子
一棵树，抑或一丛草
都是尘世无法企及的厚重

我们以虔诚的目光去探寻
那层层叠叠的丹霞
一颗颗卑微的尘埃
紧紧依附这凝重的磅礴

一寺庙挂在山尖
给无畏的征服者以禅悟
拥挤的山道上，此刻依然
熙熙攘攘，来来往往

东方瑞士——仙女山

走近仙女山

仙女山国家森林公园位于武隆县双河乡，距县城35千米，因山上有一峰酷似翩跹起舞的仙女而得名。公园占地约100平方千米，海拔平均高度1900米，年平均气温20℃，以其江南独具魅力的高山草原、南国罕见的林海雪原、青幽秀美的丛林碧野景观而被誉为"东方瑞士"，它与神奇的芙蓉洞、秀美的芙蓉江、世界最大的天生桥群地质奇观、经典雅致的华邦酒店（4星）组合为重庆最佳旅游观光度假胜地。

仙女山（一）

身临其境

仙女山的林海、奇峰、草场、雪原被游客称为四绝。登峰远眺，起伏而又不失平坦；万峰林海，苍翠欲滴；镶嵌在山林之间的辽阔草场，野花似锦、延绵天际、牛羊徜徉其间，如诗如画；山峰、山谷、森林与草原浑然一体，交相辉映，给人以阴柔与阳刚相济的和谐美，形成具有雄、峻、秀、奇、阔的地质地貌特色。

仙女山（二）

林 海

登峰远眺，眼前为之一亮，万峰林海。春季，仙女山被此起彼伏的山丘、浓浓浅浅的绿罩着，朵朵盛开的野花簇拥成团，天蓝得透亮，白云肆意地变换着各种姿态，成群的牛羊在明媚的阳光中悠闲地

林 海

倘佯于原野间。山峰、山谷、森林与草原浑然一体，交相辉映。

奇 峰

奇 峰

这里的奇峰，往往是突兀而起，山势峻拔，充满着阳刚，透露出豪放。而且，这些奇峰往往都有着一段美丽动人的神话传说，使得这些没有生命的冰冷的山石，变得是那么的充满人间烟火，生动鲜活和可亲可近。

草 场

草 场

仙女山拥有十万亩大草场，由于草原与树林相依、与山丘相连，视线在一定程度上被树林、浅丘所阻隔，实质上它们基本上是连为一体的。我们可以想象在这样的草原上，快马挥鞭，纵马驰骋是一种什么样的感觉，不仅如此，这里还可以滑草、滑雪，感受飞一般的感觉。

雪 景

雪景是仙女山的极品景观，冬季的仙女山日平均气温0℃以下，无垠的林海和莽原被冰雪所笼罩，呈现出一派林海雪原的圣洁美景，白雪皑皑，银装素裹。雾凇、冰瀑雪景涌动。每当此时，仙女山就成为重庆周边观赏雪景、开展雪上运动的绝佳旅游运动休闲胜地。

雪 景

耳闻奇传

仙女山

从前，仙女山上有一个穷苦的牧童，为还父债成天给地主放牛割草。有一天，他放牧到一个叫作清水塘的地方，捡到一件华丽的衣衫，这时出现了一位妙龄女子，她羞涩地来到牧童的面前说衣衫是她遗失的。牧童将衣衫归还给女子。女子后来与牧童成亲了，帮助牧童放牧、缝补衣裳，财主知道牧童有位美丽的妻子后，想霸占女子为妻。

原来女子是仙女下凡，她巧施妙计杀了恶毒的财主。后来仙女化为了一座山峰，屹立于悬崖之巅，成为千百年来扶正除邪的象征。

菩萨坨

从前，一年的春天，仙女山上突然流行起一种怪病，不知从哪里来了一位老郎中，他采来了百草熬成汤药送给山民分食，治好了山民的怪病。老郎中因此得到山民的敬重。

老郎中有一个9岁的儿子，耳濡目染，成了父亲的好帮手。一次老郎中采到一株千年人参后跌下悬崖摔死了，财主听说老郎中的儿子有了吃后能成仙成道的千年人参后，就派人去老郎中儿子手中抢千年人参。老郎中的儿子在逃跑时突然在仙女崖下面像被钉住了一样，怎么也挪不动脚步，情急之中，他吃了藏在怀中的千年人参，身子突然轻飘飘地就升上了天！

沁园春
马干国

远也苍苍，近也茵茵，甚似梦中。看翠岭亘立，乌江徐绕，朝阳披彩，夕照涂彤。恣意牛羊，任翔莺鹊，万类生灵尽自融。谁营建，这东方瑞士，仙女行宫。

春来万紫千红。夏日里，游车似巨龙。惹帅男靓女，甜言蜜语，倾心草地，沐浴清风。待到寒冬，银妆素裹，滑雪穿梭笑叟童。吾何惬，竟扬鞭跃马，射箭鸣空。

水调歌头
孟湘

松涛声阵阵，碧浪野茫茫。峦峰林海绵延，辉映溢芬芳。观日通天塔上，惊见雾云飘渺，仙女带羞藏。夜窥石门洞，玉兔挂穹苍。

春赏花，秋看月，夏乘凉。寒冬冰瀑，满目雪锁裹银装。异宝奇珍处处，曲径幽馨缕缕，草动现牛羊。都为武隆醉，无限好风光。

植物宝盆、动物宝库——云台山

走近云台山

云台山世界自然风景区位于中国西部，贵州省施秉县北部，距离县城13千米。云台山风景区是舞阳河国家级风景名胜区的主要组成部分，景区由云台山、外营台、轿顶山及大田垴等群峰组成。面积约210平方千米，主峰团仑岩海拔1066米，突起于群山之间，因山形四面削成，独出于云霄之半，山巅如台，加之云雾缭绕，故名云台山。云台山为白云岩喀斯特地貌，这里以原始自然生态、天象奇观、奇峰丽水、佛教遗址、道教古刹等自然和人文景观为特色。云台山的风景如诗如画，美景数不胜数，犹以喀斯特地貌闻名于世，这里有山间珍稀植物近400种，珍贵动物近百种，有"植物宝盆""动物宝库"之美誉。

身临其境

施秉县云台山白云岩喀斯特地貌处于黔中山地向湘西丘陵过渡的斜坡上，为黔中中山区，是一个深受河流切割的亚热带喀斯特高原。其区域内，以山、水、云、雾、林为基本元素，勾勒出一幅幅山青翠妩媚、峰笔直陡峭、峦层层叠叠、水清澄透明、云一尘不染、雾缥缈虚无、林幽静深邃的山水相映、林水相亲、景色秀美、环境清新的画卷，集色美、形美、声美于一体，使综合美、原始美和谐统一，其景区内的主要景观有：上舞阳、杉木河、黑冲风景区和金钟山。

上舞阳开发有头峡、无路峡、老洞峡、观音峡，长约50千米，是喀斯特地貌，其景色可用清、幽、峻、秀、灵五个字概括。上舞阳三峡两岸相对高差多在200～300米之间，峰丛嶙峋、嵯峨跌宕，飞瀑流泉高持其间，沿途的"天生桥""穿洞"相连成串。

杉木河位于施秉县西北，距县城14千米。杉木河水清澈透明，一湾一景，被誉为"神水河""矿泉河""爱情河"。整个景区幽而不闭、深而不险；河床卵石铺垫，一尘不染，集齐"秀、幽、奇"的自然本色，杉木河在44千米流程内有着总计640米的天然落差，是漂流的理想场所。

黑冲风景区位于距施秉县城15千米处，是舞阳河名胜风景区的一个重要景点。为观云海、望日出、赏山花、俯瞰万壑千山的好场所。

金钟山位于施秉县南面的清水江岸，即今马号乡，距县城47千米，主峰海拔

977米，如一尊巨石矗立天际。山巅平地建有庙宇供奉神灵。半山之腰，有泉水一股冒出，粗如刀把，四季无消涨。

周公殿的传说

相传在很久以前，石阡县城有两个杀猪宰牛的屠夫，一个叫徐贞元，一个叫周惠登。两人受母牛护子的启迪，商议不再当屠夫，随后入雷音寺出家当了和尚。数年后，他们便云游四海，沿途救治病人。一日，他们来到施秉县城西北15千米处，见这里群峰耸立，林海茫茫，正是修行的好地方。徐公便对周公说："此处是福地，我们刻苦修行才是。"哪知道周公本是好吃之人，听说还要苦修，忍不住说："你修清佛（受清净戒），我修红佛（吃荤）算了。"徐公一惊，进一步试探说："你看河边有个美貌的姑娘在洗衣服。"周公往下一看，果见一少女宛如天仙，正仰着头，冲他莞尔一笑。周公不觉凡心一动，脚下踩空，徐公慌忙去拉，只扯断了他的拇指，周公还是跌落下去。再看那少女已无踪影。徐公为纪念这个只因一念之差重堕红尘的老友，乃募化修庙于此，起名周公殿。

黔东佛教圣地来源传说

云南有一乐善好施的制台，家资丰厚，但年过半百尚无子嗣。忽一日，制台妻夜得一奇梦，不久便有了身孕。十月怀胎，产下一公子，合家欢天喜地，岂料这个孩子一落地却大哭不止。这天，徐公正在打坐，不觉心浮意动。于是暗中观察，知道是周公转世有难，求他救助，于是他持钵前往云南。徐公来到制台家，一进门便说："你的儿子六根不全，方才啼哭不止。"徐公从怀中取出一指，用口水给孩子粘上，孩子哭声止住，而那粘上去的手指如原生一般。临走时徐公说："公子他日定有出息，若欲报恩，到时他一呼喊徐公我便会来。"说完飘然而去。18年过去了，那公子果然中举。他昼行夜宿，数日后来到施秉。这时施秉河水猛涨，无法渡过，公子只得落脚投宿。夜里，徐公托梦：明日水退，过河后，往城西北走，至一崇山前，跟着石灰印走。第二天，公子按梦中指点，行至山前，果见地上有石灰印。他随着印迹寻找，后在拜经台上找到了一位身披袈裟、双手合十、端坐参禅的高僧。公子一看，正是那梦中之人。公子按照徐公梦中之意，即刻动工修建寺庙。当地百姓深为这位云南公子的知恩必报而感动，遂取"云南制台"首尾二字，将这座山取名为云台山。大殿落成当日，正是农历三月初三，公子将徐公雕像安于殿堂之上，焚香叩拜后，挥泪而去。远近百姓纷至沓来，朝拜这位行医治病、广行善事的开山祖师——徐公。云台山从此成为黔东南佛教圣地。

吟诗作赋

千百年来，云台山以其逶迤的自然风光，让无数人流连忘返，引得不少文人诗客为之赋诗。

西岳云台歌送丹丘子

（唐）李白

西岳峥嵘何壮哉！黄河如丝天际来。

黄河万里触山动，盘涡毂转秦地雷。

荣光休气纷五彩，千年一清圣人在。

巨灵咆哮擘两山，洪波喷箭射东海。

三峰却立如欲摧，翠崖丹谷高掌开。

白帝金精运元气，石作莲花云作台。

云台阁道连窈冥，中有不死丹丘生。

明星玉女备洒扫，麻姑搔背指爪轻。

我皇手把天地户，丹丘谈天与天语。

九重出入生光辉，东来蓬莱复西归。

玉浆倘惠故人饮，骑二茅龙上天飞。

七律·云台山印象（新韵）

红岩绿草绣金屏，鸟语花香树绕藤。

挺俊绝崖千古帝，清凉碧水万年绫。

青山环抱观善寺，曲径幽长赏九龙。

地貌公园稀世少，游人漫步走苍穹。

天然火山地质博物馆——腾冲火山

走进腾冲火山

腾冲地热火山风景名胜区，位于云南省西部国陲，与缅甸接壤，面积129.9平方千米。地势属横断山南段偏西部分。东部高黎贡山和西北部姐妹山形成天然屏障，向西南急骤降低，呈长马蹄状盆地。腾冲有保存完好、形态典型的休眠火山群，共有休眠期火山97座，其中火山口保存较完整的火山达23座。最高的海拔2700米，相

腾冲火山

对高差为60～1000米。有全国闻名的热泉、矿泉80余处及90多座火山锥，这些火山有穹状火山、截顶圆锥状火山、盾状火山、低平马尔式火山4种类型。腾冲火山以类型齐全、规模宏大、分布集中、保存较完整而著称于世，因此被誉为"天然火山地质博物馆"。

身临其境

1609年，徐霞客考察了腾冲火山与地热。李根源在《烈遗山记》中描述"腾冲多火山，志载明成化、正德、嘉靖、万历年间火山爆发多次"，说明几百年前，腾冲火山区有过喷发活动，不过都是未经证实的喷发。唯一可以确定腾冲火山在公元前6000年前有过爆发。2016年8月3日，云南省保山市腾冲火山热海旅游区被国家旅游局批准为5A级景区。

腾冲远景

腾冲也是中国三大地热区之一，气泉、温泉共有80余处，以热力强大，形态奇妙著称于世。有硫黄塘大滚锅、黄瓜箐热气沟和澡塘河热泉。其中最为壮观的要数离县城西南24千米处的黄瓜箐地热区。这里被称为"热海"，数十处热泉喷薄竞涌，遍地嘶嘶作响。数不清的喷气孔喷射着热水和蒸气，温度均在94～98℃。整个山谷，气

浪蒸腾、喧嚣热闹，别是一番天地。景区被誉为"天然花园""物种的基因库"。

热海大滚锅

目前火山口保存最完整、有较高科考和观赏价值的是距县城20千米的马站火山群，有大空山、小空山、黑空山、城子楼山、大团山、小团山、长坡山、打鹰山以及距县城4千米的马鞍山、老龟坡火山等22座，像一个个精艺盆景，极为壮观。

站在大空山顶，北面的黑空山，南面的小空山及周围的火山群，将随游人的视野无限展开，大面积势若奔腾的熔岩流凝成的石山以及巧夺天工的火山溶洞，幽静神秘，千姿百态。如今，借大自然造化之功兴建的腾冲火山群国家公园已成为越来越多的海内外游客的必游之所。

特色美食

腾冲小吃风味独特，各具千秋，吃的时间、地点都有讲究，否则很难品尝到真正的特色。下面介绍当地几种有名的小吃：

1. 饵丝

吃饵丝时间最好为早上7点至12点，早点铺都有。但是最地道、最正宗、最美味的饵丝不在城市，而是在农村。农民讨亲嫁女、盖大房子、过三十六、庆六十岁时待正客（正餐）的头天晚上，农民把自家喂养出来的原生态肥猪宰了用骨头、皮子、鲜肉做的汤羹，配以胡家湾鲜饵丝制成，味道非常鲜美，堪称腾冲一绝。当然这样一碗饵丝对来腾冲旅游的朋友可是千载难逢，可遇而不可求。

2. 擦粉

擦粉顾名思义就是用铜刷把荞面凉粉擦成细条，该小吃在云南仅腾冲独有，取材自高寒山地的苦荞，而苦荞又以古勇莽原上的为佳。时间为中午1点至5点左右，当然要辣，吃的才有味。

3. 稀豆粉粑粑

稀豆粉粑粑与腾冲饵丝在早晚点的市场角逐中平分秋色，各占半壁江山。早晚都有，但白天很难吃到。原料为胡家湾鲜风吹粑粑和腾冲境内种植的豌豆。将粑粑烤得脆香放在小盘里，然后舀上热气腾腾的稀豆粉撒上烧花生在另一大碗里递过来。当然吃法有讲究，客人需用手撕了粑粑蘸豆粉吃。一定要手撕粑粑，否则不好吃。最好是原汁原味的吃三分之一，然后加辣椒油吃一小部分，吃完那小部分，再加麻油吃一小点，最后所剩不多依口味加调料。

4. 卷粉

吃卷粉时间最好是中午1点到5点左右。用上等大米磨好、过滤，然后在家现蒸现卖。卷粉刚出蒸笼，抬将出来，摊上特制酱汁，撒上烧花生、味精、芫荽芝麻，卷起后即食。

5. 米线

米线吃的最佳时间为中午大热天。在米线上放现切的脆黄瓜丝，撒上嫩豆芽菜，现炸瘦肉丝，酥肉面粒，放上白糖、醋、姜蒜汁、西红柿、辣椒、麻油、黄笋、芝麻、芫荽即可。

6. 撒撇

撒撇原为德宏州傣族小吃。近几年随着腾冲旅游业的飞速发展，撒撇亦在腾冲安家落户，并火了起来，中午12点后到深夜都有。撒撇材料是细米线、干巴丝、烤牛肝、鲜肉粒、小米辣、韭菜末，味道有酸苦两种，苦的放牛苦肠，酸的放柠檬汁。

吟诗作赋

浴黄瓜脊温泉

王灿

山开石安出久禁，到此宜题第一汤。
久体间船暴病贵，颠化其可沈愁肠。
柬田吸毒久人喜，风遭滇户革本香。
逼近名泉喜浴吐，拟感靳患把肪阳。

热海行送崔侍御还京

（唐）岑参

侧闻阴山胡儿语，西头热海水如煮。
海上众鸟不敢飞，中有鲤鱼长且肥。
岸旁青草常不歇，空中白雪遥旋灭。
蒸沙烁石然虏云，沸浪炎波煎汉月。
阴火潜烧天地炉，何事偏烘西一隅。
势吞月窟侵太白，气连赤坂通单于。
送君一醉天山郭，正见夕阳海边落。
柏台霜威寒逼人，热海炎气为之薄。

巍巍昆仑亚洲脊柱——昆仑山

走近昆仑山

昆仑山公园入口

　　昆仑山，又称昆仑虚、昆仑丘或玉山。昆仑山在地理上从帕米尔高原隆起，凌空而下，浩浩荡荡，横贯新疆、西藏间，素有"亚洲脊柱"之称。它延伸至青海境内，全长大约2500千米，平均海拔5500～6000米，宽130～200千米，总面积达50多万平方千米。昆仑山在中华民族的文化史上具有"万山之祖"的显赫地位，古人称昆仑山为中华"龙脉之祖"。

昆仑山远景

身临其境

　　昆仑山内景色神奇秀丽，山峦起伏，林深古幽，每逢春夏之交，满山的树木苍翠欲滴，鲜花争奇斗艳，使它更具风韵。昆仑山境内有许多险峻奇秀之处，比较有名的有昆仑山口、昆仑桥、昆仑泉等。

昆仑山口

昆仑山口

昆仑山口地势高耸，空气稀薄，生态环境独特，自然景色壮观。这里群山连绵起伏，雪峰突兀林立。尤其令人感到奇特的是，这里到处是突兀嶙峋的冰丘、变幻莫测的冰锥，以及终年不化的高原冻土层。冰丘有的高几米，有的高十几米，冰丘下面是源源不断的水流，一年四季都不枯竭。一旦冰层揭开，地下水常常喷涌而出，形成喷泉。

昆仑山口的大片高原冻土层虽终年不化，但冻土层表面的草甸上却生长着青青的牧草。每到盛夏季节，草丛中盛开着各色鲜艳的野花，甚是好看。游客登临昆仑山口，巍巍昆仑的千峰万壑如同披着银灰色铠甲的千万匹骏马，随着风起云涌，浩浩荡荡，飞奔而来。

昆仑桥

昆仑桥又称一步天险桥。它位于格尔木南部的昆仑山下，是青藏公路上的一大险关。昆仑桥的壮观之处在于桥下的绝壁和万丈深涧。发源于昆仑山中的由雪水和泉水汇合而成的格尔木河，从海拔4000多米的高山峡谷奔流而下，滔滔的河水长期冲刷河谷的千板岩，最后竟穿凿成了一条深40多米、宽数米的石峡险谷，其中最窄处只有4米左右，极为奇险壮观。

昆仑桥

昆仑泉

昆仑泉位于昆仑河北岸著名的小镇纳赤台正中，泉水是昆仑山冰雪融化后渗入地下流动喷涌出来的，它是昆仑山中最大的不冻泉。泉水清凉甘甜，清澈透明，是一泓优良的天然矿泉，因此，昆仑泉被誉为神泉圣水、琼浆玉液。

昆仑泉

昆仑泉泉水很旺，不时翻起层层浪花，迸发出响声，它日夜不停地向外喷涌，即使严寒的冬季也从不封冻。中央一股清泉从池地突然喷涌而出，形成晶莹透明的蘑菇形状，将无数片碧玉般的花瓣抛向四周，好似一朵盛开的莲花，又好像四溅的碎玉落入一泓清池，引得许多游客在此驻足欣赏。

耳闻奇传

昆仑山在神话传说中有崇高的地位。《山海经·海内西经》说它是海内最高的山，是天帝在地上的都城。这可能因为昆仑山是黄河之源，而黄河是中华民族的母亲河，古人出于这种崇拜心理，便把昆仑山看作为神山、仙山。

传说昆仑山由于其高耸挺拔，而成为古代中国和西部之间的天然屏障，被古代中国人认为是世界的边缘。古代神话认为昆仑山中居住着一位神仙"西王母"，人头豹身，由两只青鸟侍奉。后来的传说又为西王母配上一位"东王公"，并演化成玉皇大帝的原型。

昆仑山上奇峰无数，其中玉虚峰亭亭玉立，相传为玉皇大帝的妹妹玉虚神女居住的地方。传说，当年玉皇大帝见昆仑山雄伟高大，景象万千，且离天庭很近，便在昆仑山顶修建了一座轩辕行宫。玉帝的妹妹玉虚得知后，很不服气，说玉帝霸占的地方太多了，不仅占了天上，还要把地上的好地方也据为己有。玉帝没有办法，

昆仑山一角

只好把其中的一座山峰让给了玉虚。玉虚便在这座山峰上为自己修筑一座冰清玉洁、俏丽奇美的行宫，而且经常带着众姐妹到此游玩，所以，这座山峰就叫玉虚峰。

吟诗作赋

古往今来，有多少先贤智者，骚人墨客，遥望西天，情寄昆仑，用诗词歌赋来表达他们对昆仑的感情。

昆仑行

（宋）陆游

阴云解驳朝暾红，黄河直与昆仑通。

不驾鸾凤骖虬龙，径蹑香烟上空中。

吾行忽过日月宫，下视积气青蒙蒙。

寒暑不分昼夜同，嵯峨九关常烈风。

凛然萧森变冲融，不悸不眩身如空。

尘沙浩劫环无穷，讵须更觅安期翁！

昆仑颂

陈 毅

峰外多峰峰不存，岭外有岭岭难寻。

地大势高无险阻，到处川原一线平。

目极雪线连天际，望中牛马漫逡巡。

漠漠荒野人迹少，间有水草便是客。

粒粒砂石是何物，辨别留待勘探群。

我车日行三百里，七天驰骋不曾停。

昆仑魄力何伟大，不以丘壑博盛名。

驱遣江河东入海，控制五岳断山横。

经典名山——太行山

太行山，又名五行山、王母山、女娲山，是中国东部地区的重要山脉和地理分界线。

太行山位于山西省与华北平原之间，纵跨北京、河北、山西、河南4省、市，山脉北起北京市西山，向南延伸至河南与山西交界地区的王屋山，西接山西高原，东临华北平原，呈东北—西南走向，绵延400余千米。它是中国地形第二阶梯的东缘，也是黄土高原的东部界线。

太行山

身临其境

太行山是中国东部的一条重要地理界线。东部的华北平原是落叶阔叶林地带，西部的黄土高原是森林草原地带和干草原地带，两侧的植被、土壤垂直带特征也存在明显差异。

太行山脉多东西向横谷，自古就是交通要道，商旅通衢。古时有著名的"太行八陉"。太行山北高南低，大部分海拔在1200米以上。2000米以上的高峰有河北的小五台山、灵山、东灵山、白石山，山西的太白魏山、南索山、阳曲山等。北端最高峰为小五台山，海拔高2882米；南端高峰为陵川的佛子山、板山，海拔分别为1745米、1791米。

太行山山势东陡西缓，山西高原东部河流多切过太行山进入河北平原，汇入海河水系。只有西南部的沁河水系向南汇入黄河。

太行山脉西翼连接山西高原，东翼由中山、低山、丘陵过渡到平原。山中多雄关，著名的有位于河北的紫荆关，山西的娘子关、虹梯关、壶关、天井关等。

太行山是黄土高原和华北平原的天然分界线。北宋时代杰出的科学家沈括看到太行山的山崖之间"怯怯御螺贝壳及石子如鸟卵者，横亘石壁如带"，经过研究指出："此乃昔日之海滨，今东距海已近千里。"现代地质研究证实了他的论断。太行山崖间的螺蚌壳，显系古生代地层中的腕足动物或软体动物化石。

通天峡

通天峡风景区位于太行山南端山西省长治市平顺县东30千米虹梯关乡，横跨山西、河南两省交界处，西距上党古城长治市区50千米，北与红色旅游胜地八路军文化园及太行水乡等风景区相通，南临林州市35千米，与石板岩风景区、林虑山风景区及著名的红旗渠相连，总面积56平方千米，主峡谷长约26千米。通天峡

通天峡

属暖温带半湿润大陆性气候，冬无严寒，夏无酷暑，全年平均气温9.5℃，与河北承德皇家避暑山庄属于同一类气候。这里空气清新，景色四季宜人，夏季山谷清幽，涌泉如瀑，是避暑的好去处；秋季满山五彩斑斓、色泽艳丽，让人陶醉痴迷；冬季白雪皑皑，冰瀑飞挂另有一番景致。这里生长着党参、黄芩、柴胡、连翘等多种名贵的中药材，形成了养生健身的极佳环境。

苍岩山

苍岩山

苍岩山位于河北省石家庄市西南50千米，地处井陉县境内，总面积63平方千米，为中国历史文化名山、国家重点风景名胜区、国家4A级旅游区，苍岩山福庆寺作为苍岩山的核心景区被列为全国重点文物保护单位。苍岩山海拔1000余米，最大的特点是：不仅自然风光优美，而且宗教寺庙众多，山峦中有不少名殿古刹。

京娘湖

京娘湖位于河北省邯郸市武安市太行山大峡谷西北部山区的口上村北，亦称口上水库。距武安城30千米，距邯郸约60千米，位居太行山脉腹地。湖面呈倒"人"字形，分东西两支，长短各3千米。这里山水环绕，群峰竞秀，层峦叠嶂，川谷深

京娘湖

幽，赤壁丹崖，色彩斑斓，林木茂盛，波光粼粼，风景秀美，造化神奇，为旅游风景区和避暑胜地。

太行山作为中国最古老的山脉之一，不仅历史久远而且关于它的传说不胜枚举。其中最为著名的是愚公移山的故事。

愚公移山

传说中的太行、王屋两座山，周围七百里，高七八千丈，本来在冀州南边，黄河北岸以北的地方。

北山下面有个名叫愚公的人，年纪接近九十，向着山居住。他苦于山区北部的阻塞，出来进去都要绕道，就召集全家人商量说："我跟你们尽力挖平险峻的大山，使道路一直通到豫州南部，到达汉水南岸，可以吗？"家人纷纷表示赞同。他的妻子提出疑问说："凭你的力气，连魁父这座小山都不能削平，能把太行、王屋怎么样呢？况且把土石放到哪里去呢？"众人说："把它扔到渤海的边上，隐土的北边。"于是愚公率领儿孙中能挑担子的三个人上了山，凿石头，挖土，用簸箕运到渤海边上。邻居京城氏的寡妇有个儿子，刚七八岁，蹦蹦跳跳地去帮助他。

河湾上的智叟讥笑愚公，阻止他干这件事，说："你太不聪明了！就凭借你残余的岁月，剩下的力气连山上的一棵草都动不了，又能把泥土、石头怎么样呢？"北山愚公长叹说："你的思想真顽固，顽固到了无法改变的地步，连孤儿、寡妇都比不上。即使我死了，还有儿子在呀；儿子又生孙子，孙子又生儿子；儿子又有儿子，儿子又有孙子；子子孙孙无穷无尽，可是山却不会增高，还怕挖不平吗？"河湾上的智叟无话可答。

山神听说了这件事，怕他不停地挖下去，就向天帝报告了。天帝被愚公的诚心感动，命令大力神夸娥氏的两个儿子背走了那两座山，一座放在朔方的东部，一座放在雍州的南部。从此以后，冀州的南部直到汉水南岸，再也没有高山阻隔了。

千百年来，无数文人骚客面对着巍巍太行山不禁发出了声声的惊叹，陷入了深深的思索。为后人留下了许多不朽的篇章。

悲哉行

（唐）王昌龄

勿听白头吟，人间易忧怨。

若非沧浪子，安得从所愿。

北上太行山，临风阅吹万。

长云数千里，倏忽还肤寸。

观其微灭时，精意莫能论。

百年不容息，是处生意蔓。

始悟海上人，辞君永飞遁。

登景德塔

（宋）王安石

放身千仞高，北望太行山。

邑屋如螳蚁，蔽亏尘雾间。

念此屋中人，当复几人闲。

鸡鸣起四散，暮夜相与还。

物物各自我，谁为贤与顽。

贱气即易凌，贵气即难攀。

愧予心未齐，俛首一破颜。

国家地质公园——神农架

走近神农架

神农架国家森林公园位于湖北省西北部，由房县、兴山、巴东三县边缘地带组成，面积3250平方千米，林地占85%以上，森林覆盖率69.5%，区内居住着汉族、土家族、回族等民族，人口近8万。

神农架景区由天燕景区、古犀牛洞景区组成，是以原始森林风光为背景，以神农氏传说和纯朴的山林文化为内涵，集奇树、奇花、奇洞、奇峰与山民的奇风异俗为一体，以反映原始悠古、猎奇探秘为主题的原始生态旅游区。

神农架

神农架景区总面积13333.331公顷。建于1983年，为"森林与野生动物类型"国家级自然保护区。神农架自然保护区1990年被联合国教科文组织接纳加入世界生物保护区。

身临其境

神农架除举世闻名的"野人"之谜外，还有神奇的白化动物，吸引着科学考察人员和海内外游客。神农架是我国国家级风景名胜区，主要景点有风景垭、板壁岩、大九湖、神农顶、植物园、炎帝祭坛、千年古杉、香溪源、天门垭、燕子垭、植物标本馆、红坪画廊、古犀牛洞等。

风景垭

风景垭又名"巴东垭"，在神农架主峰西侧，距松柏镇117千米、木鱼镇30千米。最高处海拔2950米，有"神农第一顶"之誉，为神农架主要风景区之一。

风景垭

香溪源

香溪源是长江的支流，因哺育过世界四大文化名人之一屈原和中国四大美人之一王昭君而闻名于世。香溪源发源于神农架内，水质纯净，古木参天，有古代冰川的遗迹。相传王昭君在出塞和亲之前，曾回故乡省亲，她路过溪边，在溪流中洗脸时，将一串珍珠失落其中，从此，溪水一年四季清澈见底，芳香扑鼻，故名香溪。

香溪源

神农坛

神农坛

神农坛分天、地二坛，依山而建。天坛正中耸立着炎帝神农巨型牛首人身雕像。天坛之下为地坛，有可容数千人之多的广场。广场的大圆图案，代表天；圆心处设正方形，代表地；方形图案中，五彩石分列表示木、火、土、金、水五行。地坛广场的前端，两根高10米的如华表般的图腾柱分立两边，柱上雕塑也是牛首。图腾柱和浮雕之间设有祭坛。祭坛完全按古天子祭坛的规格设置，青铜铸就的祭器九鼎八簋正中排放，香炉、香案、金钟、法鼓坛前排列。

从地坛到天坛要经过243个台阶，计分五级，自下而上，第一级为9步，称"明九"；其余四级依次为72步、63步、54步、45步，皆是九的倍数，称"暗九"。这种"九五至尊"的设计，暗含着神农的至尊地位。

红坪景区

红坪景区位于新旅游开发镇红坪镇内，包括十里画廊和古犀牛洞两部分。十里画廊为一峡谷，潺潺小溪，流贯其间，鬼斧神工，三十六峰天然形成一道画廊。绵亘15千米的狭长画廊，两排秀峰峭拔攒

红坪景区

蹙、像泼墨国画挂在清溪两旁，分为三瀑四桥、五潭六洞、七岭八寨互相搭配、布局紧密，其中又分一奇、二怪、三险、四秀，在20世纪70年代，著名画家张步曾在此写生，在北京、东京、加拿大展出中获得成功。红坪画廊因此得名天下。

神农顶

神农顶风景区位于神农架国家级自然保护区内。分为小龙潭、金猴岭、风景垭、了望塔和板壁岩五个景点。神农顶面积约2平方千米，海拔3105.4米，是"华中第一峰"。神农顶终年雾霭茫茫，岩石裸露，长有苔藓和蕨类植物，山腰上则分布着箭竹林带、冷杉林带和高山杜鹃林带。

神农顶

耳闻奇传

民间流传的关于神农架的众多的传说之中，最为著名的是神农架名字的来历、姜的故事。

神农架名字的来历

神农架作为中华大地上的高山长林，历来被视为畏途，人迹罕至，就连现代人也称这里为"中国大地的深处"。但在这片古老的土地上，出土的新、旧石器时代文物证明距今300万年前这里已有人类活动。

相传，距今5000年前的原始部落首领、中华民族的伟大始祖炎帝神农氏，曾在这里尝草采药，架木为梯，以助攀援；架木为屋，以避风寒；架木为坛，跨鹤升天。后人遂以神农架命名其地。炎帝神农氏的传说在现代考古中得到充分的佐证。

姜的故事

一天，炎帝神农氏操着耕耙在田间耕作，因为天气闷热，大汗淋漓后又遭暴雨淋洒，加之劳累过度，他突然气喘胸闷，头晕眼花，昏倒在地。

不知过了多久，神农氏被一阵暴雨淋醒，发现身边有兜草苗，便顺手扯起，送进嘴里咀嚼，无意中却出现了奇迹。这东西辛辣适口，越嚼越有味。一会儿，他冒出微汗、闷气全消、神志清醒、四肢轻松自如、精神倍增。

为牢记这种植物的奇异功能，神农氏特意用自己的姓为其命名为"姜"，故《中华药物史》上"姜"占药名魁首。

神农架游记

冬日神农架，踏雪小龙潭。

冰凌河岸挂，雪没小桥栏。

不见清波影，声闻流水欢。

神农顶探雪

雪冻深山始放晴，神农素裹现冰清。

瀑流凝挂通天壁，天籁无藏呓语声。

镜外丹青人影动，林间水墨自然成。

开怀喜做他乡客，亦忘尊卑亦忘情。

神奇的自然风光——武陵源

走近武陵源

武陵源风景名胜区位于中国中部，湖南省西北部，为国家5A级著名旅游风景区，景区由张家界、索溪峪、天子山、杨家界四大部分组成。武陵源属世界上罕见的砂岩峰林地貌，这里纯属自然风景，到处是断崖绝壁、石柱石峰、云气烟雾、流泉飞瀑、古树名木、珍禽异兽。置身其间，犹如到了一个神奇的世界，有"大自然迷宫""天下第一奇山"之美誉。

武陵源

武陵源的风景如诗如画、美不胜收，以奇峰、怪石、幽谷、秀水和溶洞闻名于世，这里有野生动物400多种；木本植物850多种；5000多座石峰，千姿百态，耸立于沟壑深幽之中；800多条溪流，曲折蜿蜒，穿行在峡谷石林之间。

武陵源的主要景观有：张家界，是我国第一个国家森林公园，它地处武陵山中，这里地貌奇特，树木茂盛。索溪峪，风景区内有2000多座山峰，还有19道沟壑和6条溪流。天子山，风景区位于武陵源北，与张家界、索溪峪山水相依。杨家界，这一新景区总面积3400公顷，相传，北宋杨家将围剿向王天子曾在天子山安营扎寨。

身临其境

张家界国家森林公园，位于湖南西北部张家界市境内。1982年，经国务院批准，正式命名为"张家界国家森林公园"，也是中国第一个国家森林公园。1992年，因奇特的石英砂岩大峰林，被联合国列入《世界自然遗产名录》，2004年，被列入世界地质公园。公园总面积4810公顷。

张家界（一）

张家界国家森林公园，自然风光以峰称奇、以谷显幽、以林见秀。园内有奇峰3000多座，形象逼真，气势壮观，如人如兽、如器如物，有"三千奇峰，八百秀水"之美称。

张家界（二）

索溪峪

索溪峪

索溪峪位于武陵源风景名胜区东北部，又名索溪，因溪水如绳索而得名。索溪峪景区有独特的地质地貌和丰富的野生动植物资源，景区呈盆地状，中间低、四周高，山、丘、川并存，峰、洞、湖具备。其景观的主要特征是峰秀、谷幽、水碧、洞奥。主要景点有：西海峰林、十里画廊、水绕四门、百丈峡、宝峰湖、黄龙洞、一线天等，共约210多个。

天子山

天子山景区

天子山景区位于武陵源腹地，地势高出四周，置身于天子山主峰，举目远眺，视野辽阔，气象万千，方圆百里景观尽收眼底。天子山既险绝，又给人神秘幽静之感，且以石林奇观闻名遐迩。无数石峰如剑如戟，森然列于其间，似千军簇拥，气势雄浑无比。览胜其间，令人遐思无限，惊叹造物者的鬼斧神工。

杨家界风景区

杨家界风景区山明水秀，风光如画，属石英砂岩峰林峡谷地貌，东接张家界，北邻天子山，总面积3400公顷，景区内沟壑纵横，植被茂密，溪水长清，森林覆盖率达95%。杨家界有香芷溪、龙泉峡和百猴

杨家界

谷三个游览区，其知名景观主要有：一步登天、龙泉飞瀑、空中走廊、白鹤聚会、绝壁藤王等200余处。

耳闻奇传

张家界酒的传说故事

相传在湘西水河边，住着一个叫阿西的农夫，他每天起早贪黑地到半山腰种地，每年都是满怀希望的将收获来的苞谷、高粱等谷物堆放到自家吊脚楼的门前。有一天，阿西从山上做工回来，实在太累了，就躺在吊脚楼前的高粱垛子边睡着了。睡梦中，阿西梦到了一个老神仙，老神仙和蔼地走过来，问阿西："累不累啊？"阿西说："累啊，但我看到我的家人开开心心有饭吃，我就不累了，我休息一下就好了。"老神仙很是感动，就问阿西："我给你一样东西，你每天喝一点就不会累，你要不？"阿西很高兴，忙说："我要。"老神仙被阿西的直爽逗笑了，忙说："明天，你到西水河边去取一碗水，然后到渡口去，等三个过渡的人，分别向他们各要一滴血滴在碗里，然后弄一口大缸，取一些新收的高粱，然后……"说完老神仙就不见了，阿西伸手就要抓住老神仙。这时，一阵刺痛惊醒了阿西，当他把手从粮垛里抽出来的时候，他闻到了一股从没闻过的香味，因为他手上沾满了酒，阿西把手上的东西尝了尝，果然精神大振。这时，阿西明白了，原来刚刚睡梦中神仙是在指点他。

第二天，阿西按照神仙的指点，取了一碗水，然后赶到渡口等人。第一个来了一个书生，阿西上前施礼，然后向书生描述了一下梦里的情形，书生取了一滴血给了阿西。第二个是个游侠，他听了阿西的请求，很豪爽地给了他一滴血。过了好长一段时间，眼看神仙讲的辰时就要到了，第三个人就是不出现，怎么办？阿西有点慌了，用眼睛四处瞄。这时，他发现对面山上的墓堆上睡着一个傻子，于是阿西毫不犹豫地去取了一滴血。回家后，刚好赶上辰时，果然酿出了好东西，香气四溢，阿西把神仙教他酿出来的这种液体叫作"酒"。

土家男人有个传说，每天喝少许酒，会红光满面、书生意气，再多喝点就会划拳行令、侠骨义气，但千万不能再喝了，再喝就傻了。

张家界天门山"天门瑞兽"的传说

据说，曾有人偶然在天门山的原始森林里看到独角兽的出没，这种动物，长得非常接近中国古代流传下来的瑞兽，身形与老虎类似，带着红彤彤的颜色，头顶的

天门瑞兽

正中间有一只弯弯的独角。这独角兽警觉得很，发现有人看到它，立刻掉转身体，钻入树林深处去了。发现它的人，不敢追进森林搜寻踪迹，于是，这次没有结果的奇遇，就变成了天门山的难解之谜。

据传，天门瑞兽是瑞兽的一种，它昂首挺胸，威猛无比，刚健有力，似乎目空一切，威仪天下，福赐四方。头上长有一只弯弯独角是它的主要体貌特征，它流传于武陵永定一带，是武陵邑人心中的守护祥物。

吟诗作赋

千百年来，武陵源以其神奇的自然风光，让无数人流连忘返，在不少的古诗中，出现了"武陵源"一词。

桃源行

（唐）王维

坐看红树不知远，行尽青溪不见人。

山口潜行始隈隩，山开旷望旋平陆。

遥看一处攒云树，近入千家散花竹。

樵客初传汉姓名，居人未改秦衣服。

居人共住武陵源，还从物外起田园。

月明松下房栊静，日出云中鸡犬喧。

惊闻俗客争来集，竞引还家问都邑。

平明闾巷扫花开，薄暮渔樵乘水入。

初因避地去人间，及至成仙遂不还。

峡里谁知有人事，世中遥望空云山。

不疑灵境难闻见，尘心未尽思乡县。

出洞无论隔山水，辞家终拟长游衍。

自谓经过旧不迷，安知峰壑今来变。

当时只记入山深，青溪几度到云林。

春来遍是桃花水，不辨仙源何处寻。

花村六韵

（唐）吴融

地胜非离郭，花深故号村。

已怜梁雪重，仍愧楚云繁。

山近当吟冷，泉高入梦喧。

依稀小有洞，邂逅武陵源。

月好频移座，风轻莫闭门。

流莺更多思，百啭待黄昏。

即 事

（宋）王安石

径草暖如积，山晴花更繁。

纵横一川水，高下数山村。

静憩鸡鸣午，荒寻犬吠昏。

归来向人说，疑是武陵源。

生态名山

中华赏枫胜地——香山

走近香山

北京的香山又叫静宜园，是中国四大赏枫胜地之一，为4A级景区。位于北京海淀区西郊，距市区25千米，全园面积160公顷，顶峰香炉峰海拔557米，是北京著名的森林公园。

2012年10月12日，在第24届北京香山红叶文化节开幕式上，香山被授予"世界名山"称号。香山列入了美国雷尼尔雪

香 山

山、韩国雪岳山、坦桑尼亚乞力马扎罗等世界24座名山之中，也是中国继泰山、黄山、庐山、峨眉山之后的第5座入选世界名山的中国名山。

身临其境

香山公园

香山公园始建于金大定二十六年（1186年），距今已有900多年历史。元、明、清都在此营建离宫别院，香山寺曾为京西寺庙之冠。清乾隆十年（1745年），皇家在香山公园大兴土木，殿宇廊轩，构成名噪京城的二十八景，后筑围墙，乾隆皇帝赐名"静宜园"，名列京西"三山五园"。咸丰十年（1860年）和光绪二十六

香山红叶

年（1900年），香山公园先后遭英法联军和八国联军焚毁，"香山二十八景"多被破坏，后被陆续复建。1956年开辟为人民公园，经过近半个世纪的建设，现已成为中外闻名的北京十大公园之一。主要景点介绍如下。

静宜园

东门（亦名东宫门）是香山公园的正门。原东宫门的历史遗迹已经不复存在，大门已新翻修，清代乾隆皇帝所题的匾额"静宜园"悬挂于门楣之上。

勤政殿

勤政殿为二十八景之首，是香山具有皇家园林特色的标志性建筑，位于公园东宫门内，它是乾隆皇帝来园临时处理政务、接见王公大臣之所，取意勤政务本、勤于思政。

勤政殿

知松园

知松园

知松园位于南北主要游览干道西侧，占地2公顷。景区内一、二级古松柏100余株。在景区之东立有一巨石，上面书有"知松园"三字，石背录有陈毅的诗。知松取意于《论语·子罕》"岁寒然后知松柏之后凋也"。

璎珞岩

璎珞岩位于静翠湖南面，始建于明代，是一处人工叠成的石山，有泉水流下，俗称"小瀑布"，上边建有小亭，匾书"清音"，再后敞厅匾书康熙题名"绿筠深处"。

璎珞岩

眼镜湖

眼镜湖为"中华民国"时建。由两水池构成，形如眼镜，故名。

眼镜湖

阆风亭

阆风亭

路旁一亭，亭旁一块剑石，上刻"阆风"二字。站在亭上眺望西山，令人心旷神怡。

森玉笏

阆风亭向西直上，可见一巨大的悬崖峭壁。乾隆皇帝看它像朝臣手中的笏板，故赐此名。森玉笏三个大字刻在石壁上。

森玉笏

朝阳洞

森玉笏西北有一洞，名朝阳洞。乾隆皇帝来此洞曾即兴赋诗，现仍能见到石刻。

朝阳洞

香炉峰

香炉峰是香山公园的主峰，险峻难攀，过去俗称鬼见愁。这里还流传着一个凄婉的秋娘的故事。

香炉峰

重阳阁

重阳阁

重阳阁是香炉峰顶的一组建筑，意在九九重阳登高瞩望京城，建于1983年4月，分为上、下两层。

西山晴雪

从平台北望即可见到石碑一座，上书"西山晴雪"，乾隆十六年（1751年）立，延用元时名称，为燕京八景之一。明代，西山晴雪又改为西山霁雪，源于明永乐初为翰林院侍讲的邹缉《西山霁雪》。

西山晴雪碑

孙中山纪念堂

孙中山纪念堂

孙中山纪念堂原为普明妙觉殿。1925年3月12日，孙中山先生在北京逝世，他的灵柩曾停放在碧云寺最高处的金刚宝座塔内，1929年，中山先生的灵柩前往南京紫金山时，曾在此殿设灵堂，举行了隆重的公祭和哀悼，殿内存有中山先生的衣冠冢。悬挂在门楣上的匾额是由宋庆龄亲笔所书的"孙中山纪念堂"六个大字。

双清别墅

香山寺东南半山坡上，有一处别致清静的庭院，即双清别墅。院内两道清泉，常年流水不息，一股流向知乐濠，一股流向静翠湖，此即"双清"二字之缘由。院内池旁有八角亭及参天银杏树。1917年河北省发大水，督办熊希龄办香山慈幼局，

双清别墅

在此建别墅，始称双清别墅。1949年3月25日，毛泽东随党中央由河北平山县西柏坡来北平，住在此处，直到11月份才迁居中南海。毛泽东在此发表了一系列重要文件。著名的七律《人民解放军占领南京》即吟成于此处的八角亭内。

香山寺

香山寺

香山寺遗址即金大定二十六年（1186年）所建之大永安寺，原为金代行宫。据记载原有五层大殿，红墙碧瓦掩映在苍松翠柏之中，为香山二十八景之一。经英法联军和八国联军两次浩劫之后，只剩下正殿前的石屏、石碑等石头制品了。石屏本身有较高的艺术价值，正面中间是《金刚经》，左为《心经》，右为《观音经》，背面是燃灯、观音、普贤像。山门内有汉、满、蒙、藏四种文字的石碑，内容是乾隆的《娑罗树歌》。娑罗树，被视为佛门圣树，乔木，叶如手掌，为掌状复叶，多为七瓣，每年五六月间开花，花为宝塔状圆锥花序。据佛经记载，佛教创始人释迦牟尼涅槃于娑罗树下，乾隆皇帝亲自撰写《娑罗树歌》，也蕴藏深意。寺门两侧，有两株遒劲挺拔、枝叶繁茂的古松，状如听法，故名听法松。

昭庙

昭庙是一座大型藏式喇嘛庙。乾隆四十五年（1780年）为接待西藏班禅来京而建。该庙的醒目建筑即琉璃塔，塔顶有黄色琉璃宝瓶和八条垂檐脊。檐间系有铜铃56个，闻风而响。

昭庙

见心斋

见心斋

见心斋，是唯一的一处保存较好的古迹。始建于明嘉靖元年（1522年），清嘉庆元年（1796年）重修。小院内建筑布局极富江南情趣。院内东侧为半圆形水池，泉水由龙头吐入池内。建筑物上挂"见心斋"匾额。院内池轩相映，回廊临水，是香山公园中的园中之园。

卧佛寺

卧佛寺

在香山植物园，有千年古刹卧佛寺。寺内主殿卧佛殿，殿额为慈禧手笔"性月恒明"，殿内匾额为乾隆所书"得大自在"。铜卧佛长5.2米，头西足东，双腿伸直，左手平伸放在腿上，右手曲肱托头。全身部位匀称，体态自如，面部安祥。卧佛三面环立的塑像是其十二弟子，即"十二圆觉像"。

香山由来

香山名字由来的说法主要有三种：

（1）香山之名源于佛教经典。据载，佛祖释迦牟尼出生地迦毗罗卫国都城（即父城）近处有座香山，为观世音菩萨得道的地方，其后仍有很多佛教徒在香山修道。佛教传入中国之后，香山之名也随之传入。也因此缘故，中国以观音为主祀的佛教寺庙大都名为香山寺。

（2）得名缘自最高峰的钟乳石，其形似香炉，称为香炉山，简称香山。

（3）得名缘自古时香山的杏花，花开时其香味使得此山成为名副其实的"香山"。

香炉峰传说

在北京香山的群峰中，香炉峰雄劲挺拔，别具一格。

传说有一年秋天，金朝的第八代皇帝金章宗，带着亲王大臣到香山附近行围打猎。中午口渴，到路边的一个四合院讨茶喝，看中外貌姣好的张秋娘，于是拟圣旨一道，命令立即把秋娘送进北京皇宫。秋娘已有夫君，二人青梅竹马，生活十分美满。不想祸从天降，好端端的一对夫妻就这样被活活拆散。进宫后，因被正宫排斥，被皇帝安置在西山脚的一座行宫里，这就是香山最早的行宫。秋娘在行宫中度过十二年孤独的光阴后，病逝。她平时经常在香山顶烧香，遥祝家人平安幸福。由于秋娘在这里焚过香，人们越看越觉得这峰像香炉，就把这座山峰叫作香炉峰了。几百年过去了，每当黄昏看到香炉峰上飘起来的袅袅云烟时，人们就说那是秋娘又在燃香了。

七律·人民解放军占领南京

钟山风雨起苍黄，百万雄师过大江。
虎踞龙盘今胜昔，天翻地覆慨而慷。
宜将剩勇追穷寇，不可沽名学霸王。
天若有情天亦老，人间正道是沧桑。

知松园巨石刻陈毅诗

大雪压青松，青松挺且直，
欲知松高节，待到雪化时。

西山霁雪

（明）邹缉

西山遥望起岧峣，坐看千峰积雪消。
素采分林明晓日，寒光出壑映晴霄。
断崖稍见游麝迹，深谷仍迷野客樵。
应日阳和气回早，登临未惜马蹄遥。

江南诗山——敬亭山

走近敬亭山

敬亭山，原名昭亭山，西晋时为避帝讳而改名。敬亭山位于中国安徽省宣城市区北郊，属黄山支脉，东西绵亘十余里，有大小山峰60座，坐拥一峰、净峰、翠云峰三大主峰，最高峰翠云峰海拔324.1米。周围60余座山头如百鸟朝凤，似众星捧月簇拥在一峰周围。敬亭山虽不高，但在此丘陵地带拔地而起，远看满目青翠，云漫雾绕，犹如猛虎卧伏；近观林壑幽深，泉水淙淙，显得格外灵秀。

敬亭山

"山不在高，有仙则名。"自南齐谢朓《游敬亭山》和唐朝李白《独坐敬亭山》诗篇传颂后，敬亭山声名鹊起。谢、李之后，历代文人墨客以敬亭风光为背景，创作了无数传世名篇，敬亭山于是被称为"江南诗山"，饮誉海内外。

2012年1月，敬亭山风景名胜区被批准为国家4A级旅游景区。

身临其境

敬亭山拥有清丽俊俏之容，享有千古诗山之誉，更有风流不绝之趣。诗情山水之间，充满历史沧桑。敬亭山上著名的景观有诗山牌坊群、一峰庵、拥翠亭、云齐阁、玉真公主冢、敬亭梨园、广教寺双塔和古照亭石坊等。

一峰庵

一峰庵是敬亭山上西边支脉的一座庙堂，因修建于一峰而得名。明人梅守德作有"冬日喜初晴，篱边尚菊英。岩云沉梵影，林霭落钟声。"的诗句。站在此处可以把敬亭美景尽收眼底。

一峰庵

一峰山顶长着一种像枯树枝的石头，十分奇特。诗人李白来此游玩时看见了，就在一边的石头上题下"云根"二字。一直到20世纪30年代抗日战争前，"云根"二字，仍依稀可辨。"民国"二十七年，一峰庵被日本侵略者焚毁，昔日一峰庵香火鼎盛，许多游人前来进香，如今却已是废墟，仅存了两口古井。

拥翠亭

这座亭子身处碧绿的群山之间，放眼望去四周都是一片青翠可爱的景象，因而得名"拥翠亭"。诗人李白的名作《独坐敬亭山》正是在这里写下的。

拥翠亭

玉真公主冢

玉真公主冢

玉真公主是唐睿宗的女儿，唐玄宗的妹妹。她刚出生，生母窦氏就被执掌皇权的祖母武则天赐死，玉真公主自幼由姑母太平公主抚养。受父皇和姑母敬奉道教影响，她在豆蔻年华便入道为女冠，号持盈法师，后改号上清玄都大洞三景师。玉真公主入道后广游天下名山，结识了才华横溢的李白，她在皇帝面前力荐李白，但傲视权贵遭谗言的李白被皇帝赐金还山，公主郁郁寡欢，愤然上书去公主称号，追寻李白隐居敬亭山。后香消玉殒，魂寄此山，百姓将其安息之地称为玉真公主冢，世代祭拜。

敬亭梨园

敬亭山不仅有漫山遍野的杜鹃花，也是一片梨花的海洋。

敬亭山梨园占地20余亩，每年3月中旬至4月中旬是游人们前往敬亭山观赏梨花盛开的最佳时期。每当春天来临，站在山脚下放眼眺望，就能看见一大片白色的花海，那就是美丽绽放的梨花！正如诗句"忽如一夜春风来，千树万树梨花开。"

敬亭梨园

描绘的景象，徜徉在这片花海中，仅仅闻一闻梨花香，也会让人陶醉。

广教寺双塔

广教寺位于敬亭山南麓，始建于大唐宣宗大中三年（849年）。为江南千古名刹，曾与九华山化城寺、黄山翠峰寺、琅琊开化寺合称四大名寺。史书记载，宋太宗曾赐给广教寺上百卷书册，元朝皇帝赐给广教寺住持荣佑崖法师金袈裟。由此可见广教寺的显赫地位，广教寺还是国内国外佛教重要心法宗派的发源地。

广教寺双塔

广教寺兴盛于宋元时期，清代乾隆年间毁坏严重，曾被多次重修，1937年，抗日战争时期广教寺毁于日本侵华战火，仅遗存广教寺双塔。

广教寺双塔兴建于北宋绍圣三年（1096年），是一对并肩比立，独特罕见的方形古塔。广教寺双塔也被叫作敬亭双塔，不仅是敬亭一景，更是全国重点文物保护单位。

耳闻奇传

富有"江南诗山"美誉的敬亭山，流传着美丽的传说，其中最动人的要数敬亭绿雪茶和相思泉的故事。

敬亭绿雪茶

相传，古时候敬亭山下住着一位心灵手巧、心地善良的姑娘，名叫绿雪。她年年都要采摘敬亭山茶，为的是换钱给瘫痪在床的母亲治病。在一次采茶时，绿雪看见悬崖绝壁处有一株茶树，枝叶繁茂，新叶鲜嫩欲滴。她心想，如果能采上这株树上的茶，就能多换些钱给母亲买药了。绿雪历尽千辛万苦终于爬到崖壁，不料脚下一滑，失足跌落山崖。而她背篓里已采好的茶叶，像满天飘舞的雪花，洋洋洒洒，弥漫了敬亭山的沟沟洼洼。这些茶叶落地生根，见风就长，霎时长成一棵棵茶树，敬亭山上出现了一片翠绿的茶园。人们再也不用冒着生命危险采茶了，为了纪念这位勤劳孝顺的姑娘，人们把敬亭山产的茶取名为"敬亭绿雪"。

相思泉

玉真公主是唐睿宗的第十个女儿、唐玄宗的胞妹，由太平公主抚养长大。由于受唐睿宗和姑母太平公主信奉道教的影响，玉真公主豆蔻年华便入道并云游天下。

在云游中，公主结识了才华横溢的李白，他们跋山涉水，四处游走，成了志同道合的好朋友。天宝三年，李白被皇帝赐金还山，玉真公主毅然放弃公主之位，追随李白来到敬亭山，只可惜她寻李白未遇，在敬亭山的翠竹中香消玉殒。

玉真公主玉陨后，李白悲痛欲绝，常来她坟前祭悼。在一次祭悼时，李白在皇姑坟前发现了一泓清碧甘洌的泉水。当天夜里，他做了一个梦，梦见玉真公主对他说："我从黄山引了一泓清泉，供你上山煮酒烹茗之用。"

后人将这泉水称为皇姑泉，又叫相思泉。

一座敬亭山，其可爱秀美的风姿不仅印在了诗人、词人眼中，更幻化成了难得的绝唱佳句。

独坐敬亭山

（唐）李白

众鸟高飞尽，孤云独去闲。
相看两不厌，只有敬亭山。

游敬亭山

（南朝）谢朓

兹山亘百里，合沓与云齐。
隐沦既已托，灵异俱然栖。
上干蔽白日，下属带迥溪。
交藤荒且蔓，樛枝耸复低。
独鹤方朝唳，饥鼯此夜啼。
渫云已漫漫，多雨亦凄凄。
我行虽纡组，兼得寻幽蹊。
缘源殊未极，归径窅如迷。
要欲追奇趣，即此陵丹梯。
皇恩既已矣，兹理庶无暌。

由宣城泛湖东下

陈毅

敬亭山下橹声柔，雨洒江天似梦游。
李谢诗魂今在否？湖光照破万年愁。

海上花园——鼓浪屿：万石山

走近万石山

鼓浪屿：万石山位于厦门市南部，范围包括万石山地、鼓浪屿和部分海湾，景区总面积245.74平方千米，其中鼓浪屿1.77平方千米，万石山32.97平方千米，海域211平方千米，是国家5A景区。

万石山

鼓浪屿：万石山以花岗岩地质为主，岩体裸露，巨石遍布，其间沟谷、溪涧纵横，海岸线多变，沙滩相间，山、岛、海互为衬托，植物景观丰富多彩，形成亚热带海岛风光。整个景区具海、山、岛、礁、滩、岩、寺、花、木诸神秀，兼备民族风格、侨乡风情、闽台特色，并蓄西方异域情调。以海洋为主体，球状花岗岩为特点，山海交融、城景相依、文化内涵丰富的国家级风景名胜区。分为十大景区：三湾汇海（海域区）、万笏朝天（万石山）、鼓浪洞天（鼓浪屿）、古刹新辉（南普陀寺）、虎溪夜月（虎溪岩、白鹿洞、鸿山寺）、金榜钓矶（金榜山、阳台山）、洪济观日（云顶岩、金鸡亭）、上里探幽（上里水库、森林公园）、曾厝度假（曾厝垵海滨）、黄厝观景（黄厝景区）等。鼓浪屿依鹭江与万石山景区相连，素有"海上花园"美称。

相传岛西南角有一巨石，受海浪冲蚀而中空，每逢潮涌，浪击空石声如擂鼓而得名鼓浪屿。全岛绿化覆盖率达37%以上，绿树、红花、碧草遍布全岛。漫步街巷，无车马之喧，却时闻琴声悠扬，被誉为"音乐之岛"。主要景点有：郑成功石雕巨像皓月园、林巧稚纪念园——毓园、观海园、日光岩和郑成功纪念馆、水操台等，以及海上乘船饱览山岩、峭壁、礁石、沙滩构成的秀丽的海岸景观的环岛游。

身临其境

万石山景区西、北为市区，接鹭江与鼓浪屿景区相连，东、南为景区海域，峰巅巨石遍布，花岗岩山地景观独特，岩奇石怪，千姿百态。沟谷、溪涧蜿蜒，群峰起伏，沙滩绵延。厦门旧有的24景区多在本景区，如"洪济观日""阳台夕照""万寿松声""万石锁云""中岩玉笋"等。以厦门市园林植物园、虎溪鸿山、南普陀寺、胡里山炮台4部分为主。园林植物园位于景区西北部，主峰有太平山、中岩山、狮头山、半岭山及弥勒山；主要溪谷有樵溪、水磨坑溪，总汇于人工湖万石岩水库。

植物园

园内栽培植物3000多种，有松杉园、棕榈园、引种驯化区、多肉植物区、兰花圃等20多个专类园和种植区。南普陀寺，是闽南著名古刹，始建于唐，主要建筑有大雄宝殿、大悲殿和藏经阁，珍藏有缅甸玉佛、明大藏经等。胡里山系山地突出部分形成临海峭崖，清代建炮台，北半部为堞楼、山岩、园林，是厦门海防要塞之一。虎溪、鸿山在景区西部外清山，北支玉屏山有"虎溪夜月"胜景，每逢农历十五夜，月光照在虎雕上，投影石壁，影随光移，宛如活虎徘徊。南支鸿山，因两山夹峙，风雨时，风雨回旋不定，雨丝交织，似织纹成纤，形成"鸿山织雨"奇观。

耳闻奇传

鼓浪屿原为荒岛。元末明初始拓垦，明末清初郑成功据此安营设寨，训练水师。海禁开放后，开始繁荣。早在康熙三十七年（1698年）已有对外交往。鸦片战争后，厦门被辟为五口通商口岸，鼓浪屿被英国强占。光绪二十八年（1902年），英、美、法、德、日、葡、荷、奥、西班牙、挪威、瑞典、菲律宾等国领事馆与清廷签订《厦门鼓浪屿公共地界章程》，鼓浪屿沦为列强"公共租界"。

鼓浪屿一角

岛上现存13国风格各异的建筑物，因有"世界建筑博物馆"之称。"民国"17年（1928年）为纪念郑成功，建成延平公园，包括日光岩等，占地587公顷。20世纪30年代，华侨、巨商在岛上建筑别墅、私家花园，著名的有瞰青别墅、黄家别墅、菽庄花园、怡园和观海别墅等。40年代日军占领期间，遭严重破坏。50年代，林尔嘉家属把菽庄花园献给国家，政府对其进行全面维修。把晃岩路"番仔墓"辟为解放公园，后又改为鼓浪屿音乐厅。60年代，进行街道绿化和小游园建设，建成和平公园，在国姓井西侧花圃建海滨浴场、更衣冲水室、国姓井餐厅及喷泉等。70年代末至80年代，进行大规模园林绿化建设，绿化面积达1.52公顷，种植乔灌木50多种10万多株，铺植草坪4097平方米。修复日光岩及寺庙，增辟梯山小筑；投资70万元，修复菽庄花园，新建眉寿堂，重塑林尔嘉铜像，增建听涛轩、蛇岭花苑、顽石山房；整治港仔后海滨浴场及配套设施，重建和平公园，面积1.78公顷；新建皓月园，面积1.94公顷；在复鼎岩上竖立总高15.7米、重量1400000多千克、造价122万元，由625块花岗石砌成的郑成功雕像；新建毓园及林巧稚大夫的汉白玉雕像，以及鼓浪公园、笔架山公园；开辟大德记海滨浴场；开辟环岛路；新建观海园旅游码头等。1990年在皓月园建成再现郑成功驱逐荷兰侵略者的浮雕一座，主体高4.7米、宽13.7米，用铜200000千克。

吟诗作赋

千百年来，鼓浪屿：万石山以它独有的魅力吸引了一批又一批文人骚客前来一览它的风姿，并留下为人传唱不绝的诗文。

再登鼓浪屿

天高海阔水无垠，浮玉明珠满目陈。
望眼金门终不远，回身鹭岛已成邻。
云舟破浪翻新页，鸥鸟飞身引故人。
一片霞光铺两岸，千帆竞发接新晨。

国家级沙漠生态自然保护区——宁夏沙坡头

走近沙坡头

沙坡头：国家5A级旅游景区，国家级沙漠生态自然保护区、全球环保500佳单位。

沙坡头位于宁夏回族自治区中卫市城区西部腾格里沙漠的东南缘。东起二道沙沟南护林房，西至头道墩，北接腾格里沙漠，南临黄河，长约38千米，宽约5千米，海拔在1300~1500米，总面积4599.3公顷，占中卫市城区土地总面积的3%。是全国20个治沙重点区之一。

沙坡头

沙坡头集大漠、黄河、高山、绿洲为一处，具西北风光之雄奇，兼江南景色之秀美。有中国最大的天然滑沙场，有横跨黄河的"天下黄河第一索"，有黄河文化的代表古老水车，有黄河上最古老的运输工具羊皮筏子，有沙漠中难得一见的海市蜃楼。可以骑骆驼穿越腾格里沙漠，可以乘坐越野车沙海冲浪，咫尺之间可以领略大漠孤烟、长河落日的奇观。

身临其境

沙坡头国家级自然保护区主要保护对象为自然沙漠景观、天然沙生植被、治沙科研成果、野生动物、明代古长城、沙坡鸣钟等人文景观及其自然综合体。

保护区共有裸子植物4科8属14种（包括种下等级），被子植物75科220属426种（包括种下等级），合计种子植物79科228属440种，占宁夏自治区种子植物的

植物资源

24.30%。其中栽培植物共176种；自然分布的野生植物264种，包括双子叶植物190种，单子叶植物12科41属72种。保护区被列入国家一、二级保护的植物有裸果木、沙冬青和胡杨。阿拉善地区特有植物有阿拉善碱蓬、宽叶水柏枝和百花蒿。有经济

价值的资源植物共计63种，占保护区种子植物的14.32%。

　　保护区的湿地植物有水生和湿生两大类，共有114种植物，占保护区植物种类的25.91%。保护区的水生植物分为沉水植物、浮水植物和挺水植物。

　　保护区的湿地植被可划分2个植被型组，3个植被型，6个植被亚型，11个群系。

动物资源

　　保护区有脊椎动物194种，其中鱼类18种，两栖类3种，爬行类5种，鸟类147种，兽类21种。鱼类占宁夏自治区鱼类种数的58.1%，两栖类占50.0%，爬行类占27.8%，鸟类占51.9%，兽类占29.6%。保护区列入国家重点保护野生动物名录的种类有23种，占保护区脊椎动物的11.9%，其中一级保护动物5种：黑鹳、金雕、玉带海雕、白尾海雕和大鸨。二级保护动物18种：灰鹤、蓑羽鹤、白琵鹭、荒漠猫、猞猁、鹅喉羚、岩羊等。保护区列入CITES附录的脊椎动物有21种，占保护区脊椎动物种类的10.82%，其中列入附录Ⅰ的只有白尾海雕一种，其余均列为附录Ⅱ。列入《中日保护候鸟及栖息环境协定》鸟类名录并分布于保护区的鸟类有65种，占保护区鸟类种数44.2%。

玉带海雕

　　湿地是多种脊椎动物类群的栖息地。保护区的湿地动物被列入国家保护动物的种类都是鸟类，共有7种，占保护区国家保护动物的30.43%，其中Ⅰ级2种：玉带海雕和白尾海雕；Ⅱ级5种：鹗、大天鹅、灰鹤、蓑羽鹤和白琵鹭。

　　保护区湿地有鱼类18种。其中分布于计划调入保护区的过境黄河的有8种，占保护区鱼类的44.44%。

湿地资源

　　保护区的湿地可分为天然湿地和人工湿地两大类型。保护区的天然湿地由河流和沼泽湖泊组成。黄河从沙坡头流过，与生活其岸边和水中的生物共同构成河流湿地生态系统。这次调整计划将过境的黄河划入保护区，以增加保护区的湿地面积。

由于黄河流水大量渗入地下，储于沙砾层中，形成地下水丰富的含水层。在低地、地下水溢出，形成相当面积的沼泽，主要分布于马场湖（30公顷）、高墩湖（80公顷）、小湖（30公顷）和荒草湖等。保护区中的人工湿地是人类活动形成的湿地，保护区这类湿地主要是鱼塘。现有的鱼塘大部分是1987年以来开发的，总面积达218公顷。

沙坡头湿地

耳闻奇传

宁夏回族自治区中卫市的沙坡头以其独特的自然景观和世界称奇的治沙人文景观吸引了不少中外学者和游客，人们在参观和游览沙坡头时，被沙与水的巧妙组合、治沙方格与半月形沙丘奇特搭配所倾倒，它像一首雄宏悲壮诉说人与自然错综复杂关系的乐章，又是一幅情景交融、记录人和自然生存轨迹的图表。在这里，有很多关于沙坡头的传说。

沙坡头的来历

在鸣钟坡下的泪泉旁边，立着一块石碑，上面刻着这样一段话：相传沙坡头此地，原是一座花香如桂，交通发达，商贾云集的城池，名曰"桂王城"。末代王子吴祺无道，宣兵黩武，肆意北侵，战至北沙王国，已是人困马乏，但仍野心勃勃，叫战不休。这北沙王国乃黄龙化身，占沙为王，吞草噬树，力大了得，更兼其生性火暴，怎忍吴祺挑叫，遂率举国兵将，凭骏马善射，与吴祺交战。酷战中，忽有狂风大作，飞沙走石，暗无天日。吴祺顿陷泥浊世界，惊惧万状，落地南逃，其后沙王紧追不舍。此时沙乘人势，人借沙威，铺天盖地，席卷而来。追至黄河岸边，一条青龙为救百姓腾空而起，抖浑身金甲，吐擎天水柱，尾呼风而口唤雨，迎战黄龙于桂王城上。一时间，大风撼山，暴雨倾盆，河水滚滚，声如雷吼，遍地草木皆化作利箭，直刺黄龙而来。黄龙虽凶，但满身中箭，力渐不支，筋疲骨散，从天而落，化作一堆黄沙，压于桂王城上，它的鲜血流入黄河，遂使河水更黄更浑。再说桂王城内早有一座神钟，三人合围，声传百里，每有险情便自鸣报警。两龙交战之时，神钟大鸣不已，然城内居民慌乱不知所措，未及逃出便遭灭顶之灾，呼救之声数日不绝，痛哭的泪水从沙下浸出，便是今日游客所见泪泉小溪。此后沙上每有动静，沙下居民以为有救援到，齐声大呼，神钟亦自鸣响，此即游客所闻沙坡头鸣钟之声。

洋人招手

　　沙坡头来历的传说带有很多神话成分，而"洋人招手"的传说则更具真实性。相传在20世纪初期，有一外国传教士到中国西部传教，在从甘肃兰州往宁夏途中，由于大漠隔绝无路可走，一干人在兰州乘羊皮筏子顺黄河而下，当漂到距沙坡头不远的黑山峡时，这里河水落差加大，河心怪石林立、水流湍急，眼见得羊皮筏子要撞到河心一怪石上时，那洋人一看不好，一纵身从羊皮筏子上跳到了那块怪石上。在这同时，经验丰富的撑筏人，用竹竿在怪石上轻轻一点，那羊皮筏子便绕了个弯顺利冲向下游。而那位洋大人则一手死死抱住河心石，一手在使劲招手救命。所有路过的羊皮筏子都无法接近他，久而久之，他挥动着手臂的身体与河心石化为一体，就是现在离沙坡头不远的"洋人招手"河心石。

　　千百年来，宁夏沙坡头地区一直战争连绵，流传下来的诗词也多与战争有关。

匈奴歌

（汉）乐府诗集

失我焉支山，令我妇女无颜色。

失我祁连山，使我六畜不蕃息。

关山月

（唐）李白

明月出天山，苍茫云海间。长风几万里，吹度玉门关。

汉下白登道，胡窥青海湾。由来征战地，不见有人还。

戍客望边邑，思归多苦颜。高楼当此夜，叹息未应闲。

从军行

（唐）王昌龄

青海长云暗雪山，孤城遥望玉门关。

黄沙百战穿金甲，不破楼兰终不还。

沙岭晴鸣——敦煌鸣沙山

走近敦煌鸣沙山

敦煌鸣沙山是国家级重点风景名胜区，也是古代丝绸之路上神奇瑰丽的旅游胜地之一。它位于甘肃敦煌市南郊7千米的鸣沙山北麓，东枕西北明珠莫高窟，西至党河口，面积约200平方千米。整个山体由细米粒状黄沙积聚而成，山峰陡峭，背如刀刃，狂风起时，沙山会发出巨大的响声，轻风吹拂时，又似管弦丝竹，因而得名为鸣沙山。

敦煌鸣沙山

敦煌鸣沙山曾被称为"沙角山"，它与宁夏中卫市的沙坡头、内蒙古达拉特旗的响沙湾和新疆巴里坤同为我国四大鸣沙山。

身临其境

出敦煌城向南，一眼就看到连绵起伏的敦煌鸣沙山，东枕著名甘肃旅游景点——西北明珠敦煌莫高窟，西至党河口，延绵40千米，南北宽20千米，高度100米左右，最高峰170多米，海拔1650米，宛如两条沙臂张伸围护着月牙泉。敦煌鸣沙山和月牙泉是大漠戈壁中一对孪生姐妹，"山以灵而故鸣，水以神而益秀"。多少来甘肃旅游的游人无论从山顶鸟瞰，还是泉边畅游，都会遐思神往，确有"鸣沙山怡性，月牙泉洗心"之感。

月牙泉

鸣沙山的沙粒有红、黄、蓝、白、黑五种颜色，晶莹透亮，一尘不染。沙山形态各异：有的像月牙儿，弯弯相连，组成

鸣沙山

沙链；有的像金字塔，高高耸起，有棱有角；有的像蟒蛇，长长而卧，延至天边；有的像鱼鳞，丘丘相接，排列整齐。

耳闻奇传

相传很久以前，鸣沙山是苍郁茂盛的青石山。月牙泉畔神庙多，每逢庙会，都要唱戏敬神。有一年正月十五闹社火，泉畔社火队云集，锣鼓喧天。不料，惊动了瀚海沙漠中的黄龙太子。黄龙太子凶猛残暴，吼叫一声，就会黑风四起，积沙如山。这晚，它难耐寂寞，偷跑出来看社火。看到精彩处，激动得大声叫好。霎时飞沙倾泻，一座沙山平地而起，将所有的人全压在黄沙下面。黄龙太子自知罪行深重，回去也无活路，便一头撞死在青石山上。从此，月牙泉前后都有了沙山。山底下的无数冤魂，便经常敲锣打鼓，诉说他们的不幸遭遇。直到今天，当地人说："后山响，轰隆隆。前山响，锣鼓声。"

如果你掬沙细看，就会发现山上的沙粒有红、黄、绿、白、黑五种颜色，称之为"五色沙"。晶莹闪亮，五彩缤纷，是鸣沙"三宝"之一。为什么沙分五色呢？古时候，有位将军所率人马的旌旗、铠甲为红、黄、绿、白、黑五色。他领兵西征西域获胜归来，兵入阳关，在鸣沙山安营扎寨。

那时候的鸣沙山上并无黄沙，是座绿树成荫、水清草茂的青山。将军心想，兵马连日作战，十分疲惫，也该歇息了。便令刀枪入库，马放青山，好生休息。谁知黑夜敌兵突然前来偷袭，众将士只得赤手空拳与敌兵厮杀，直杀得尸横遍野，血流成河，积尸上万。敌兵获胜，正当得意之际，霎时黑风骤起，铺天盖地的黄沙像暴雨一样倾泻下来，顷刻之间，将敌兵和尸体全部埋在下面，形成了累累沙阜，成为大沙山。

以后，沙山每到刮风时，就轰隆鸣响，仔细一听，好似金鼓齐鸣，又像刀剑撞击，人们称之为鸣沙山。刮起的沙粒有五种颜色，就是五色旌旗、五色铠甲变的。

因此，鸣沙山古称沙角山、神沙山。清代将"沙岭晴鸣"列为敦煌八景之一。

吟诗作赋

离奇的传说、大自然的奥秘给鸣沙山涂上了一层神秘绚丽的色彩。其实，历代文献对鸣沙都有明确的记载。

东汉·辛氏《三秦记》

河西有沙角山，峰愕危峻，逾于石山，其沙粒粗色黄，有如干粮。

后汉书《郡国志》

水有悬泉之神，山有鸣沙之异。

唐书《元和郡县志》

鸣沙山一名神沙山，在山南七里，其山积沙为之。

后记 ▶

　　从小对历史的酷爱，暗埋下终身对历史的热爱。总在历史的故事中和历史人物中寻觅阅读，获得一些快感，同时也吸取着教训和获取成功的经验。男儿读历史，女子读地理；男人学哲学，女人学文学似乎成为中国传统的一种不变的定律。正因为如此，本人近几年来对古典文学、传统文化、古代文明的史料特别感兴趣，好像在努力寻求古人的智慧。跟着国学传播的不同团队吸收着不少传统文化的知识，特别是党中央国务院强力推行传统文化对我的触动更大，常诱发我重新梳理一些传统上有益的、对青少年有帮助的知识。

　　研究传统文化必须从入学开始，所以我就想到了节气文化和节日文化，用知识的双螺旋来说，那就是老人重节气，孩子爱节日。因为在当年的农村，流传着这样一句谚语："大人爱插田，小孩盼过年。"它已经是农耕时代农业大国的一代代人的一种传统思想，一种对幸福的渴望。编完了《跟着太阳走一圈——中国节气长者信奉文化欣赏》《绕着地球悠一年——中华节日儿童喜乐文化赏析》这两本书我特兴奋，交给了中华书局出版，因为中华书局考虑到图片的专利性，没有同意出版。我又找到了中国人民大学出版社，他们非常的敬业，协助我解决了这一大难题。"双节"出来之后，我很兴奋。说实在的，我们在编写双节文化的时候，进行了慎重的考虑，对比了各种数据。在浙江师范大学民俗研究生赵艳丽老师在精心的研究下，形成了我们自己的新的特点。

　　反思后短暂的休息，来不及深入的思考。这时候，同乐学校孙绍建老师向我提出了大家急切盼望出版的"三古文化"（古城、古镇、古村），我又从各大书城以及当当网、亚马逊网上进行资料的大搜集，比较相关信息，我发现他们大多数是旅游产品，没有文化色彩。他们仅仅只有一种商业的意识，没有一种文化的底蕴，所以我要重新进行规划。我把任务交给了张丽荣和詹万丹两位老师。她俩很勤奋，在体例上进行了精心的设计，经过反复磋商形成了现在这个版本。著书立说，刚开始的时候年轻人还是挺感兴趣的，热情也挺高的。但是随着时间的推移，一部分年轻人热情开始减退，这是一个正常的现象。虽然，从自己的信仰上坚信这项工作是正确的，但是，从成功的意义上来说极少数人会坚定地坚持，大多数人是半途而废的，成功往往是属于这些少数人的。当然，我这里要特别表扬的是几位四五十岁的老教师，她们是蛇口学校的周月玲，同乐学校的杨海泉、付伟云，桃苑学校的马丽萍，阳光小学的高锡逑等。更值得高兴的事情是在编写专著的过程中，结交了一些素不相识的进步青年，他们自觉地加入我们这个队伍。这里面有南油小学的周红永老师，桃苑学校的张爱梅老师，荔林小学的樊英老师和塘朗小学的黄华英老师、梅伟静老师以及赤湾学校的谭翠平老师等，他们的确是现在年轻人的楷模，值得每个年轻人去学习。

在不断的工作中，在不断前行中，我又发现了一种比较有趣的现象：教育教学中优秀的教师，他们很愿意参与这些活动。反而是那些强调自己工作，不愿意参加的，结果发现他们的工作也就"一般般"，并不是很出色，这也是人的一种品质。正如博士导师冯梓洋对我的一些徒弟们所说的："找一个好的师傅是自己人生的大幸，不要为眼前的利益模糊了自己的眼睛。"大规模的编辑工作已经进入尾声，三年来我们的工作总算告一个段落了。我们前前后后编写了七本关于传统文化的推普书，这也是我们的成就。正如雷俊文老师所说的："参加这个工作收获不小。"老师们现在很多已经成为省、市、区级的名师，有些还成功申报了工作室。我也在这个年轻的队伍中得到成长，用古人的话说，这叫"教学相长"。

啰啰嗦嗦地谈了这些编书的过程，感谢与这些年轻人一起相伴成长。我们通力合作完成了一个又一个的项目，为社会、为人类我觉得是做出了一定贡献的。深圳市南山区组织副部长陈新生先生看到我们的书之后，发出了这样的感慨："水平很高！"虽然，我们的工作主要是做普及工作，不是学术研究，但为了渗透学术研究的价值，真的每一本书出来必须有一点点超越。正如有的作者书出版完之后，发现其效果比想象得要好很多。为什么有这种现象？因为有些人自己没有努力，他想别人也是不努力的，但这种想法是大错特错。可以说，大部分老师很认真、很优秀，毕竟她们大部分是新时代的优秀的研究生。老师们的坚持，创造出新的作品。最后就让年轻人早日成熟，就让年轻人在新时代里过得幸福快乐，祝愿年轻人将工作作为生活的一部分，因为工作和生活是人生的"双螺旋"。不可能只有生活没工作，或者只有工作没生活，那都是一种缺陷，是不正常的。所以要生活得正常，必须双腿走路，这才是我们的要求和希望。

江长冰
于湖北省蕲春县琴海大酒店
2018年10月1日